O CUSTO DOS DIREITOS

Stephen Holmes e Cass R. Sunstein

O CUSTO DOS DIREITOS
Por que a liberdade depende dos impostos

Tradução de Marcelo Brandão Cipolla

Para Geoffrey Stone

Esta obra foi publicada originalmente em inglês com o título
THE COST OF RIGHTS
por W. W. Norton & Company, Inc.

Copyright © 1999, Stephen Holmes e Cass R. Sunstein
Copyright © 2019, Editora WMF Martins Fontes Ltda.,
São Paulo, para a presente edição.

Todos os direitos reservados. Este livro não pode ser reproduzido, no todo ou em parte, armazenado em sistemas eletrônicos recuperáveis nem transmitido por nenhuma forma ou meio eletrônico, mecânico ou outros, sem a prévia autorização por escrito do editor.

1ª edição *2019*
3ª tiragem *2020*

Tradução
Marcelo Brandão Cipolla
Acompanhamento editorial
Richard Sanches
Revisões
Beatriz de Freitas Moreira
Tomoe Moroizumi
Edição de arte
Katia Harumi Terasaka
Produção gráfica
Geraldo Alves
Paginação
Moacir Katsumi Matsusaki

Dados Internacionais de Catalogação na Publicação (CIP)
(Câmara Brasileira do Livro, SP, Brasil)

Holmes, Stephen
    O custo dos direitos : por que a liberdade depende dos impostos / Stephen Holmes e Cass R. Sunstein ; tradução de Marcelo Brandão Cipolla. – São Paulo : Editora WMF Martins Fontes, 2019.

    Título original: The cost of rights : why liberty depends on taxes.
    ISBN 978-85-469-0214-9

    1. Direitos civis – Estados Unidos – Custos 2. Finanças públicas – Estados Unidos 3. Gastos – Política governamental – Estados Unidos I. Sunstein, Cass R. II. Título.

18-16875   CDD-323

Índices para catálogo sistemático:
1. Custo dos direitos : Ciências políticas   323

Cibele Maria Dias – Bibliotecária – CRB-8/9427

Todos os direitos desta edição reservados à
Editora WMF Martins Fontes Ltda.
Rua Prof. Laerte Ramos de Carvalho, 133 01325-030 São Paulo SP Brasil
Tel. (11) 3293-8150 e-mail: info@wmfmartinsfontes.com.br
http://www.wmfmartinsfontes.com.br

Sumário

Agradecimentos VII
Introdução *Bom senso em matéria de direitos* 3

PARTE I
Por que um Estado sem dinheiro não pode proteger direitos

1. Todos os direitos são positivos 23
2. A necessidade de ação do Estado 37
3. Nenhuma propriedade sem tributação 45
4. Os vigias precisam ser pagos 61

PARTE II
Por que os direitos não podem ser absolutos

5. Como a escassez afeta a liberdade 69
6. A diferença entre direitos e interesses 79
7. Garantir direitos é distribuir recursos 91
8. Por que as concessões são inescapáveis 95

PARTE III
Por que os direitos acarretam responsabilidades

9. Os direitos foram longe demais? 109
10. O altruísmo dos direitos 125
11. Os direitos como uma resposta ao colapso da moral 135

PARTE IV
Os direitos entendidos como acordos

12. Como a liberdade religiosa promove a estabilidade   147
13. Os detentores de direitos como detentores de interesses   159
14. Direitos de bem-estar e políticas de inclusão   173

Conclusão *O caráter público das liberdades privadas*   187
Apêndice *Alguns dados sobre os direitos e seu custo*   199
Índice remissivo   203

Agradecimentos

É um prazer agradecer aos muitos amigos e colegas que contribuíram para este livro. A questão do custo dos direitos se apresentou para nós pela primeira vez como tema de investigação e análise em discussões no Centro para o Constitucionalismo na Europa Oriental da Universidade de Chicago. Um saudável respeito pelas condições fiscais de uma eficaz garantia de direitos nasceu naturalmente da observação de como as liberdades básicas restam desprotegidas nos Estados insolventes da Europa Oriental e da ex-União Soviética. O grande experimento da Rússia com o julgamento por júri, que é um exemplo típico, deu errado quando começou a consumir 25 por cento do já magro orçamento dos tribunais locais. Um dos nossos principais objetivos ao escrever este livro foi o de aplicar o que aprendemos nesse contexto ao debate corrente sobre direitos nos Estados Unidos. Agradecemos a Dwight Semler, coordenador do Centro, e a nossos codiretores Jon Elster, Larry Lessig e Wiktor Osiatynski, bem como a Andras Sajo, pelas muitas conversas interessantes. Também somos gratos pelas exigentes críticas e argutas sugestões referentes ao manuscrito que nos foram feitas por Elster, Bruce Ackerman, Samuel Beer, Martin Krygier, Martha Nussbaum, Richard Posner e Bernard Yack. Sophie Clark, Keith Sharfman, Matthew Utterbeck e Christian Lucky nos proporcionaram uma inestimável assistência de pesquisa. Agradecemos também à nossa editora Alane Salierno Mason pelos comentários incisivos e pelo constante encorajamento.

O CUSTO DOS DIREITOS

Introdução

BOM SENSO EM MATÉRIA DE DIREITOS

Em 26 de agosto de 1995, deflagrou-se um incêndio em Westhampton, na extremidade oeste dos célebres Hamptons de Long Island, uma das regiões mais bonitas dos Estados Unidos. Esse incêndio foi o pior ocorrido no estado de Nova York no último meio século. Levou 36 horas para ser controlado e, a certa altura, espalhou-se por uma área de 10 km por 20 km.

Mas a história tem um final feliz. Num prazo curtíssimo, forças locais, estaduais e federais apresentaram-se para apagar as chamas. Autoridades e funcionários de todos os níveis do governo foram ao local. Mais de 1.500 bombeiros locais voluntários se uniram a equipes militares e civis de todo o estado e do país. O incêndio foi controlado; incrivelmente, ninguém morreu, e a destruição de bens foi mínima. Os voluntários ajudaram, mas, no fim, o que possibilitou a ação foram os recursos públicos. O custo final para o contribuinte norte-americano, em nível local e nacional, foi estimado originalmente em US$ 1,1 milhão, mas pode ter chegado a US$ 2,9 milhões.

A oposição ao Estado foi um dos temas que definiram o populismo norte-americano no final do século XX. Seu slogan é "Não pise em mim!" (*Don't tread on me!*); e, como disse certa vez Ronald Reagan numa frase famosa, "O Estado não é a solução, mas o problema". Em época mais recente, críticos de tudo o que tem relação com o Estado, como Charles Murray e David Boaz, têm afirmado que "o adulto que ganha a vida honestamente e não se mete na vida de ninguém merece ser deixado em paz" e que "o verdadeiro problema dos Estados Unidos é o mesmo que se reconhece no mundo inteiro: excesso de Estado"[1].

---

[1] Charles Murray, *What It Means to Be a Libertarian: A Personal Interpretation* (Nova York: Broadway Books, 1997), p. 5; David Boaz, *Libertarianism: A Primer* (Nova York: Free Press, 1997), p. 12.

Mas em Westhampton, sem aviso prévio, autoridades públicas foram capazes de organizar e dirigir um dispendioso esforço coletivo para defender a propriedade privada, aproveitando-se sem nenhum pudor de recursos públicos fornecidos pelos cidadãos em geral para salvar, em caráter de emergência, bens fundiários pertencentes a um número relativamente pequeno de famílias ricas.

Não há nada de excepcional nessa história. Em 1996, os contribuintes norte-americanos dedicaram pelo menos US$ 11,6 bilhões à proteção de bens particulares por meio de ações de socorro e seguros contra catástrofes[2]. Todo dia, toda hora, catástrofes privadas são evitadas e mitigadas por gastos públicos que às vezes são grandes e às vezes, enormes, mas que nem sempre são reconhecidos. Os norte-americanos simplesmente têm por certo que nossas autoridades públicas – nos níveis nacional, estadual e local – usarão os recursos públicos para resgatar, preservar ou aumentar o valor dos direitos privados de propriedade. Apesar da alta incidência de crimes nos Estados Unidos, por exemplo, a maioria dos cidadãos se sente relativamente segura a maior parte do tempo, em grande medida em razão dos esforços dos policiais, que recebem salários do público para proteger uma das nossas liberdades mais básicas: a segurança pessoal ou física[3].

O apoio público à "rede de segurança" que beneficiou os donos de propriedades em Westhampton é amplo e profundo, mas, ao mesmo tempo, os norte-americanos dão a impressão de se esquecer facilmente de que os direitos e liberdades dependem fundamentalmente de uma ação vigorosa do Estado. Sem um governo eficaz, os cidadãos norte-americanos não seriam capazes de gozar, como gozam, de seus bens particulares. Além disso, não gozariam de nenhum ou quase nenhum direito individual garantido pela Constituição. A liberdade pessoal, tal como os norte-americanos a vivem e valorizam, pressupõe uma cooperação social administrada pelas autoridades do governo. A esfera privada que tanto prezamos, e com razão, é susten-

---

[2] *Budget of the United States Government, Fiscal Year 1998* (Washington, D.C.: U.S. Government Printing Office, 1997), p. 231. Em 1996, o orçamento da Agência Federal de Gestão de Emergências foi superior a US$ 3,6 bilhões (p. 1047).
[3] Impostas não por sanções legais, mas pela vergonha informal, as normas sociais também colaboram para induzir os indivíduos particulares a respeitar os direitos uns dos outros, e as autoridades a respeitar os direitos dos agentes privados. No entanto, essas normas não têm um funcionamento independente: sempre se entremeiam de maneira complexa com os esforços do governo para reconfigurar e impor o direito penal, as normas de responsabilidade civil, o direito contratual, o direito trabalhista e assim por diante.

tada – aliás, criada – pela ação pública. Nem do mais independente dos cidadãos se exige que cuide autonomamente de seu bem-estar material sem que receba nenhum apoio de seus concidadãos ou das autoridades públicas.

O caso do incêndio de Westhampton conta a história da propriedade de bens materiais em todos os Estados Unidos e, aliás, no mundo inteiro. Com efeito, conta a história de todos os direitos liberais. Quando é estruturado por uma Constituição e (num grau relativo) sensível às forças democráticas, o Estado é um implemento indispensável para mobilizar e canalizar com eficácia os recursos difusos da comunidade, aplicando-os a problemas pontuais sempre que estes surgem.

A Declaração de Independência proclama que, "para garantir estes direitos, Governos são estabelecidos entre os homens". À verdade óbvia de que os direitos dependem do governo, ou seja, do Estado, deve-se acrescentar uma consequência lógica rica em implicações: os direitos custam dinheiro e não podem ser protegidos nem garantidos sem financiamento e apoio públicos. Isso vale tanto para os direitos mais antigos quanto para os mais novos – para os direitos anteriores ao *New Deal* de Franklin Delano Roosevelt e os posteriores a este. Tanto o direito ao bem-estar social quanto o direito à propriedade privada custam dinheiro para o público. O direito à liberdade contratual tem custos públicos, assim como o direito à assistência médica; o direito à liberdade de expressão tem custos públicos, do mesmo modo que o direito a uma habitação decente. Todos os direitos impõem exigências ao tesouro público.

"O custo dos direitos" é uma expressão rica e ambígua, pois as palavras são dotadas de significados múltiplos e inevitavelmente controversos. Para que esta análise se mantenha tão centrada e – nesta dimensão – tão pouco controversa quanto possível, entenderemos "custo" aqui como *custo orçamentário*, e "direitos" como *interesses importantes que possam ser protegidos de modo confiável por indivíduos ou grupos mediante o uso dos instrumentos disponibilizados pelo Estado*. Ambas as definições precisam ser detalhadas.

DEFINIÇÃO DE DIREITOS

O termo "direitos" tem muitos referentes e nuances de significado. De maneira geral, há duas maneiras de abordar o tema: a moral e a descritiva. A primeira associa os direitos a princípios ou ideais morais. Não os identifica pela consulta às leis e à jurisprudência dos tribunais, mas pela indagação acerca de quais são aquelas coisas a que o ser humano tem direito como sujeito moral. Embora não exista uma única teoria desses direitos morais com que todos concordem, algumas das obras filosóficas mais interessantes sobre a questão dos direitos envolvem esse tipo de investigação ética de natureza avaliativa. A filosofia moral concebe os direitos não jurídicos como exigências morais as mais fortes possíveis, de que gozamos, talvez, em razão de nossa condição ou capacidade de sermos agentes morais, e não por participarmos de uma determinada sociedade política ou mantermos com ela uma relação jurídica. A teoria moral dos direitos procura identificar aqueles interesses humanos que, perante o tribunal da consciência, não podem jamais ser negligenciados ou violados sem uma justificativa especial.

A segunda maneira de abordar os direitos – cujas raízes se lançam nos escritos do filósofo britânico Jeremy Bentham, do juiz norte-americano Oliver Wendell Holmes e dos jusfilósofos Hans Kelsen e H. L. A. Hart – é mais descritiva e menos avaliativa. É mais interessante para explicar como os sistemas jurídicos efetivamente funcionam e menos orientada para a justificação. Não é uma teoria moral[4]. Não se pronuncia sobre quais seriam, do ponto de vista filosófico, os interesses humanos mais importantes e valiosos. Não afirma nem nega o ceticismo ético e o relativismo moral. É, ao contrário, uma investigação empírica acerca dos tipos de interesses que uma determinada sociedade politicamente organizada protege na prática. Dentro desse quadro, um interesse é considerado um direito quando um sistema jurídico eficaz o trata como tal, usando recursos públicos para defendê-lo. Na qualidade de instrumento criado e mantido pelo Estado para restringir ou reparar danos, o direito no sentido jurídico é, por definição, um "filho da lei".

Os direitos no sentido jurídico têm "eficácia". Portanto, de maneira alguma são inofensivos ou inocentes. De acordo com o sistema jurídico norte-americano, os direitos são poderes concedidos pela comunidade política. E, como qualquer outra pessoa que exerça um poder, o titular de um direito pode se sentir tentado a usá-lo para o mal. O direito de um indivíduo de mover ação judicial contra outro é um exemplo clássico. Pelo fato de um direito implicar um poder que pode ser exercido para o bem ou para o mal sobre outras pessoas, esse direito deve ser restrito e devem-se colocar obs-

---

[4] Não se discutem aqui questões difíceis acerca da medida em que as considerações morais fazem ou devem fazer parte da interpretação dos termos jurídicos. Ver Ronald Dworkin, *Law's Empire* (Cambridge, Mass.: Harvard University Press, 1985 [trad. bras. *O império do direito*, Martins Editora, 2014]; Frederick Schauer, *Playing by the Rules* (Oxford: Oxford University Press, 1992).

táculos ao seu exercício, mesmo que ele seja, ao mesmo tempo, escrupulosamente protegido. A própria liberdade de expressão deve ser restringida quando seu mau uso (gritar "Fogo!" num cinema lotado, por exemplo) põe em risco a segurança pública. Um regime político baseado nos direitos se dissolveria num caos suicida e de destruição mútua, a menos que conte com proteções cuidadosamente planejadas e garantidas contra o *mau uso* dos direitos básicos.

Por outro lado, quando não são respaldados pela força jurídica, os direitos morais são, por definição, ineficazes. Os direitos morais não garantidos são aspirações que vinculam a consciência, não poderes que vinculam autoridades públicas. Impõem dívidas morais a toda a humanidade, não obrigações jurídicas aos habitantes de um Estado nacional delimitado por fronteiras territoriais. Pelo fato de não serem maculados pelo poder, os direitos morais não reconhecidos pelo sistema jurídico podem ser livremente defendidos sem muita preocupação com o mau uso, os incentivos perversos e os efeitos colaterais inadvertidos. Já os direitos jurídicos suscitam inevitavelmente essas preocupações.

Sob a maior parte dos aspectos, a teoria moral e a teoria positiva dos direitos não contradizem uma à outra. As pessoas que defendem os direitos morais e as que descrevem os direitos jurídicos simplesmente têm objetivos diferentes. O teórico moral pode afirmar, sem fugir à sensatez, que, abstratamente, o "direito de poluir" não existe. Mas o positivista sabe que, nas jurisdições norte-americanas, um proprietário de terras a montante de um rio pode adquirir de um proprietário a jusante o direito de poluir o rio. As duas coisas não se contradizem, mas simplesmente se justapõem; não têm relação entre si. Os teóricos morais e os positivistas fazem perguntas diferentes e dão-lhes respostas diferentes. Ou seja, não há querela entre os estudiosos dos direitos que podem ser garantidos coletivamente e os autores que apresentam argumentos morais em favor de um ou outro direito ou de uma certa maneira de compreender os direitos. Os que visam instituir reformas jurídicas devem, como é óbvio, esforçar-se para fazer com que os direitos garantidos politicamente se coadunem com aqueles que lhes parecem moralmente corretos; e os encarregados de fazer valer os direitos jurídicos devem procurar convencer o público de que esses direitos têm um fundamento moral sólido.

O custo dos direitos, entretanto, é antes de tudo um tema descritivo, e não moral. Os direitos morais só terão um custo orçamentário se sua natureza e seu âmbito foram estipulados e interpretados politicamente – ou seja, somente se forem reconhecíveis dentro do sistema jurídico. É verdade que o custo dos direitos pode ter um aspecto moral, pois uma teoria dos direitos que jamais desça das alturas da moral para um mundo onde os recursos são escassos será dolorosamente incompleta, mesmo do ponto de vista moral. Uma vez que "se deve poder fazer tudo o que se deve fazer", mas a falta de recursos impede que certas coisas sejam feitas, os teóricos morais talvez devam prestar mais atenção à tributação e aos gastos públicos do que o fazem habitualmente. E não poderão explorar plenamente as dimensões morais da proteção dos direitos caso não levem em conta a questão da justiça distributiva. Afinal de contas, é muito comum que os recursos proporcionados pela coletividade sejam, sem nenhuma razão sólida, direcionados para garantir os direitos de alguns cidadãos em detrimento dos direitos de outros.

Em regra, os direitos jurídicos são garantidos por meio de um sistema judiciário operante e dotado de recursos financeiros suficientes. Não se incluem entre os direitos discutidos neste livro, portanto, direitos como os das mulheres estupradas nas zonas de guerra da Bósnia ou de Ruanda. As autoridades políticas, na prática, deram as costas às terríveis e brutais injustiças perpetradas nesses contextos, afirmando que tais crimes não são de sua competência. É exatamente pelo fato de serem redondamente ignorados pelas autoridades que poderiam remediá-los que esses "direitos" esquecidos não têm nenhum custo orçamentário direto. Na ausência de uma autoridade política capaz de intervir e disposta a fazê-lo, os direitos nunca deixam de ser meras promessas vazias. No momento atual, esses direitos não acarretam nenhum ônus a nenhum tesouro público.

Nem mesmo os direitos aparentemente jurídicos afirmados pelas declarações e pactos internacionais de direitos humanos serão discutidos aqui, exceto nos casos em que os Estados nacionais que assinaram tais declarações e pactos – Estados capazes de tributar e gastar dinheiro – apoiem regularmente tribunais internacionais como os de Estrasburgo e Haia, nos quais se possa buscar uma reparação eficaz quando tais direitos são violados. Na prática, os direitos só deixam de ser meras declarações quando estas conferem poder a organismos cujas decisões sejam juridicamente vinculantes (não sendo esse o caso da Declaração de Direitos Humanos da ONU, de 1948, por exemplo). Como regra geral, os infelizes indivíduos que não estão sujeitos a um governo capaz de tributar e proporcionar um remédio eficaz[5] não têm direitos jurídicos. A apatridia é sinônimo de ausência de direitos. Na realidade, um direito jurídico só existe se e quando tem um custo orçamentário.

Pelo fato de este livro tratar somente de direitos que possam ser garantidos por comunidades politicamente organizadas, não dará atenção a muitas reivindicações morais dotadas de grande importância na tradição progressista. Essa lamentável estreiteza de âmbito se justifica em vista da clareza do foco. Mesmo que deixemos de lado os direitos que não podem ser exigidos juridicamente, resta ainda um número suficiente de problemas difíceis para ocupar nossa atenção.

Os filósofos também fazem uma distinção entre a liberdade e o valor da liberdade. A liberdade tem pouco valor quando aqueles que aparentemente a possuem não dispõem dos recursos necessários para dar eficácia a seus direitos. A sua liberdade de contratar um advogado nada significa quando todos os advogados cobram honorários, você não tem dinheiro e o Estado não o ajuda. O direito à propriedade privada, que é um elemento importante da liberdade, nada significa quando você não dispõe de recursos para proteger o que é seu e a polícia não existe. Somente as liberdades dotadas de valor prático dão legitimidade a uma ordem política progressista. Este livro, portanto, não trata exclusivamente do custo orçamentário dos direitos exigíveis em juízo, mas também do custo orçamentário necessário para que tais direitos possam ser exercitados ou tenham utilidade na vida cotidiana. O custo público da polícia e dos bombeiros dá uma contribuição essencial ao "perímetro de proteção" que torna possível o gozo e o exercício de nossos direitos constitucionais básicos e de outros direitos[6].

DEFINIÇÃO DE CUSTO

O direito norte-americano faz uma importante distinção entre o "tributo" (*tax*) e a "taxa" (*fee*). Os tributos são recolhidos junto à comunidade como um todo, independentemente de quem receba os benefícios dos serviços públicos assim financiados. As taxas, por sua vez, são cobradas de beneficiários específicos na proporção exata dos serviços que recebem pessoalmente. Os direitos individuais dos norte-americanos, entre os quais o

---

[5] Artigo 13 da Convenção Europeia de Direitos Humanos (assinada em 1950 e posta em vigor em 1953). Os direitos anunciados na Convenção e em seus protocolos são garantidos de maneira confiável quando os Estados signatários os tratam como elementos de seu direito interno.
[6] H. L. A. Hart, *Essays on Bentham* (Oxford: Clarendon, 1982), p. 171.

direito à propriedade privada, são, em geral, custeados por meio de tributos e não de taxas[7]. Essa fórmula de financiamento, cuja importância é extraordinária, dá a entender que, no sistema jurídico norte-americano, os direitos individuais são bens públicos, não bens privados.

É fato que a qualidade e a extensão da proteção dos direitos depende também de gastos privados e não somente do dinheiro público. Uma vez que os direitos impõem custos não somente ao orçamento público, mas também aos particulares, conclui-se necessariamente que valem mais para certas pessoas do que para outras. O direito de escolher o próprio advogado de defesa vale mais para um indivíduo rico do que para um pobre, por exemplo. A liberdade de imprensa vale mais para quem pode comprar dezenas de organizações noticiosas do que para o sem-teto que se cobre com um jornal para dormir. Os que têm dinheiro para brigar na justiça obtêm, com seus direitos, mais valor do que aqueles que não têm.

Mas o fato de a proteção aos direitos depender de recursos privados é bem compreendido. Tradicionalmente, atrai mais atenção que o fato de a proteção aos direitos depender de recursos *públicos*. Os advogados que trabalham para a União Norte-Americana para as Liberdades Civis (American Civil Liberties Union – ACLU) aceitam voluntariamente uma diminuição de sua renda pessoal a fim de defender direitos que lhes parecem fundamentais. Trata-se de um custo privado. No entanto, a ACLU também é uma associação isenta de pagar tributos, o que significa que suas atividades são parcialmente financiadas pelo público[8]. E esta, como veremos, é apenas a maneira mais comum e trivial pela qual a proteção dos direitos pode ser financiada pelo contribuinte.

Os direitos não têm somente um custo orçamentário, mas também um custo social. Os danos infligidos a indivíduos particulares por pessoas suspeitas de cometer um crime e libertadas sob fiança, por exemplo, podem ser contabilizados sob os custos sociais de um sistema que se esforça para pro-

---

[7] Os direitos ligados às patentes contam-se entre as poucas exceções a essa regra. Depois da Lei Geral de Reconciliação do Orçamento, de 1990, exigiu-se que a Secretaria de Patentes e Marcas Comerciais (Patent and Trademark Office – PTO) se financiasse exclusivamente por meio de taxas pagas pelos usuários. O Congresso destina verba à PTO todo ano, mas se espera que uma complexa mistura de devoluções (a partir das taxas arrecadadas) ao orçamento da agência e ao orçamento geral compensem essa verba distribuída inicialmente.

[8] Pela lei 26 U.S.C. 501(c)(3), as organizações que proporcionam serviços jurídicos de promoção dos direitos humanos e civis estão, sob certas condições específicas, isentas do imposto de renda federal.

teger os direitos dos acusados. Um estudo abrangente do custo dos direitos, portanto, necessariamente dedicaria uma atenção considerável a esses custos não monetários. O custo orçamentário dos direitos, no entanto, estudado isoladamente dos custos sociais e custos privados, constitui um domínio amplo e importante de exploração e análise. A concentração exclusiva no orçamento também é a maneira mais simples de chamar a atenção para o quanto as liberdades individuais dependem de contribuições coletivas administradas por autoridades públicas.

Ao contrário dos custos sociais, os "custos líquidos" (e os benefícios) não podem ser temporariamente ignorados. Alguns direitos, embora sejam manifestamente custosos, aumentam a tal ponto a riqueza social tributável que se pode considerar que financiam a si mesmos. O direito à propriedade privada é um exemplo óbvio; o direito à educação é outro. Até a proteção das mulheres contra a violência doméstica pode ser vista dessa forma, na medida em que ajuda esposas maltratadas a voltar para o mercado de trabalho produtivo. O investimento público na proteção desses direitos ajuda a aumentar a base tributária da qual depende também a proteção ativa de direitos em outras áreas. É óbvio que o valor de um direito não pode ser avaliado levando-se em conta somente sua contribuição positiva para o produto nacional bruto (PNB). (Ao passo que o direito dos encarcerados a cuidados médicos mínimos não se autofinancia, ele não é menos obrigatório que a liberdade contratual.) Porém, não se pode excluir do quadro geral o impacto orçamentário, em longo prazo, dos gastos com direitos.

Além disso, deve-se assinalar que os direitos podem impor ao tesouro público um ônus que vai além de seu custo direto. Algo que aconteceu em outro país pode ajudar a esclarecer este ponto. A liberdade de movimento foi criada na África do Sul pela abolição da infame "lei do passe". Porém, o custo público da construção de infraestrutura urbana – abastecimento de água, sistemas de saneamento, escolas, hospitais e por aí afora – para milhões de pessoas que afluíram às cidades usando sua recém-adquirida liberdade de movimento é astronomicamente alto. (Visto que a abolição da lei do passe sul-africana foi um dos atos mais indiscutivelmente justos da história recente, não é necessário perder-se em evasivas acerca dos seus custos financeiros indiretos.) Numa escala mais modesta, aqui nos Estados Unidos, a garantia da Terceira Emenda contra o aquartelamento de tropas em casas de particulares exige que os contribuintes financiem a construção e a manutenção de quartéis militares. Do mesmo modo, um sistema que proteja escrupulosamente os direitos de pessoas suspeitas de cometer crime tornará mais custosas a apreensão de criminosos e a prevenção da criminalidade. E assim por diante.

Esses custos indiretos ou gastos compensatórios, que envolvem despesas orçamentárias diretas, estão inclusos no "custo dos direitos" do qual este livro dá uma definição estrita. São especialmente importantes porque, em alguns casos, determinaram uma restrição dos direitos gozados pelos norte-americanos. O Congresso, por exemplo, instruiu o ministro dos Transportes a restringir o repasse de verbas federais àqueles estados que ainda não aboliram o direito de andar de motocicleta sem capacete. Essa decisão se baseou, em parte, num estudo feito a pedido do Congresso acerca dos custos médicos associados a acidentes de moto, incluindo a medida em que os seguros pessoais contra acidentes não cobrem os custos reais. Se a preocupação com os custos públicos indiretos desempenha papel tão importante na restrição legislativa de certos atos que alguns contam entre as liberdades de que gozamos, é evidente que a teoria dos direitos não pode deixar de fora esses custos.

Por fim, este livro trata da natureza dos direitos jurídicos; não é um estudo detalhado sobre as finanças públicas. Seu tema é o que podemos aprender sobre os direitos mediante a reflexão acerca de seus custos orçamentários. Por isso, as quantias aproximadas aqui mencionadas, medidas em dólares norte-americanos, são tão somente ilustrativas. Certamente não resultam de uma investigação exaustiva e precisa acerca dos custos orçamentários de diversos direitos. O cálculo preciso do custo da proteção de qualquer direito é imensamente complicado, e sempre por razões contábeis. Em 1992, os serviços judiciais e jurídicos nos Estados Unidos custaram cerca de US$ 21 bilhões ao contribuinte[9]. Porém, os custos conjuntos e a existência de locais onde várias atividades de diversos tipos se realizam ao mesmo tempo dificultam a especificação de qual porção desses US$ 21 bilhões foi gasta na proteção de direitos. Do mesmo modo, presume-se que o treinamento dos policiais contribui para que os suspeitos e detentos sejam tratados de maneira digna. No entanto, embora colabore para a proteção desses direitos, o objetivo primário do treinamento é aumentar a capacidade dos policiais de proteger os direitos dos cidadãos que obedecem às leis.

---

[9] U.S. Department of Justice, Bureau of Justice Statistics, *Justice Expenditure and Employment Extracts, 1992: Data from the Annual General Finance and Employment Surveys* (Washington, D.C.: U.S. Government Printing Office, 1997), Tabela E.

Como calcular, assim, a porcentagem exata do orçamento destinado ao treinamento da polícia que se deve atribuir à proteção dos direitos de suspeitos e detentos?

É desejável que se façam pesquisas empíricas nessa linha, mas, antes que tais pesquisas possam ser efetuadas, é preciso lançar certos fundamentos conceituais. Lançar esses fundamentos é um dos objetivos principais deste livro. Uma vez que o custo dos direitos se estabeleça como tema de pesquisa, os estudiosos das finanças públicas terão mais incentivo para elaborar um quadro mais exato da quantidade de dólares dedicada à proteção de nossas liberdades básicas.

POR QUE ESSE TEMA TEM SIDO IGNORADO

Embora o custo dos direitos seja quase um truísmo, soa antes como um paradoxo, uma ofensa às boas maneiras, talvez mesmo como uma ameaça à própria preservação dos direitos. Afirmar que um direito tem um certo custo é confessar que temos de renunciar a algo para adquiri-lo ou garanti-lo. Ignorar os custos é deixar certas trocas dolorosas fora do nosso campo de visão. Decepcionados com o modo pelo qual a recente maioria conservadora na Suprema Corte impôs limites a vários direitos concedidos na época em que o presidente da Corte era Earl Warren, os progressistas de hoje talvez hesitem em chamar a atenção para o ônus público ligado às liberdades civis. Os conservadores, por sua vez, talvez prefiram deixar passar em silêncio – isso quando não o ignoram completamente, como indica sua retórica – o modo pelo qual os impostos de toda a comunidade são usados para proteger os direitos de propriedade de indivíduos ricos. O desejo universal de apresentar os direitos como uma coisa positiva, sem ressalva alguma, talvez ajude a explicar por que uma abordagem que não leva em conta o custo é vista com simpatia por todos os lados do debate. Com efeito, podemos até falar, nesse contexto, de um tabu cultural – fundado, talvez, em preocupações realistas – contra o "cálculo dos custos" da garantia de direitos.

A premissa de que nossos direitos mais fundamentais podem ser usufruídos sem custo algum, embora muito disseminada, é evidentemente falsa; além disso, é impossível situar sua origem numa suposta impossibilidade de detectar os custos ocultos. Para começar, eles nem são tão ocultos assim. É evidente por si, por exemplo, que o direito a um julgamento pelo júri acarreta um custo para o público. Um estudo realizado em 1989 nos proporciona um valor em dólares: cada julgamento pelo júri custa, em média, US$ 13 mil para os contribuintes norte-americanos[10]. Outra coisa evidente: o direito a uma indenização razoável pelos bens desapropriados pelo Estado tem um custo orçamentário substancial. O direito a um recurso nas causas penais pressupõe claramente a existência de tribunais recursais financiados com dinheiro público. E isso não é tudo.

Os contribuintes norte-americanos têm grande interesse financeiro em ações de reparação por danos movidas contra governos locais, nas quais se exigem a cada ano milhões de dólares em indenizações de várias espécies. Só em 1987, o município de Nova York pagou US$ 120 milhões em despesas relacionadas a ações de responsabilidade civil; em 1996, esse valor já subira para US$ 282 milhões[11]. É compreensível que todos os grandes municípios do país estejam tentando implementar uma reforma que modifica as condições de sua responsabilidade em causas cíveis, pois o direito dos indivíduos de mover ação judicial contra os governos municipais vem drenando os orçamentos locais. Por que os juízes, que enfocam unicamente a causa que têm diante de si, têm o poder de decidir que o dinheiro dos contribuintes seja gasto em indenizações de responsabilidade civil e não, por exemplo, em livros didáticos, gastos com a polícia ou programas de nutrição infantil?

Os profissionais do direito compreendem perfeitamente as implicações orçamentárias do direito de mover ação judicial contra os governos locais, pedindo indenização por dano. Também sabem que o dinheiro dos contribuintes pode ser poupado caso outros tipos de direitos sejam restringidos, aberta ou sub-repticiamente. O interesse do contribuinte por impostos menores pode ser atendido, por exemplo, caso se diminuam os gastos estatais com sistemas de defensoria pública para os pobres[12].

---

10 Billy L. Wayson e Gail S. Funke, *What Price Justice? A Handbook for the Analysis of Criminal Justice Costs* (Washington, D.C.: Department of Justice, U.S. National Institute of Justice, agosto de 1989).
11 Paul A. Crotty, "Containing the Tort Explosion: The City's Case", *CityLaw*, vol. 2, n.º 6 (dezembro de 1996).
12 Ver Robert L. Spangenberg e Tessa J. Schwartz, "The Indigent Defense Crisis Is Chronic", *Criminal Justice*, verão de 1994; John B. Arango, "Defense Services for the Poor: Tennessee Indigent Defense System in Crisis", *Criminal Justice* (primavera de 1992), p. 42 (onde se lê que o orçamento da defensoria pública sofreu um corte de 5,3 por cento); Rorie Sherman, "N. J. Shuts Down Its Advocate; Was Unique in Nation", *National Law Journal*, 20 de julho de 1992, p. 3 (onde se lê que o estado de Nova Jersey cortou US$ 6 milhões destinados à assistência jurídica); Richard Klein e Robert Spangenberg, "*The Indigent Defense Crisis*" (relatório preparado para a Seção de Direito Penal da Organização dos Advogados dos Estados Unidos [American Bar Association Section of Criminal Justice], Ad Hoc Committee on the Indigent Defense Crisis, 1993), onde se relata que, dos US$ 74 bilhões gastos na justiça penal pelos governos fe-

Esse tipo de poupança pode se realizar da mesma maneira caso se endureçam os requisitos para que se possam mover ações cíveis (mediante a restrição de direitos clássicos) ou se endureçam as normas que determinam quem pode receber vales-alimentação do Estado (ou seja, mediante a restrição de direitos de bem-estar). Quando os juízes promovem audiências de conciliação antes do julgamento para encorajar a celebração de acordos extrajudiciais e, assim, diminuir a fila de espera e o congestionamento do sistema judiciário, eles reconhecem implicitamente que tempo é dinheiro – em específico, que o tempo dos tribunais é dinheiro dos contribuintes. Pela garantia do devido processo legal, os órgãos do governo precisam realizar algum tipo de audiência para que possam despojar uma pessoa de sua liberdade ou de seus bens (entre os quais se incluem a carteira de motorista e os benefícios fornecidos pelos sistemas públicos de bem-estar social), mas os tribunais rotineiramente levam em conta os gastos orçamentários para decidir o quão complexa deve ser essa audiência. Em 1976, discutindo as salvaguardas processuais exigidas pela garantia do devido processo, a Suprema Corte declarou:

> O interesse do Estado, e portanto do público, de conservar os recursos fiscais e administrativos, que são escassos, é um fator a ser levado em consideração. Em algum momento, o benefício de uma salvaguarda adicional para o indivíduo afetado pelo ato administrativo e para a sociedade – em matéria de aumento da garantia de que o ato administrativo em questão seja justo – será superado pelo custo. Um dado significativo é que o custo de proteger aqueles que um processo administrativo preliminar identifica como possivelmente não qualificados poderá, no fim, sair do bolso dos qualificados, visto que os recursos disponíveis para qualquer programa de bem-estar social não são ilimitados.[13]

---

deral, estaduais e municipais em 1990, somente 2,3 por cento foram gastos com a defensoria pública em todo o país (pp. 1-3).

[13] *Matthews vs. Eldridge*, 424 U.S. 319 (1976). Embora tenha admitido que os contribuintes norte-americanos têm interesse financeiro em tirar o máximo possível de pessoas das listas de benefícios da previdência assim que tais pessoas se mostrem inelegíveis para receber o auxílio público, a Corte, numa decisão anterior, havia concedido a indivíduos que logo iam perder seus benefícios o direito a uma audiência administrativa plena *antes* da suspensão dos benefícios, *Goldberg vs. Kelly*, 397 U.S. 254 (1970). Mas a Corte nunca desconsiderou preliminarmente a importância dos custos. Em *Goss vs. Lopez*, 419 U.S. 565 (1975), por exemplo, decidiu que as escolas públicas podem proporcionar uma audiência bastante simples a um aluno ameaçado de expulsão, pois "procedimentos semelhantes a um julgamento, mesmo quando abreviados, podem sobrecarregar as instalações administrativas em muitos locais e, consumindo recursos, podem custar mais do que economizam em matéria de eficácia educacional".

Declarações como essa, que passaram a ocupar um espaço central no debate jurídico para saber qual deve ser a exata extensão do processo devido, podem dar a impressão de ser mera questão de bom senso, mas suas implicações ainda não foram identificadas nem pensadas de modo cabal.

Para interpretar as leis e a jurisprudência e decidir quem pode mover ação contra quem, os tribunais recursais levam em conta rotineiramente o risco de serem assoberbados por um grande número de processos caros. De maneira geral, atribui-se aos órgãos do Judiciário um poder discricionário sobre a quantidade de processos com que podem lidar; um dos motivos disso é que os gastos públicos destinados especificamente ao sistema judiciário são limitados. Normas como a Décima Primeira Emenda à Constituição dos Estados Unidos (que proíbe que os estados sejam réus de ações cíveis por perdas e danos em tribunais federais) dão a entender que as autoridades públicas norte-americanas sempre compreenderam o quanto custa ao contribuinte o direito individual irrestrito de mover ação judicial contra o Estado. Hoje em dia, a tendência nacional à adoção do seguro automobilístico de tipo *no-fault*, que restringe o direito da vítima de mover ação judicial contra outros indivíduos por danos pessoais, reflete uma preocupação cada vez maior com os custos exorbitantes – entre eles o custo público – de certos direitos particulares. O surgimento de tribunais especificamente dedicados a resolver casos de negligência médica tem a mesma motivação. Todos sabem que é muito caro tornar acessíveis a pessoas com deficiência todos os lugares de acesso público, como manda a Lei dos Norte-Americanos Portadores de Deficiência, de 1990. Mas não é igualmente óbvio que os contribuintes (quem mais senão eles?) terão de pagar a conta quando um juiz declara que o Estado pague uma indenização pela desapropriação de um bem particular ou interpreta a superlotação num presídio como uma violação da Oitava Emenda, que proíbe penas cruéis e incomuns?

A princípio, os progressistas talvez encarem com ceticismo o tema deste livro. Mas por que uma consciência dos custos poderia enfraquecer nosso compromisso com a proteção dos direitos básicos? Para começar, perguntar quanto custam os direitos não é o mesmo que perguntar o quanto eles valem. Mesmo que fôssemos capazes de calcular até o último centavo o quanto custaria garantir o direito de igual acesso à Justiça, digamos, num determinado ano fiscal, nem por isso saberíamos o quanto, enquanto país, devemos gastar com isso. Esta última questão depende de uma avaliação política e moral e não pode ser decidida pela simples contabilidade.

Dada a atual cruzada – que aparentemente mobiliza ambos os lados do espectro político – em favor do corte de gastos públicos, no entanto, essas considerações dificilmente aliviarão as apreensões dos progressistas. Temerosos de que os eleitores mais imediatistas abracem ansiosos a retórica do "não temos dinheiro" proposta pelos conservadores, os progressistas se preocupam, não sem razão, com a possibilidade de que as análises de custo-benefício sejam postas a serviço de poderosos interesses privados. Têm medo de que a inevitável revelação do desperdício, da ineficiência e dos estouros de orçamento – embora seja boa em princípio – acabe por levar a novos cortes da verba dedicada à proteção de nossos direitos, até dos mais preciosos. Esse medo não é totalmente injustificado. No entanto, para saber se é apropriado, é preciso compreender antes de tudo o que uma análise de custo-benefício efetivamente acarreta.

A ansiedade dos conservadores também é forte, mas caminha numa outra direção. Muitos conservadores aferram-se instintivamente a uma abordagem que não leva absolutamente em conta o custo da proteção dos chamados "direitos negativos" à propriedade privada e à liberdade de contrato, pois um exame atento dos custos destruiria a ficção libertária segundo a qual os indivíduos que exercem seus direitos, no sentido clássico do século XVIII, estão apenas cuidando de seus próprios assuntos, soberanamente independentes do governo, do Estado e da comunidade dos contribuintes. Os custos públicos dos direitos não ligados ao bem-estar social demonstram, entre outras coisas, que a "riqueza privada" tal como a conhecemos só existe em razão das instituições governamentais. Os que atacam todos os programas de bem-estar e seguridade social por uma questão de princípio devem ser encorajados a contemplar o óbvio – a saber, que a definição, a atribuição, a interpretação e a proteção dos direitos de propriedade é um serviço que o governo presta aos atuais detentores de propriedade, financiado pela renda recolhida junto ao público em geral.

De início, portanto, nem os progressistas nem os conservadores estarão propensos a acolher de bom grado um estudo sobre o custo dos direitos. O terceiro obstáculo a um tal estudo decorre da sensibilidade específica (e, talvez, dos interesses adquiridos) dos próprios profissionais do direito. O Judiciário se orgulha de levar uma existência isolada das pressões políticas; de seguir, em vez da conveniência, os puros ditames da razão; e de curvar-se perante o Executivo e o Legislativo em tudo o que diz respeito à tributação. Na prática, porém, os juízes se curvam muito menos em matéria fiscal do que parecem, e isso por uma razão muito simples: os direitos que os juízes ajudam a proteger têm um certo custo.

O fato de os direitos serem financiados pelos esforços extrativos dos outros poderes não se encaixa bem na bela autoimagem do Judiciário. O problema é grave. Será que os juízes, nominalmente independentes, são marionetes movimentadas pelas cordas do dinheiro que os financia? Será que a própria justiça depende de uma lista de contas a pagar? E como um juiz, dadas as parcas informações que tem à disposição (pois também a informação tem seu custo) e sua imunidade à prestação de contas perante um eleitorado, pode tomar decisões razoáveis e responsáveis acerca da destinação ideal de recursos escassos? O juiz pode mandar que determinada rua permaneça acessível a manifestações populares ou que um presídio melhore as condições de vida de seus internos, mas como poderá ter certeza de que o dinheiro que manda ser destinado a esse fim não poderia ter sido usado de modo mais eficiente para vacinar contra a difteria as crianças de uma favela?

Esse dilema não afeta somente os juízes. Pensemos, por exemplo, nos advogados que defendem causas ligadas às liberdades civis: por conceberem os direitos como armas para confrontar e atacar o Estado, talvez não se sintam à vontade diante de um estudo sobre o custo orçamentário dos direitos, que centra sua atenção de maneira muito simples e concreta no fato de que os direitos dependem essencialmente do Estado. De maneira geral, o custo da proteção aos direitos destrói uma poderosa ilusão acerca da relação entre o direito (no sentido de sistema jurídico) e a política. Se os direitos dependem, na prática, das alíquotas tributárias, acaso o próprio Estado de direito não depende das vicissitudes das escolhas políticas? E acaso não seria aviltante postular que os direitos – que, afinal de contas, protegem a dignidade humana – são concedidos pelo poder público (mesmo que esse poder envolva uma prestação de contas de natureza democrática)? Será que os juízes, na qualidade de guardiães de valores que não têm preço, não deveriam estar muito acima das soluções de meio-termo daqueles que cotidianamente exercem e buscam o poder?

Qualquer que seja o valor da palavra "deveriam" nessa frase, ela pouco tem a ver com o modo como as coisas realmente são. Imaginar que o direito norte-americano permanece ou pode permanecer imune às trocas e concessões habituais que determinam o rumo das finanças públicas é algo que só nos deixa ainda mais cegos para a realidade política da proteção dos direitos. Num sentido doloroso, mas realista, o custo dos direitos implica que os dois poderes políticos (o Executivo e o Legislativo), que recolhem e determinam a destinação dos recursos públicos, afetam substancialmente o valor, o âmbito e a previsibilidade dos nossos direitos. Se o governo não investir recursos consideráveis para prevenir os abusos de autoridade cometidos por policiais, esses abusos serão frequentes independentemente do que digam os livros. A quantia que a comunidade decide gastar afeta de modo decisivo a medida pela qual os direitos fundamentais dos norte-americanos são protegidos e garantidos[14].

Um exame do custo dos direitos levanta várias outras questões, não somente acerca do quanto efetivamente custam os diversos direitos, mas também sobre quem decide como serão distribuídos os escassos recursos públicos no que se refere à proteção de direitos, quais direitos serão protegidos e para quem haverá essa proteção. Quais princípios são comumente invocados para orientar essa distribuição? Esses princípios são defensáveis?

Por fim, a simples ideia de que os direitos têm um custo aponta para uma apreciação de como o Estado e o governo são inevitáveis e das muitas coisas boas que o governo faz, algumas das quais são tidas como tão óbvias e naturais que, para quem não as examina detidamente, parecem não envolver em absoluto a ação do Estado. Um estudo do custo público dos direitos individuais pode lançar nova luz sobre antigas questões, como a das dimensões apropriadas do Estado de bem-estar com ação regulamentadora e da relação entre o Estado moderno e os direitos liberais clássicos. As decisões sobre a formulação de políticas públicas não devem ser tomadas com base numa hostilidade imaginária entre a liberdade e o coletor de impostos; se esses dois fossem realmente adversários, todas as nossas liberdades básicas correriam o risco de ser abolidas.

---

[14] Este livro não trata daquilo que os filósofos denominam "tese deontológica", segundo a qual o raciocínio moral deve levar em conta os princípios e não as consequências. Mas o custo dos direitos têm, sim, algo a dizer acerca do mau uso que se faz dos argumentos deontológicos para alimentar ilusões acerca da natureza supostamente apolítica da atividade judicial e da suposta independência do Judiciário em relação à arrecadação e dispêndio de recursos públicos. Até os direitos cujo valor é intrínseco e não instrumental têm seus custos, de modo que têm de estar sujeitos a trocas e concessões.

PARTE I

POR QUE UM ESTADO SEM DINHEIRO NÃO PODE PROTEGER DIREITOS

Capítulo **1**

TODOS OS DIREITOS SÃO POSITIVOS

Em *Roe vs. Wade*, a Suprema Corte declarou que a Constituição norte-americana protege o direito das mulheres ao aborto[1]. Alguns anos depois, surgiu uma complicação: será que a Constituição também manda que o erário público pague um aborto para a mulher que não tem condições de fazê-lo por conta própria? Manda que o Estado cubra os custos dos abortos não terapêuticos caso já esteja também subsidiando partos? Em *Maher vs. Roe*, a Corte concluiu que a Constituição não exige nada disso[2]. A negação da cobertura pelo Medicaid, segundo os juízes, "não põe obstáculo algum – absoluto ou relativo – à possibilidade de que a gestante faça um aborto". Isso porque "a mulher indigente que deseja fazer um aborto não sofre desvantagem alguma em consequência da decisão do Estado de custear partos", pois o Estado não é responsável de maneira alguma pelo estado de penúria em que ela se encontra. Segundo a Corte, a recusa de aprovar uma tal lei por parte de uma assembleia legislativa estadual, embora possa na prática acarretar que uma indigente não possa fazer aborto, não viola de maneira alguma o "direito" de escolha dessa mulher.

Para conciliar sua decisão em *Roe* com sua decisão em *Maher*, a Corte traçou uma distinção crucial. Disse que "há uma diferença básica entre a interferência direta do Estado no sentido de dificultar uma atividade protegida e o fato de o Estado encorajar uma alternativa". Ao que parece, a Constituição, sem fugir de maneira alguma à coerência, pode proibir o Estado de se intrometer e, depois, permitir que ele negue seu apoio. A Corte prosseguiu: a mulher é protegida constitucionalmente contra determinadas restrições impostas pelos órgãos do Estado; no entanto, sua liberdade de escolha

---
[1] 410 U.S. 113 (1973).
[2] 432 U.S. 464 (1977).

não acarreta "o direito constitucional a recursos financeiros que lhe permitam ter acesso a toda a gama de escolhas protegidas". A proteção contra um ônus é uma coisa; o direito a um benefício é outra. E, com efeito, essa distinção entre uma liberdade e um subsídio parece perfeitamente intuitiva. Mas será lógica? Quais seriam seus fundamentos?

Por trás da distinção aduzida pela Corte jaz uma premissa tácita: a imunidade à ação proibitiva do Estado não envolve nenhum direito a recursos financeiros. Os teóricos que concordam com essa premissa veem os direitos constitucionais como escudos cuja única função é proteger os indivíduos vulneráveis contra a prisão arbitrária, quaisquer intrusões na liberdade de contrato, o confisco de bens e outras formas de abuso que o Estado poderia perpetrar. Seu argumento típico tem o seguinte aspecto: a liberdade pessoal pode ser assegurada pela simples limitação da possibilidade de que o Estado se imiscua nas liberdades de ação e associação. A liberdade individual não pressupõe nenhuma ação do Estado, mas, sim, sua inação. Interpretados nesse sentido, os direitos assemelham-se a "muralhas contra o Estado", incorporando a garantia de que o Congresso "não fará lei" que restrinja a liberdade dos particulares ou lhes imponha ônus excessivos. Dividindo o Estado contra si mesmo, a Constituição impede as autoridades públicas de intrometer-se, restringir ou infringir. O Estado mínimo que daí resulta deixa bastante espaço para que os indivíduos particulares cuidem cada qual de seus próprios negócios e vivam e respirem livremente numa atmosfera social desregulamentada. Chega-se a dizer que essa imunidade às intromissões do Estado é a própria essência do constitucionalismo. E, ao passo que a ação é custosa, a inação é relativamente barata; talvez não tenha custo algum. Como alguém poderia confundir o direito à não intromissão das autoridades públicas com a pretensão de que o tesouro público efetue certos gastos?

A FUTILIDADE DA DICOTOMIA

A oposição entre duas pretensões de tipo fundamentalmente diferente – entre os "direitos negativos", como os afirmados em *Roe*, e os "direitos positivos", como os negados em *Maher* – é bastante conhecida[3]. No entanto,

---

[3] A distinção entre direitos positivos e negativos não deve ser confundida com outra denominação semelhante, entre liberdade positiva e liberdade negativa, proposta por Isaiah Berlin em *Four Essays on Liberty* (Oxford: Oxford University Press, 1969), pp. 118-72. É verdade que os direitos negativos e a liberdade negativa têm mais ou menos o mesmo significado (liberdade em relação a qualquer intromissão), mas a liberdade positiva, no sentido que Berlin dá ao ter-

não é evidente por si de maneira alguma. Para começar, está absolutamente ausente da Constituição. Era completamente desconhecida pelos que a redigiram. De onde surgiu? Exerceu uma influência profunda sobre a paisagem jurídica dos Estados Unidos, mas acaso constitui ou proporciona uma classificação cogente dos diferentes tipos de direitos? Acaso faz sentido?

Sem algum tipo de esquema que os simplifique, é difícil conceber de maneira ordenada a pletora de direitos que constam da legislação e do direito norte-americano em geral. Os cidadãos norte-americanos dispõem de uma gama tão grande de direitos tão diferentes entre si que às vezes parece impossível fazer qualquer generalização a respeito deles. Como pensar sistematicamente sobre direitos tão distintos quanto os direitos à greve, à liberdade de consciência, a processar um jornalista por difamação ou calúnia e a não ser sujeito a buscas e apreensões irrazoáveis? E qual ponto de contato pode haver entre o direito ao voto e o direito a legar os próprios bens, ou entre o direito à autodefesa e a liberdade de imprensa? O que esses direitos tão diferentes têm em comum? E como classificar e subdividir de maneira racional os direitos atualmente protegidos e garantidos nos Estados Unidos da América?

Mesmo uma lista seletiva dos direitos de que os cidadãos comuns dos Estados Unidos gozam no dia a dia bastará para deixar claro o quanto eles são abundantes. Não é fácil catalogar em categorias úteis pretensões tão diversas quanto o direito a fazer um aborto, o direito de praticar a própria profissão, o direito de rescindir um contrato, o direito de ter avaliado um pedido de liberdade condicional, os direitos do consumidor, os direitos dos pais, o direito de apresentar provas perante um conselho de avaliação, o direito de testemunhar em juízo e o direito de não incriminar a si mesmo. Sob quais rubricas básicas seriam classificados o direito a mudar o próprio nome, o direito de guardas de segurança privada a efetuar detenções, o direito exclusivo de decidir quem pode publicar algo (*copyrights*), os direitos de compra de ações, o direito de receber indenização em dinheiro depois de ser difamado, os direitos de locadores e locatários, o direito a fumar as folhas secas de certas plantas (mas não de qualquer planta) e o direito ao controle judicial de constitucionalidade dos atos de agências administrativas? Há alguma justificativa para que se agrupem em duas categorias bási-

---

mo, refere-se ou ao autogoverno democrático (*ibid.*, pp. 160-3) ou à autorrealização humana, sobretudo ao domínio da paixão pela razão. Os "direitos positivos", que Berlin nem sequer chegou a discutir e que a Corte tinha em mente nessas decisões, referem-se a pretensões individuais aos recursos fornecidos pelos contribuintes e administrados pelo governo.

cas – a positiva e a negativa, por exemplo – o direito à iniciativa legislativa, o direito a não ser desconsiderado para uma vaga de emprego em razão de preferência sexual, o direito de voltar ao emprego depois de uma licença-maternidade não remunerada, o direito a viajar de um estado a outro, a liberdade de testamento e o direito de informar as autoridades acerca de uma violação das leis? Que dizer, ainda, dos direitos de caça e pesca, do direito de ter e portar armas, do direito do proprietário de terras de coibir atos indevidos cometidos por terceiros em sua propriedade, dos direitos de mineração, do direito de prestar testemunho acerca da vítima de um crime para influenciar a definição da sentença do perpetrador do crime, dos direitos de pensão, do direito de doar dinheiro a uma instituição de caridade sem pagar impostos de doação, do direito de cobrar uma dívida, do direito de concorrer a um cargo público, do direito de empregar métodos extrajudiciais de arbitragem e do direito de ver publicações obscenas dentro da própria casa? Como classificar o direito a ser visitado na prisão, o direito de fazer o que bem entender com os próprios bens, o direito de um aluno expulso da escola a uma audiência, os direitos de casar-se e divorciar-se, o direito de precedência na compra de um bem, o direito de ser reembolsado após efetuar pagamento em duplicidade, o direito à presença e à assistência de um advogado antes de ser interrogado por autoridades policiais, o direito de emigrar, o direito de receber aconselhamento sobre controle de natalidade e o direito ao uso de contraceptivos?

Essa lista improvisada de apenas alguns direitos de que os norte-americanos comuns gozam no dia a dia indica o tamanho do desafio a ser enfrentado por quem quer que pretenda mapear o imenso território das nossas liberdades individuais. Mesmo deixando de lado anomalias de sabor arcaico, como o "direito à rebelião", será dificílimo organizar em dois grupos mutuamente exclusivos e conjuntamente exaustivos o enxame de pretensões e contrapretensões que ajudam a estruturar as expectativas comuns e o comportamento cotidiano dos cidadãos norte-americanos hoje.

OS ATRATIVOS DA DICOTOMIA

É verdade que não se pode proibir que se façam esforços de simplificação. Além disso, a simplificação pode ser útil para alguns fins; a questão é saber se uma determinada simplificação ajuda a esclarecer a realidade[4]. En-

---

[4] Entre os autores acadêmicos, o maior taxonomista dos direitos jurídicos continua sendo Wesley Hohfeld. Em seu *Fundamental Legal Conceptions* (New Haven: Yale University Press,

tre as tentativas recentes de impor uma ordem facilmente compreensível à multiplicidade de direitos básicos invocados e garantidos neste país, aquela a que a Suprema Corte – para o bem ou para o mal – emprestou o peso de sua autoridade foi de longe a mais influente. Nas salas de aula e nas páginas de editorial, nos votos judiciais e nos comitês do Congresso, traça-se rotineiramente a distinção entre direitos negativos e direitos positivos, ou entre liberdades e subsídios (classificação que muitas vezes se supõe ser idêntica à anterior). Talvez essa distinção derive sua plausibilidade inicial do fato de parecer refletir um contraste político mais conhecido: aquele entre o Estado pequeno e o Estado grande.

Essa dicotomia lançou profundas raízes no pensamento e na expressão comuns. Segundo se diz, os norte-americanos que preferem ser deixados em paz apreciam estar imunes à intromissão do poder público, ao passo que aqueles que gostariam de ser cuidados e protegidos buscam o direito à ajuda pública. Os direitos negativos excluem e afastam o Estado; os positivos o incluem e o exigem. Para que existam os primeiros, as autoridades públicas devem se abster de agir; para que existam os segundos, devem intervir ativamente. Os direitos negativos, em regra, protegem a liberdade; os positivos promovem a igualdade. Os primeiros protegem a esfera privada, ao passo que os segundos redistribuem os dólares dos contribuintes. Os primeiros são privativos ou obstrutivos, ao passo que os segundos são caritativos e contributivos. Se os direitos negativos nos protegem do Estado, os positivos nos concedem serviços do Estado. Entre os primeiros incluem-se o direito à propriedade privada, a liberdade contratual e, como é óbvio, o direito de não ser torturado pela polícia; os segundos englobam os vales-alimentação concedidos pelo Estado, os subsídios habitacionais e os programas de renda mínima.

Essa distinção ideal entre imunidades e direitos positivos se tornou tão influente e, de certo modo, tão revestida de autoridade que a Suprema Corte foi capaz de pressupor sua validade sem examiná-la a sério nem apresentar argumentos que a comprovassem. Nem o fato de ter surgido em época relativamente tardia na história nem sua palpável insuficiência bastaram

---

1923), Hohfeld faz uma distinção entre permissões, pretensões, poderes e imunidades. Embora seja interessante, esse esquema quádruplo é insatisfatório por diversas razões, entre elas o fato notável de que os poderes, as imunidades e até as permissões implicitamente envolvem certas pretensões acerca de como o Estado deve agir e como os recursos públicos devem ser gastos, num sentido que será discutido adiante em nosso texto.

para suavizar sua influência sobre as análises acadêmicas e a imaginação do público. Mas onde reside seu apelo aparentemente irresistível?

O atrativo desse tipo de categorização decorre, em parte, do alerta moral ou da promessa moral que ela, segundo se crê, transmite. Os devotos conservadores da distinção entre direitos positivos e negativos estão acostumados a afirmar, por exemplo, que os direitos de bem-estar são potencialmente infantilizadores e só podem ser exercidos com base em recursos distribuídos gratuitamente pelo governo. Acrescentam que os direitos liberais clássicos, em contraposição, são exercidos de forma autônoma e à melhor maneira norte-americana por indivíduos fortes e autossuficientes que desprezam o paternalismo e as esmolas do governo.

Os críticos do Estado de bem-estar e de sua ação reguladora também interpretam a dicotomia entre imunidades e direitos à luz de uma narrativa simplificada que postula uma traição ou uma decadência históricas. Dizem que os direitos negativos foram as primeiras liberdades a ser estabelecidas na sociedade civil, tendo sido institucionalizadas com sabedoria quando da fundação dos Estados Unidos, se não antes, ao passo que os direitos positivos foram acrescentados depois, no século XX, e representaram um desvio em relação ao entendimento original dos direitos. Quando os Estados Unidos foram criados, a proteção e a garantia dos direitos básicos tinham por alvo unicamente a proteção contra um governo tirânico e corrupto. Foi só muito depois – com o *New Deal*, a *Great Society* e a presidência do juiz Warren na Suprema Corte – que foram introduzidos os direitos super-rogatórios à assistência governamental. A narrativa conservadora prossegue afirmando que, em vez de nos proteger contra o governo, os direitos de bem-estar social tornam as pessoas cada vez mais dependentes do governo, erodindo assim de duas maneiras a "verdadeira liberdade": confiscando injustamente os bens privados dos ricos e enfraquecendo imprudentemente a autossuficiência dos pobres. Acrescentando um abundante rol de direitos positivos aos antigos direitos negativos, progressistas modernos como Franklin Delano Roosevelt e Lyndon Johnson não somente traíram a concepção de liberdade dos Patriarcas como também trouxeram à existência todo um rebanho de cidadãos pobres e dependentes que, infelizmente, devem agora ser dispersados da fila do panelão de sopa do governo.

Essa narrativa de declínio histórico é relatada com verve pelos conservadores, mas os progressistas norte-americanos discordam dela frontalmente. Por outro lado, também eles muitas vezes presumem a existência de dois tipos básicos de direitos, os positivos e os negativos. Simplesmente apresentam uma descrição alternativa da transição que conduziu das imunidades aos direitos, retratando-a como uma narrativa de aperfeiçoamento, evolução e crescimento moral[5]. Ao passo que os conservadores deploram o surgimento da previdência social subsidiada pelo contribuinte, os progressistas aplaudem o aparecimento de garantias positivas, interpretando-o como sinal de aprendizagem política e melhor compreensão das exigências da Justiça. Os impulsos caritativos foram enfim levados em conta e codificados em forma de lei. O *New Deal* e a *Great Society* romperam com os princípios mesquinhos que serviam aos interesses dos ricos e das grandes empresas em detrimento da maioria. Em retrospectiva, os direitos negativos eram insuficientes, talvez até cruéis. A ascensão dos direitos positivos assinalou uma nova apreciação da necessidade de suplementar a não intromissão com o fornecimento de serviços públicos.

Na prática, a mesma distinção serve a dois propósitos contrários. Ao passo que os progressistas norte-americanos geralmente associam o direito de propriedade e a liberdade de contrato a um egoísmo imoral, os conservadores vinculam as liberdades privadas à autonomia moral. Os progressistas situam numa generosa solidariedade a origem dos direitos positivos, ao passo que os conservadores libertários relacionam com uma dependência doentia as benesses da previdência social. As avaliações são opostas, mas o esqueleto conceitual é o mesmo. Embora não seja, portanto, apanágio de nenhuma corrente política, a dicotomia entre direitos negativos e direitos positivos não é, de maneira alguma, uma presença santa e inocente no campo da política, pois influencia alguns de nossos debates mais importantes. Proporciona a base teórica tanto dos ataques ao Estado de bem-estar e à sua ação reguladora quanto da defesa dos mesmos. Podemos até afirmar que a polaridade entre direitos negativos e positivos fornece uma linguagem comum por meio da qual os progressistas que defendem o Estado de bem-estar e os conservadores libertários conseguem entender uns aos outros e trocar farpas.

Mas quem tem razão? Acaso os direitos de propriedade são instrumentos do egoísmo ou fontes da autonomia pessoal? Os direitos de bem-estar

---

5 A este respeito, os progressistas costumam citar T. H. Marshall, *Class, Citizenship and Social Development* (Chicago: University of Chicago Press, 1964), que identifica três fases na evolução do liberalismo britânico e europeu continental. *Grosso modo*, os direitos civis desenvolveram-se no século XVIII, os direitos políticos no século XIX e os direitos sociais no século XX. Em outras palavras, a taxonomia tripartite de Marshall torna enganosamente fácil o uso da polaridade negativo-positivo para interpretar o desenvolvimento histórico ocidental.

(entre os quais o direito à assistência médica e o direito ao treinamento para um emprego) são expressões de solidariedade e fraternidade ou arruínam a iniciativa e inculcam a dependência? Os indivíduos devem somente ser protegidos contra o Estado ou também devem ser protegidos pelo Estado? Essas questões resumem boa parte do debate atual sobre direitos nos Estados Unidos. Naturalmente, qualquer dicotomia que apele tanto à Direita quanto à Esquerda será difícil de criticar e dificílima de derrubar. O fato de ser considerada natural, entretanto, não significa que tal dicotomia seja justificável quer do ponto de vista descritivo, quer do normativo. Quando o examinamos, o contraste entre dois tipos fundamentais de direitos é menos sólido do que esperávamos e muito menos claro e simples do que a Suprema Corte supôs que fosse. Baseia-se, na verdade, em confusões fundamentais, tanto teóricas quanto empíricas. Se a própria distinção é falha, é possível que nenhum dos dois lados do debate norte-americano esteja posicionado sobre terreno sólido.

O CUSTO DOS REMÉDIOS JURÍDICOS

Uma máxima clássica da ciência jurídica diz que "Não há direito sem o remédio jurídico correspondente". Os indivíduos só gozam de direitos no sentido jurídico, e não apenas no sentido moral, quando as injustiças de que são objeto são reparadas pelo Estado de maneira justa e previsível. Essa realidade simples já revela o quanto é insuficiente a distinção entre direitos negativos e positivos. O que ela demonstra é que todos os direitos passíveis de imposição jurídica são necessariamente positivos.

Os direitos têm um custo alto porque o custo dos remédios é alto. Garantir os direitos sai caro, especialmente quando essa garantia é justa e uniforme; e os direitos jurídicos não têm significado algum quando não são garantidos coercitivamente. Para dizê-lo de outra maneira, quase todos os direitos implicam deveres correlativos, e os deveres só são levados a sério quando seu descumprimento é punido pelo poder público mediante recurso à fazenda pública. Na ausência de deveres legalmente imponíveis não há direitos legalmente exigíveis, e é por isso que um sistema jurídico só pode ser permissivo, ou seja, só pode permitir liberdades aos indivíduos, na medida em que é simultaneamente coercitivo. Isto é, a liberdade pessoal não pode ser assegurada pela mera limitação da ingerência do Estado mediante as liberdades de ação e associação. Não há direito algum que se resuma ao direito de ser deixado em paz pelos agentes públicos; todos os direitos implicam uma pretensão a uma resposta afirmativa por parte do Estado. Do ponto de vista descritivo, os direitos se reduzem a pretensões definidas e salvaguardadas pela lei. Um mandado de *cease-and-desist** emitido por um juiz cujas ordens são regularmente obedecidas é um bom exemplo de "intromissão" do Estado visando à preservação da liberdade. Porém, o Estado se envolve num nível ainda mais fundamental quando os órgãos legislativos e os tribunais definem quais serão os direitos protegidos pelos juízes. Toda lei proibitiva, sejam quem forem os seus destinatários, implica tanto a concessão afirmativa de um direito pelo Estado quanto a pretensão legítima à solicitação da assistência do mesmo Estado, caso a lei seja desobedecida.

Se os direitos fossem meras imunidades à intromissão do poder público, a maior virtude do governo (pelo menos no que diz respeito ao exercício dos direitos) seria a paralisia ou a debilidade. Um Estado débil, no entanto, é incapaz de proteger as liberdades pessoais, mesmo aquelas que parecem completamente "negativas", como o direito de não ser torturado por policiais e carcereiros. O Estado incapaz de organizar visitas de inspeção a prisões públicas por parte de médicos pagos com o dinheiro do contribuinte e dispostos a apresentar provas críveis como testemunhas numa audiência judicial é também incapaz de proteger eficazmente os presidiários contra a tortura e o espancamento. Todos os direitos custam caro porque todos eles pressupõem que o contribuinte financie um mecanismo eficiente de supervisão, que monitore o exercício dos direitos e o imponha quando necessário.

No quadro do Estado, as instituições mais conhecidas que monitoram as injustiças e garantem os direitos são os próprios tribunais. Com efeito, a noção de que os direitos são basicamente "muralhas contra o Estado" muitas vezes se apoia na ideia equivocada de que o Judiciário não é um dos poderes do Estado e que os juízes (cuja jurisdição se exerce sobre os policiais, os membros dos poderes executivo e legislativo e os outros juízes) não são funcionários públicos que vivem de um salário pago pelo governo. No entanto, os tribunais norte-americanos são "ordenados e estabelecidos" pelo governo; constituem um dos elementos essenciais do Estado. A acessibilidade do Judiciário e a possibilidade de recurso são realizações triunfantes do Estado liberal. Suas despesas operativas são pagas com dinheiro do fisco, canalizado para os tribunais e seus funcionários; o Judiciário, em si e por si, é

---

* Ordem judicial de direito privado no direito norte-americano mediante a qual se notifica uma pessoa física ou jurídica de que, dentro de um certo prazo, deve cessar determinada atividade e não voltar a exercê-la, sob pena de sofrer processo judicial. (N. do T.)

incapaz de coletar essa renda. Nos Estados Unidos, os juízes federais têm cargo vitalício e não estão sujeitos à autoridade supervisora da promotoria pública. No entanto, nenhum poder judiciário que funcione bem é financeiramente independente. Nenhum sistema jurisdicional é capaz de operar num vácuo orçamentário. Nenhum juízo pode funcionar sem receber injeções regulares de dólares dos contribuintes a fim de financiar seus esforços no sentido de disciplinar aqueles que violam os direitos, sejam eles agentes particulares ou públicos; quando esses dólares não existem, os direitos não podem ser defendidos. Na mesma medida em que a garantia dos direitos depende da vigilância judicial, os direitos custam no mínimo o montante necessário para recrutar, treinar, fornecer, pagar e (como não?) monitorar os órgãos judiciais que guardam nossos direitos básicos.

Quando o detentor de um direito legal sofre lesão nesse direito, o mais comum é que possa peticionar, em busca de um remédio, um juiz cujo salário é pago pelos contribuintes. Para obter o remédio judicial, que é uma forma de ação do governo, a parte lesada exerce seu direito de usar o sistema litigioso financiado pelo público, sistema esse que, para esse fim, tem de estar sempre pronto e à disposição. Como já se disse, o detentor de um direito é sempre o autor potencial de uma ação judicial ou de um recurso[6]. Em consequência disso, quando é mais difícil para o queixoso buscar proteção junto ao juiz, os direitos sofrem. Um dos modos pelos quais isso se dá consiste em privar os tribunais do dinheiro de que precisam para funcionar. Reivindicar um direito de modo eficaz, em contraposição, equivale a pôr em movimento o mecanismo coercitivo e corretivo da autoridade pública. Esse mecanismo tem uma operação dispendiosa, e quem paga por ela é necessariamente o contribuinte. Esse é um dos sentidos em que até os direitos aparentemente negativos são, na realidade, benefícios fornecidos pelo Estado.

Para proteger os direitos, os juízes exigem obediência. Os juízos emitem mandados que restringem a violação de patentes ou obrigam empresas do ramo imobiliário a alugar casas para afro-americanos, em obediência à Lei da Justiça na Habitação de 1968. Para garantir a liberdade de informação, os juízes mandam que órgãos do poder executivo federal forneçam informações requisitadas pelo público. Nesses casos, a liberdade depende da autoridade. Quando a supervisão judicial relaxa, os direitos se tornam,

---

[6] Segundo Hans Kelsen, "o sujeito de um direito é sempre o potencial autor de uma ação judicial", *General Theory of Law and State* (Nova York: Russell & Russell, 1973), p. 83.

na mesma proporção, frágeis ou fugidios. As autoridades dos serviços de imigração norte-americanos rotineiramente discriminam os recém-chegados de acordo com suas características físicas, opiniões políticas e origens nacionais. Assinalar que os estrangeiros que tentam entrar nos Estados Unidos têm poucos direitos é o mesmo que observar que, no sistema jurídico norte-americano, eles têm pouco acesso a remédios judiciais financiados pelo público.

No entanto, os tribunais e demais órgãos judiciais não são os únicos órgãos estatais financiados pelo dinheiro público e capazes de fornecer remédios jurídicos contra a lesão a direitos. Em vários estados norte-americanos, por exemplo, os centros de proteção ao consumidor recebem queixas e atuam para proteger os direitos dos consumidores, penalizando as práticas injustas e enganosas dos fornecedores de produtos e serviços a varejo. Em nível federal, a Comissão de Segurança dos Produtos de Consumo (Consumer Product Safety Commission – CPSC) gastou US$ 41 milhões em 1996 para identificar e analisar produtos perigosos e impor aos fabricantes a obediência aos padrões federais[7]. Muitos outros órgãos do governo cumprem funções semelhantes, de garantia de direitos. O próprio Ministério da Justiça gastou US$ 64 milhões em "assuntos de direitos civis" em 1996. O Conselho Nacional de Relações de Trabalho (National Labor Relations Board – NLRB), que custou US$ 170 milhões ao contribuinte em 1996, protege os direitos dos trabalhadores e impõe obrigações aos empregadores. A Administração de Segurança e Saúde no Trabalho (Occupational Safety and Health Administration – OSHA) – que gastou US$ 306 milhões em 1996 – defende os direitos dos trabalhadores, obrigando os empregadores a proporcionar-lhes um ambiente de trabalho saudável e seguro. A Comissão de Oportunidades Iguais de Emprego (Equal Employment Opportunity Commission – EEOC), cujo orçamento foi de US$ 233 milhões em 1996, salvaguarda os direitos dos funcionários e daqueles que procuram emprego, procurando garantir que os empregadores não os discriminem quando das contratações, demissões, promoções e transferências[8]. Em cada um desses casos, o custo da imposição coercitiva dos direitos pode ser igualado ao custo da imposição coercitiva dos deveres correspondentes.

7 *Budget of the United States Government, Fiscal Year 1998* (Washington, D.C.: U.S. Government Printing Office, 1997), Apêndice, p. 1019.
8 *Ibid.*, Apêndice, pp. 662, 1084, 1095, 1029.

Certamente é possível assinalar que alguns desses órgãos, ou todos eles, são demasiado caros ou desperdiçam o dinheiro público, ou mesmo que alguns devem ser abolidos. Porém, embora não haja um único conjunto ideal de instituições, é preciso que reste algum mecanismo estatal de garantia dos remédios jurídicos, pois os direitos nada têm a ver com a autonomia em relação à autoridade pública. Uma vez que o indivíduo totalmente particular e autossuficiente não tem direito algum, é impossível ser "a favor dos direitos" e "contra o Estado".

Alguns outros exemplos ajudarão a esclarecer este ponto. O direito de legar os próprios bens a herdeiros escolhidos pelo próprio testador – o "direito à liberdade de expressão depois da morte" – é, evidentemente, um poder que nenhum testador pode exercer autonomamente, sem a assistência ativa de órgãos do Estado. (Os processos de interpretação e declaração da validade dos testamentos, bem como de arbitragem das disputas a que eles às vezes dão ocasião, correm nos Estados Unidos perante os *probate courts* ou juízos de sucessões, que não são financiados somente pelas taxas cobradas dos usuários, mas por todos os contribuintes.) E o direito de elaborar um testamento válido e vinculante é perfeitamente típico, pois *nenhum* detentor de direitos é autônomo. O que o direito a contrair matrimônio significaria sem as instituições públicas que gastam o dinheiro dos contribuintes para definir e criar a instituição do matrimônio? O que o direito dos filhos menores a alimentos significaria na prática se os órgãos estatais não pudessem atender às solicitações de localização de pais ausentes ou deduzir os alimentos não pagos das restituições de impostos federais e estaduais? O que os direitos autorais das empresas de entretenimento norte-americanas significariam na China (por exemplo) se o governo norte-americano não fizesse questão de garantir que os mesmos sejam respeitados?

Coisa semelhante se pode dizer acerca do direito à propriedade privada. Para proteger os direitos de propriedade dos proprietários de terras, o sistema jurídico norte-americano não se limita a deixar-lhes em paz, mas exclui coercitivamente os não proprietários (os sem-teto, por exemplo) que, na ausência dessa exclusão coercitiva, sofreriam talvez a forte tentação de entrar na propriedade que não lhes pertence. Todo credor tem o direito de exigir que o devedor lhe pague o que deve; na prática, isso significa que o credor pode instituir contra um devedor inadimplente um processo judicial, no decorrer do qual o delito de inadimplência será declarado e uma sanção será imposta. Poderá também contar com o oficial de justiça para confiscar bens pessoais do devedor e vendê-los para pagar a dívida com os proventos da venda. Os direitos de propriedades dos credores, como os dos proprietários de terra, seriam palavras vazias sem as ações positivas de autoridades cujo salário é pago com o dinheiro público.

O financiamento de direitos básicos por meio da renda tributária nos ajuda a ver claramente que os direitos são bens públicos: serviços sociais pagos pelo contribuinte e administrados pelo governo, cujo objetivo é aperfeiçoar o bem-estar coletivo e individual. Todos os direitos são positivos.

Capítulo 2
A NECESSIDADE DE AÇÃO DO ESTADO

A ideia de que os direitos são essencialmente direitos "contra" o Estado, e não direitos que exigem a ação do Estado, é claramente errônea quando aplicada ao direito privado. Nas obrigações contratuais e nas situações que envolvem responsabilidade civil, os direitos não são somente garantidos coercitivamente, mas também criados, interpretados e revisados por órgãos públicos. Tanto no nível federal quanto no estadual, os poderes judiciário e legislativo encontram-se num processo constante de criação e revisão das normas jurídicas que dão sentido aos direitos, além de especificar e redefinir as várias exceções a essas normas. Por meio da ação judicial e legislativa, as autoridades públicas não somente impõem o cumprimento de contratos, mas também decidem quais contratos podem ser exigidos judicialmente e quais não podem, quais são leoninos e quais não passam de pedaços de papel sem sentido nenhum. Os juízes e legisladores não somente determinam indenizações para a vítima de negligência como também identificam quais são as circunstâncias que poderiam atenuar ou mesmo excluir a ilicitude de um comportamento que, na ausência dessas circunstâncias, seria considerado negligente. O direito dos cidadãos norte-americanos de mover ação judicial contra um agente do FBI por violar seus direitos é totalmente definido pela lei e pelas interpretações das leis e da Constituição. Os direitos dos pescadores recreativos e comerciais provenientes de outros estados da federação devem boa parte do seu conteúdo à interpretação judicial da cláusula dos privilégios e imunidades da Constituição norte-americana e estão completamente consubstanciados no direito positivo.

As normas que definem esse tipo de direito são complexas, técnicas e repletas de ressalvas altamente sutis. Nas jurisdições norte-americanas, por exemplo, o direito dos contratos geralmente estipula que a parte lesada não faz jus a indenização por uma perda que poderia ter sido evitada depois que a dita parte tomou ciência da violação do contrato. O indivíduo que afirma um direito sob o direito dos contratos ou a responsabilidade civil deve, portanto, dominar uma tessitura complexa de regras e exceções que, por sua vez, são administradas pelas autoridades do Estado – ou deve, no mínimo, a elas se submeter. Precisa recorrer ao poder púbico para que especifique essas regras e exceções, as interprete e, finalmente, as faça valer.

O direito do autor de mover ação judicial contra o réu não pode ser adequadamente descrito como um direito "contra" o Estado. Não é nem um direito de independência em relação ao Estado nem um direito que protege seu detentor contra o Estado, mas é, antes, um direito a usar o poder do Estado para dar efeito legal a um contrato privado, para proibir o ingresso de estranhos numa propriedade particular, para recolher indenização compensatória ou punitiva de alguém que provocou uma lesão por imprudência ou negligência, e assim por diante. Quando movo ação contra alguém no quadro de uma violação de contrato ou dano civil, não tento fazer com que o governo "me deixe em paz"; quero, pelo contrário, que ele me defenda. No direito privado, o detentor dos direitos não precisa que o Estado se abstenha, mas, pelo contrário, que aja.

Chamar a atenção para o papel positivo do Estado na proteção de todas e cada uma das liberdades norte-americanas não implica negar que, para fins muito limitados, algumas versões da dicotomia entre direitos positivos e negativos possam ser aplicadas de modo proveitoso à análise dos direitos. É perfeitamente possível distinguir a ação da abstenção. O proprietário de terras tem um direito legal a que os transeuntes não entrem em seus domínios. O contratante pode ter o direito de assegurar que terceiros não se imiscuam numa relação contratual estabelecida. Num caso como no outro, o direito consiste no poder legal de impedir terceiros de cometer dano[1]. Esse direito à inação ou à abstenção de terceiros pode ser contrastado com o direito de obrigar terceiros a agir – é o caso do direito do credor de coagir juridicamente o devedor a pagar-lhe a dívida ou o direito do contratante de coagir a outra parte a adimplir o contrato.

Uma vez que o direito norte-americano reconhece que os danos e lesões podem ser cometidos não somente por ação, mas também por omissão, a distinção entre os direitos que exigem uma ação e aqueles que proí-

---

[1] Bentham dizia que esse poder legal não é um direito negativo, mas um direito a um "serviço negativo". Ver H. L. A. Hart, "Bentham and Legal Rights", em *Oxford Essays in Jurisprudence, Second Series*, org. A. W. B. Simpson (Oxford: Oxford University Press, 1973), pp. 171-201.

bem uma ação é útil e importante. Mas não deve ser confundida com a distinção muito menos plausível entre direitos positivos e negativos, tal como esses conceitos costumam ser usados na Suprema Corte e fora dela. A distinção perfeitamente razoável entre ação e abstenção nada tem a ver com a oposição entre a imunidade contra a intromissão do Estado e o direito a um serviço do Estado. Afinal de contas, a dicotomia entre ação e abstenção que acabamos de descrever não se refere de forma alguma à atuação do Estado. Um indivíduo particular tem o direito quer de obrigar outro indivíduo particular a agir, quer de impedi-lo de agir. É óbvio que, em ambos os casos, a ação do governo é necessária para garantir o direito. Quer para proteger-me de invasores, quer para receber o dinheiro de uma dívida, tenho o direito de pôr em movimento um sistema judicial litigioso financiado pelos tributos, dedicado à apuração exata dos fatos e operado por órgãos do governo – a saber, os tribunais.

EM QUE MEDIDA OS DIREITOS CONSTITUCIONAIS SÃO EXCEPCIONAIS?

No entanto, acaso os direitos associados ao direito privado (como o direito de mover ação judicial por quebra de contrato) não seriam muito diferentes dos direitos constitucionais (como a liberdade de expressão)? Não faz sentido distinguir os direitos de propriedade e os direitos de bem-estar chamando os primeiros de negativos e os segundos de positivos. Não será mais plausível rotular os direitos privados como positivos (pois exigem a ação do governo) e os direitos constitucionais como negativos (pois exigem a abstenção do governo)? Afinal de contas, quando falou de direitos contra a ação do Estado, a Suprema Corte se referiu exclusivamente aos direitos constitucionais. Surge então a questão: acaso as liberdades protegidas pela Declaração de Direitos são completamente negativas? Exigem que o Estado se abstenha de agir e não exigem de maneira alguma que ele aja?

Alguns direitos constitucionais dependem, para existir, de atos positivos do Estado; o governo tem assim, no caso deles, o dever constitucional de agir e não de se abster. Caso permita que uma pessoa escravize outra e nada faça para eliminar uma relação interpessoal que configure servidão involuntária, o Estado viola a Décima Terceira Emenda. Pela proteção que a Primeira Emenda confere à liberdade de expressão, os estados devem manter as ruas e os parques acessíveis para atividades expressivas, por mais que fazê-lo saia caro; trata-se mais uma vez de uma ação afirmativa. Pela proteção que a Constituição confere contra o confisco de propriedade sem justa indenização, o Estado provavelmente tem a obrigação de criar leis que proíbam a invasão de propriedades e de pô-las à disposição dos proprietários de terras; a revogação parcial ou completa dessas leis – a ausência de uma ação no sentido de proteger a propriedade privada, portanto – seria provavelmente inconstitucional. Caso um juiz aceite uma propina oferecida pelo réu e nada faça para proteger os direitos do autor, terá violado a cláusula do devido processo legal. Caso um estado se recuse a fazer valer determinados direitos contratuais por meio de seus tribunais, terá provavelmente lesado o direito das obrigações e, assim, violado a cláusula dos contratos. Em todos esses casos, a Constituição obriga o Estado a proteger e a agir.

Na prática, o Estado proporciona aos cidadãos as instalações – como urnas e salas de votação – sem as quais eles não poderiam exercer seus direitos, e, assim, dá-lhes condições para esse exercício. O direito ao voto não teria sentido algum se os mesários não aparecessem para trabalhar. O direito à justa indenização por qualquer bem confiscado seria uma piada caso o Tesouro não pagasse as indenizações determinadas. O direito de peticionar o Estado para a reparação de agravos, garantido pela Primeira Emenda, é um direito de acesso às instituições do Estado; aliás, parte do princípio de que o Estado pode e deve agir para beneficiar os cidadãos agravados. E isso não é tudo.

Caso um órgão do governo norte-americano pretenda privar qualquer pessoa de sua vida, liberdade ou propriedade, tem a obrigação de notificar essa pessoa a tempo e proporcionar-lhe a oportunidade de ser ouvida por um órgão imparcial. O direito de coagir testemunhas a depor em sua defesa será inútil se as intimações do Judiciário forem recebidas aos risos. E o que significa dizer que os governos federal e estaduais são proibidos de negar a igual proteção perante as leis, senão que são obrigados a proporcionar essa igual proteção? Para que vigore a proteção contra o tratamento desigual por parte de autoridades do Estado, é preciso que haja outras autoridades capacitadas para ouvir e resolver reclamações. O direito constitucional ao devido processo legal – como a faculdade de mover ação judicial no campo do direito privado – pressupõe que o Estado mantenha e torne acessíveis, às expensas do contribuinte, instituições legais relativamente transparentes dentro das quais possam transcorrer as complexas formalidades de uma atuação judicial justa, pública e compreensível.

Admitimos que é plausível descrever alguns direitos constitucionais importantes como deveres do governo de se abster, não de agir. Mas mesmo esses "direitos negativos" – a proibição de ser julgado duas vezes pelo mesmo crime e das multas excessivas, por exemplo – só serão protegidos caso encontrem um protetor, caso exista um órgão supervisor do Estado, geralmente algum tipo de tribunal, capaz de impor sua vontade aos violadores ou potenciais violadores dos direitos em questão. Até os direitos que seria razoável afirmar exercerem-se "contra" o Estado exigem a criação (afirmativa) e o fortalecimento de relações de supervisão, comando e obediência, para que as autoridades que poderiam infringi-los (entre as quais policiais e carcereiros) não se comportem de modo cruel ou discriminatório. Em alguns casos, é mesmo preciso que as autoridades públicas permaneçam fora de determinada zona protegida. Mas essas zonas só se qualificam como protegidas em razão da ação afirmativa do Estado; e, para que a proteção desejada se realize, os indivíduos vulneráveis precisam ter um acesso relativamente fácil a um segundo escalão de agentes governamentais de nível mais elevado, cujas decisões sejam revestidas de autoridade.

As autoridades públicas inativas – quer por apatia, quer por ter recebido propina, quer por serem indevidamente submissas – não podem garantir os direitos constitucionais, da mesma maneira que não podem garantir os direitos previstos nas leis e no direito consuetudinário. A própria ideia de que existe um processo "devido" demonstra que os direitos constitucionais impõem obrigações ativas ao Estado. Abrir aos cidadãos o acesso a tribunais e outros meios de resolver pendências não é o mesmo que abrir-lhes acesso a portos naturais e águas navegáveis, pois o governo precisa não somente eliminar os obstáculos ao acesso, mas também criar as próprias instituições a que se pretende dar acesso. Os "caminhos para a solução de conflitos" só são transitáveis em razão da atuação de autoridades do governo. Só as despesas operativas dos tribunais norte-americanos alcançam bilhões de dólares por ano, e quem paga a conta é o contribuinte norte-americano.

DIREITOS E PODERES

Os direitos implicam invariavelmente um confronto entre dois poderes. Na responsabilidade civil, os direitos valem-se do poder do Estado para extorquir indenizações compensatórias ou punitivas de pessoas que cometeram injustiças no âmbito privado. No direito constitucional, os direitos empregam o poder de um dos ramos do Estado contra os malfeitores pertencentes a outros órgãos do mesmo Estado. No final da década de 1960, por exemplo, a Suprema Corte protegeu o direito dos estudantes de ir à escola usando tarjas pretas no braço a fim de protestar contra a Guerra do Vietnã, e para tanto contrapôs-se às autoridades que dirigiam as escolas públicas[2]. Portanto, a proteção "contra" o governo é impensável sem a proteção oferecida "pelo" governo. É exatamente isso que Montesquieu tinha em mente quando afirmou que a liberdade só pode ser protegida mediante um sistema de freios e contrapesos entre os diversos poderes do Estado[3]. Nenhum sistema jurídico é capaz de defender o povo contra as autoridades sem defendê-lo por meio de outras autoridades.

Além disso, quando se garante um direito, uma pessoa ganha e outra perde. A imposição de um direito (seja ele um direito contra a discriminação racial ou um direito de receber uma indenização compensatória) é "aceita" pela parte perdedora porque ela não tem escolha, ou seja, porque o poder do Estado se exerce do lado do detentor do direito e, logo, contra a parte perdedora. Por outro lado, para limitar o alcance de um direito, muitas vezes basta limitar o poder do órgão do governo que o faz valer. Se um grupo político qualquer quiser diminuir os direitos dos trabalhadores norte-americanos, por exemplo, procurará diminuir a autoridade da OSHA, da EEOC e do NLRB. Isso é um sinal claro de que os direitos dependem essencialmente do poder.

A dependência da liberdade em relação à autoridade deveria ser especialmente óbvia nos Estados Unidos, onde os direitos contra os abusos de autoridades estaduais e locais são garantidos há muito tempo por autoridades federais. A "doutrina da incorporação", que aplica aos estados a maior parte da Declaração de Direitos, protege as liberdades individuais; não o faz, porém, tirando o governo de cena, mas, sim, dando às autoridades federais o poder de sobrepor-se às estaduais. A Décima Quarta Emenda proíbe os estados de negar a qualquer pessoa a igual proteção das leis ou de privá-las da vida, liberdade ou propriedade sem o devido processo legal. Essa proibição nada significaria se o governo federal não tivesse poder coativo sobre os estados recalcitrantes.

"O Congresso terá o poder de fazer valer este artigo mediante a legislação apropriada."* As três emendas posteriores à Guerra Civil trazem este

---

[2] *Tinker vs. Des Moines School Dist.*, 393 U.S. 503 (1969).
[3] Baron de la Bréde et de Montesquieu, *The Spirit of the Laws*, trad. para o inglês de Thomas Nugent (Nova York: Hafner, 1949), vol. I (Livro XI, cap. 4), p. 150.
* "Congress shall have power to enforce this article by appropriate legislation" – dispositivo constante de várias emendas à Constituição dos Estados Unidos. (N. do T.)

dispositivo. Isso significa que a Constituição emendada investe explicitamente o governo federal da capacidade de realizar na prática os direitos individuais que ela proclama em princípio. Sem essa capacidade, os direitos não teriam força alguma. Para proteger os direitos dos negros no Sul dos Estados Unidos, o governo federal foi obrigado em várias ocasiões a mobilizar tropas federais. Sem essa demonstração de força, os direitos individuais de um grande grupo de norte-americanos não passariam de uma farsa cruel. Para impedir a segregação racial na educação foi necessário o envolvimento federal, incluindo às vezes a ameaça de enfrentar a violência com violência. De qualquer modo, os distritos escolares do Sul simplesmente ignoraram os mandados de dessegregação da Suprema Corte até o momento em que o antigo Ministério da Saúde, Educação e Bem-Estar aplicou-lhes uma pressão financeira irresistível. Quando o governo de um estado faz discriminação, o direito de não sofrer discriminação racial, como o direito à propriedade privada, exige uma assistência afirmativa do governo – neste caso, do governo do país.

O mesmo padrão se evidenciou no que se refere ao direito ao voto. A Lei do Direito ao Voto de 1964 – criada para fazer valer os direitos constitucionais – pedia um envolvimento maior, e não menor, do governo nacional. Até o Congresso proibir por lei os testes de alfabetização, os estados tramavam para negar aos negros o direito ao voto. Isso é apenas mais um exemplo particular de uma verdade geral: os direitos individuais são, sempre e em todos os casos, expressões do poder e da autoridade do Estado.

A Declaração de Direitos não fazia parte da Constituição original, mas foi-lhe acrescentada dois anos depois da ratificação desta, em parte para apaziguar os que desejavam um governo federal mais fraco e de poderes mais limitados. Não era esse, porém, o seu único objetivo, nem foi esse o efeito que teve na prática. Ampliando o alcance da Declaração de Direitos, a Suprema Corte – uma instituição federal – pôs as prerrogativas estaduais sob ataque progressivo. A autonomia estadual foi diminuída e o poder federal foi correlativamente aumentado em vista da preservação dos direitos individuais. (É verdade que o oposto também aconteceu.) Com efeito, uma das consequências desse aumento do poder federal foi a aplicação aos estados da proibição de confiscarem bens particulares sem indenização – exigindo dos governos estaduais, assim, que indenizassem o povo (por uma questão de direito constitucional federal) quando as leis estaduais tivessem o efeito de reduzir a zero o valor de propriedades situadas à beira-mar, por exemplo.

Não existe conexão lógica entre a descentralização do governo e a limitação dos avanços indevidos do governo junto à sociedade civil. Boa parte dos limites originais aplicados à autoridade do Congresso não tinha o objetivo de preservar a imunidade em relação ao governo federal, mas simplesmente o de abrir um espaço para que os estados criassem suas próprias normas para regular a conduta econômica dos particulares. Mas o governo federal, para criar um mercado nacional contrário aos impulsos protecionistas das autoridades locais, não teve outra opção senão a de erodir progressivamente a autonomia regulatória dos estados. E isso é perfeitamente normal: uma autoridade inferior recua quando uma autoridade superior avança.

Os redatores da Constituição dos Estados Unidos quiseram criar um Estado forte e eficaz, dotado de capacidades que faltavam ao Estado anêmico criado pelos Artigos da Confederação. Uma Constituição que não organize um governo eficaz e dotado de apoio público, capaz de tributar e gastar, necessariamente deixará a desejar na proteção prática dos direitos. Demorou para que aprendêssemos essa lição, e não nos referimos aqui somente aos libertários e aos economistas que defendem o livre mercado, mas também a certos defensores dos direitos humanos que, sem nenhum egoísmo, dedicaram suas carreiras a uma campanha militante contra Estados brutais e prepotentes. Os adversários incondicionais do poder estatal não podem defender com coerência os direitos individuais, pois os direitos constituem uma uniformidade cogente imposta pelo Estado e custeada pelo público. A igualdade de tratamento perante a lei não pode ser assegurada num vasto território sem órgãos burocráticos centralizados relativamente eficazes e honestos, capazes de criar e fazer valer direitos.

Capítulo **3**

NENHUMA PROPRIEDADE SEM TRIBUTAÇÃO

Segundo o filósofo britânico Jeremy Bentham, "A propriedade e o direito nascem juntos e morrem juntos. Antes de haver leis, não havia propriedade; tirando-se as leis, toda propriedade deixa de existir."[1] Todo estudante do primeiro ano de direito aprende que a propriedade privada não é um "objeto" nem uma "coisa", mas um complexo de direitos. A propriedade é uma relação social construída de forma jurídica, um complexo de normas de acesso e exclusão criadas por via legislativa e judiciária e garantidas por via judiciária. Sem um Estado capaz de criar e garantir o cumprimento dessas normas, não haveria o direito de usarmos, gozarmos, destruirmos ou nos desfazermos das coisas que são nossas. Essa verdade é óbvia no que se refere aos direitos sobre bens intangíveis (como contas bancárias, ações ou marcas registradas), pois o direito a tais bens não pode ser afirmado pela tomada de posse física, mas somente por um ato jurídico. Porém, vale igualmente para os bens tangíveis. Se as pessoas que exercem o poder de polícia não estiverem do seu lado, você não terá condições de "afirmar seu direito" de entrar em sua própria casa e usar o que há nela. Os direitos de propriedade só têm sentido quando as autoridades públicas usam a coerção para excluir os não proprietários, que, na ausência da lei, bem poderiam invadir propriedades cujos proprietários gostariam de conservá-las como santuários invioláveis. Além disso, na mesma medida em que os mercados pressupõem um sistema confiável de registros oficiais, protegendo os títulos de propriedade contra desafios que jamais teriam fim na ausência de tal sistema, assim também os direitos de propriedade pressupõem a existência de muitos funcionários públicos competentes, honestos e adequadamente pagos fora da força policial. Meus direitos de entrar em minha propriedade,

---

[1] Jeremy Bentham, *The Theory of Legislation*, trad. para o inglês de C. K. Ogden e Richard Hildreth (Oxford, Inglaterra: Oxford University Press, 1931), p. 113.

usá-la, excluir terceiros de seu uso, vendê-la, legá-la, hipotecá-la e livrar-me de possíveis estorvos que a ameaçam – todos esses direitos pressupõem, sem a menor dúvida, um sistema de tribunais bem organizado e com dinheiro suficiente para funcionar.

O governo liberal deve se abster de violar direitos; deve "respeitar" os direitos. Mas essa maneira de falar é enganosa, pois reduz o papel do governo ao de um mero observador inativo. O sistema jurídico liberal não se limita a proteger e defender a propriedade. Ele define a propriedade e, assim, a cria. Sem a atividade legislativa e judicial, não pode haver direitos de propriedade tais como os norte-americanos os compreendem. O governo estipula as normas de propriedade que especificam quem é dono do quê e como os indivíduos particulares podem adquirir direitos de propriedade específicos. Identifica, por exemplo, as obrigações de manutenção e reparos dos proprietários de imóveis e o modo pelo qual se deve vender um bem que pertence a duas ou mais pessoas. Desse modo, não faz sentido associar os direitos de propriedade à "liberdade em relação ao governo", assim como não faz sentido associar o direito de jogar xadrez com a liberdade em relação às regras do jogo. Os direitos de propriedade existem porque a posse e o uso são criados e regulados pelo direito.

É claro que o Estado deve ajudar os proprietários a manter o controle sobre seus recursos, penalizando de forma previsível o uso da força, a fraude e outras infrações das regras. Boa parte dos direitos reais e da responsabilidade civil tem exatamente essa função. Além disso, a justiça penal canaliza uma quantidade considerável de dinheiro público para o combate aos crimes contra a propriedade: roubo, furto, estelionato, apropriação indébita, extorsão, falsificação de testamentos, receptação de bens roubados, chantagem, incêndio criminoso e por aí afora. O direito penal (que inflige penas) e o direito civil (que impõe restituição ou indenização) movem em duas frentes uma guerra permanente, e financiada com dinheiro público, contra aqueles que transgridem os direitos dos proprietários.

O filósofo escocês David Hume gostava de salientar que a propriedade privada é um monopólio concedido e mantido pela autoridade pública às custas do público. Como também explicou o jurista britânico William Blackstone, seguindo Hume, a propriedade é "estabelecida pela política"[2]. Cha-

---

[2] William Blackstone, *Commentaries on the Laws of England* (Chicago: University of Chicago Press, 1979), vol. II, p. 11.

mando a atenção para a relação entre a propriedade e o direito – ou seja, entre a propriedade e o Estado –, Bentham dizia exatamente a mesma coisa. A esfera privada das relações de propriedade assume sua forma atual graças à organização política da sociedade. A própria existência da propriedade privada depende da qualidade das instituições públicas e da ação do Estado, que inclui ameaças críveis de judicialização penal e civil.

O que é preciso acrescentar a tais proposições é a proposição correlativa de que os direitos de propriedade dependem de um Estado que esteja disposto a tributar e gastar. Sai caro garantir os direitos de propriedade. É claro que a identificação exata do montante de dinheiro dedicado à proteção dos direitos de propriedade é uma questão contábil complexíssima. Mas quanto a isto não há dúvida: um Estado que, sob condições especificadas, não pudesse "apropriar-se" de bens privados tampouco poderia protegê-los de modo eficaz. A segurança das aquisições e transações depende, num sentido rudimentar, da capacidade do governo de confiscar recursos dos cidadãos particulares e aplicá-los para fins públicos. No geral, os direitos de propriedade talvez depositem sobre o tesouro público um ônus pelo menos tão grande quanto o dos nossos imensos programas de redistribuição de recursos.

Em nenhum momento pretendemos negar que a proteção dos direitos de propriedade possa ser um investimento valioso que, no decorrer do tempo, agrega riqueza. Pelo contrário, o confisco e a redistribuição de recursos necessários para proteger os direitos de propriedade são relativamente fáceis de justificar. O liberalismo norte-americano, como seus homólogos em outros lugares do mundo, baseia-se na premissa razoável de que o investimento público na criação e manutenção de um sistema de propriedade privada acaba por compensar-se muitas vezes, inclusive porque a existência de direitos de propriedade garantidos de modo confiável ajuda a aumentar a riqueza da sociedade e, portanto, gera benefícios, entre os quais o de engordar a base tributária à qual o governo pode recorrer para proteger outros tipos de direitos. No entanto, a sabedoria estratégica de um investimento inicial não nega o fato de tratar-se de um investimento.

O custo inicial imenso da proteção da propriedade privada será maior ainda se incluirmos em seu cálculo – como devemos incluir – a proteção contra piratas e saqueadores estrangeiros. Os milhares de civis expulsos de suas casas na Abecásia ou na Bósnia – como outros refugiados em todo o globo – sabem que os direitos de propriedade são mera miragem se não houver forças militares treinadas e equipadas para proteger os proprietários contra a tomada de posse por parte de exércitos estrangeiros ou gangues de paramilitares embriagados. O orçamento de defesa numa sociedade de livre mercado é uma ampla contribuição pública para a proteção da propriedade privada, entre outras finalidades. Os norte-americanos gastaram US$ 265 bilhões em defesa em 1996 e mais US$ 20 bilhões nos benefícios dos veteranos e nos serviços a eles oferecidos[3]. Não resta dúvida de que os gastos militares devem ser incluídos entre os custos públicos dos direitos de propriedade que muitos norte-americanos podem exercer e gozar em paz.

A convocação militar de jovens de baixa renda é um meio importante pelo qual os proprietários podem se beneficiar diretamente das "contribuições cívicas" dos que não possuem bens. Os indivíduos detentores de propriedade dependem fundamentalmente de esforços coletivos, tanto diplomáticos quanto militares, organizados pelo governo, para proteger seus bens imóveis de serem tomados por Estados adjacentes cobiçosos. Os "Freemen" de Montana, os cidadãos da "República do Texas" e outros autointitulados adversários do Estado, que têm a pretensão de ser capazes de defender a própria autonomia com espingardas encomendadas pelo correio e rifles de caça, na realidade não teriam a menor condição de impedir que sua propriedade privada lhes fosse tomada por potências estrangeiras, mesmo relativamente fracas, caso a maioria de seus concidadãos não fosse regularmente submetida à tributação e à conscrição por parte da comunidade política nacional.

Sempre que estão envolvidos bens imóveis, na verdade, a propriedade rapidamente se confunde com a soberania (ou com aspirações à soberania, como percebem os palestinos pegos vendendo terras a israelenses). Os gastos com a defesa são, sem sombra de dúvida, o exemplo mais drástico de o quanto os direitos privados dependem de recursos públicos. Revelam as precondições estatistas do *laissez-faire*, a autoridade que respalda a liberdade. No *common law* (direito consuetudinário anglo-americano), diz-se que somente o soberano tem um interesse absoluto nas terras: os proprietários comuns as "detêm em nome do soberano". Essa antiquada expressão jurídica expressa uma verdade profunda. Numa sociedade liberal, um indivíduo autônomo não é capaz de criar autonomamente as condições de sua própria autonomia; só é capaz de criá-las coletivamente.

[3] *Budget of the United States Government, Fiscal Year 1998*, pp. 137 e 142-3.

Os libertários que com mais ardor se opõem ao Estado aceitam de modo tácito a dependência que têm deste, ao mesmo tempo que condenam retoricamente os sinais de dependência que veem em outras pessoas. Esse *duplipensar* está no âmago da posição libertária norte-americana. Os que propagam a filosofia libertária – Robert Nozick, Charles Murray e Richard Epstein, entre outros – falam com carinho do "Estado mínimo". Porém, chamar de "mínimo" um sistema político verdadeiramente capaz de reprimir a fraude e o uso da força é o mesmo que dar a entender, contra tudo o que a história nos diz, que é fácil criar e manter tal sistema. Isso não é verdade. Uma das provas em contrário é a quantia que nós, enquanto nação, gastamos para proteger a propriedade privada mediante a repressão e a punição dos crimes aquisitivos. Em 1992, por exemplo, nos Estados Unidos, os gastos diretos com a polícia e o sistema carcerário chegaram a cerca de US$ 73 bilhões – quantia que excede todo o PNB de mais de metade dos países do mundo[4]. Naturalmente, boa parte desses gastos públicos foi dedicada à proteção da propriedade privada. Mesmo um Estado supostamente ausente, caso queira encorajar a sério a atividade econômica, deve proteger de forma confiável as residências e lojas, bem como seus proprietários, contra ladrões, incendiários e outras ameaças.

Um governo liberal eficaz, concebido para reprimir a fraude e o uso da força, deve evitar toda tática arbitrária e autoritária. Os que manejam os instrumentos de coerção devem ser institucionalmente disciplinados para usá-los para fins públicos e não privados. Em sua concepção ideal, o governo liberal extrai recursos da sociedade de forma justa e os reutiliza de modo hábil e responsável para produzir bens e serviços socialmente úteis, tais como a repressão ao roubo e ao furto. É nesse sentido exato que um Estado liberal bem-sucedido deve ser bem organizado. Seu governo deve ser capaz de criar um ambiente favorável para os negócios, no qual os investidores tenham confiança de que colherão amanhã os frutos dos esforços feitos hoje. Sem tal Estado, é muito improvável que surjam ou sobrevivam mercados operantes, capazes de produzir prosperidade. Um Estado capaz de reprimir de forma confiável a fraude e o uso da força e fazer valer os direitos de propriedade é uma realização cooperativa de primeira magnitude, e o mundo, infelizmente, está cheio de exemplos negativos. Porém, se os direitos

---

[4] U.S. Department of Justice, Bureau of Justice Statistics, *Justice Expenditure and Employment Extracts, 1992*, Tabela E.

privados dependem essencialmente de recursos públicos, não pode haver uma oposição fundamental entre o "Estado" e o "livre mercado", não pode haver contradição entre a cooperação social politicamente orquestrada e a liberdade individual plena.

Os donos de propriedades estão longe de depender unicamente de si mesmos. Dependem de uma cooperação social orquestrada por autoridades governamentais. A defesa contra predadores externos é apenas um exemplo do modo pelo qual o individualismo liberal depende de uma ação coletiva eficaz. Os registros públicos são outro. Os contribuintes norte-americanos, somente em 1997, gastaram US$ 203 milhões para gerir os registros de propriedade[5]. Os custos ocultos nesse sistema são ainda maiores. Para que o mercado imobiliário opere de modo eficaz, é preciso que esteja instituído um sistema confiável de títulos de propriedade e levantamentos topográficos. Os cartórios de registros de imóveis e as instituições públicas de mapeamento precisam ser geridos por equipes habilitadas e honestas. O "livre mercado" não tem condições de instalar os telhados dos edifícios onde se guardam os registros ou de estabelecer penas que detenham a corrupção passiva das autoridades encarregadas de registrar os títulos de propriedade de bens imóveis. Também os topógrafos devem ser pagos e vigiados. A pura e simples liberdade de comprar e vender bens privados não cria uma explosão de trocas privadas mutuamente benéficas, a menos que os potenciais compradores tenham alguma espécie de garantia de que o suposto proprietário esteja vendendo algo que pertence a ele e a ele somente. Sem direitos de propriedade claramente definidos, atribuídos de forma unívoca e garantidos por um poder judiciário operante, a propriedade não estimula o cuidado. Os detentores dos títulos de propriedade não cultivarão seus campos nem farão manutenção em suas casas se seus direitos não forem protegidos de modo confiável pelo poder público.

São inúmeros os exemplos de gastos estatais empenhados em favor dos donos de bens privados; o fato de reconhecer que todos ou a maioria deles são justificáveis não nos impede de enxergar esse padrão básico. Em 1996, o contribuinte norte-americano gastou quase US$ 10 bilhões em subsídios agrícolas com a finalidade de aumentar o valor dos direitos de propriedade dos agricultores norte-americanos[6]. A Corporação de Engenheiros do Exér-

---

[5] *Budget of the United States Government, Fiscal Year 1998*, p. 246.
[6] *Ibid.*, pp. 225-6.

cito gastou cerca de US$ 1,5 bilhão em 1996 na gestão de planícies aluviais e outras formas de controle de enchentes[7]. A Guarda Costeira gastou US$ 1,26 bilhão no mesmo ano em missões de busca e resgate, auxílio à navegação, segurança marítima (como a remoção de restos de naufrágios e cascos de navios à deriva no mar), quebra de gelo e por aí afora – atividades que, todas elas, ajudam a proteger a propriedade privada dos norte-americanos que são donos de navios e demais embarcações[8]. Os direitos autorais, que também constituem uma forma de propriedade, envolvem igualmente gastos públicos. O Escritório de Direitos Autorais e o Tribunal de Royalties, juntos, custaram US$ 28 milhões em 1996; dessa quantia, US$ 18 milhões foram cobertos pelas taxas pagas pelos usuários, deixando um gasto de mais ou menos US$ 10 milhões a cargo do contribuinte comum[9].

A taxa relativamente alta de ocupação dos imóveis por seus proprietários nos Estados Unidos não é criada somente pelos direitos conferidos pelo Estado, mas também pelo sistema jurídico norte-americano em seus ramos que tratam de hipotecas, seguros e tributação. Alguns proprietários de imóveis seriam obrigados a vender suas casas se não pudessem deduzir de sua base tributária a depreciação dos ativos. E a dedução é uma forma de subsídio público. Este é apenas mais um exemplo do modo pelo qual a propriedade privada é sustentada de forma afirmativa por subsídios públicos.

Não é somente questão de a propriedade privada ser protegida por órgãos estatais, como o corpo de bombeiros. Numa perspectiva mais geral, ela é *criada* pela ação do Estado. Os legisladores e juízes definem as regras de propriedade, assim como estipulam e interpretam os regulamentos que regem todos os nossos direitos básicos. Acaso a pessoa que encontra um bem por acidente tem direito legal à proteção judicial? O comprador adquire direito de propriedade sobre algo que comprou, de boa-fé e a preço justo, de um ladrão? Que direitos o detentor de um interesse futuro sobre um bem imóvel tem contra o atual ocupante do bem? Quantos anos de posse ilegítima bastam para anular o direito de propriedade do proprietário original? Um filho ilegítimo pode herdar de seus pais naturais por sucessão intestada? O que acontece se um dos condôminos vende a sua parte de um bem possuído em conjunto? Acaso tenho o direito de cortar os ramos da árvore de um vizinho que se estendem sobre minha propriedade, sem antes notificar

---

[7] *Ibid.*, Apêndice, p. 395.
[8] *Ibid.*, Apêndice, p. 764.
[9] *Ibid.*, Apêndice, p. 28.

o vizinho? Tenho o direito de fazer uma pilha de lixo no meu jardim? Posso construir uma cerca elétrica ao redor da minha terra com voltagem alta o suficiente para matar os invasores? Posso erguer um edifício que corte a vista do meu vizinho? Posso afixar, na minha janela da frente, um cartaz de propaganda de vídeos pornográficos? Posso colar um pôster no lado de fora da cerca do meu vizinho? Sob quais condições se constitui um direito autoral? Qual proporção dos bens cabe aos credores em caso de falência? Quais direitos os donos de lojas de penhores têm sobre os bens que lhes são dados em penhor?

Milhares de perguntas desse tipo continuamente são feitas por aqueles que detêm direitos de propriedade, e essas perguntas são regularmente respondidas pelos legisladores e tribunais, ou seja, por órgãos estatais. As respostas se modificam com o tempo e, nos Estados Unidos, também variam de uma jurisdição para outra. Em Idaho, Louisiana, Texas e Wisconsin, por exemplo, os cônjuges têm direito aos rendimentos dos bens um do outro. Na maior parte do resto do país, não têm. O Estado, portanto, não pode "deixar em paz" o proprietário, pois este só o é nos termos estipulados em momentos específicos por legisladores e tribunais específicos.

Para proteger nossos direitos de propriedade, os tribunais norte-americanos precisam administrar um corpo de regras sempre mutáveis e tecnicamente complexas. Essas regras são especialmente importantes quando dois ou mais indivíduos pretendem ter a propriedade de um mesmo bem. A propriedade privada como a conhecemos existe somente porque a atividade legislativa e judiciária especificou os direitos respectivos dos pretendentes rivais – os de autores e editores sobre um livro, por exemplo, ou dos empregadores e empregados sobre algo que um empregado inventou. Quando morre um dos coproprietários de um bem, a lei deve decidir se os direitos de propriedade se transferem para o coproprietário sobrevivente ou para os herdeiros do falecido. Para atribuir direitos de propriedade, a lei cria e garante normas para resolver, de modo determinante, disputas entre pretendentes rivais. Para desempenhar essa função, os juízes devem ser treinados, equipados, pagos, protegidos contra a extorsão e auxiliados por equipes técnicas e cartorárias. É nesse sentido que o direito à propriedade pode ser entendido como um serviço público de gozo privado.

Na mesma linha, os elementos básicos da responsabilidade civil – meu direito, por exemplo, de exigir uma indenização compensatória de quem danificou meus bens culposa ou dolosamente – dão a entender que os direitos de propriedade, ao contrário do que se costuma reconhecer na retórica pública norte-americana, se assemelham menos a liberdades (*latitudes*) e mais a concessões (*entitlements*). Os que defendem o direito a indenizações mais polpudas pelas desapropriações promovidas pelo Estado – quer diretamente, quer mediante regulamentação de uso – estão, na verdade, em busca de tais concessões. Querem ser protegidos publicamente e por meio da lei. Não estamos apresentando aqui um argumento contrário a essa pretensão. O Estado regulador talvez funcionasse melhor se o governo tivesse de indenizar os donos de propriedades fundiárias pela diminuição do valor destas sempre que as regulamentações ambientais, por exemplo, tenham o efeito de impedir o desenvolvimento. Mas tais argumentos não devem se basear em protestos indiscriminados contra a invasão pública de direitos particulares autônomos.

Muitos conservadores (mas não somente eles) pedem que o Estado "saia do mercado". Os progressistas, por sua vez, retrucam que é legítima a intervenção ou "entrada" do Estado no mercado quando este impõe um risco aos norte-americanos menos privilegiados. No entanto, esse debate está construído sobre a areia. É impossível traçar uma distinção rígida entre o mercado e o Estado: as duas entidades não existem uma sem a outra. O mercado só cria prosperidade dentro do "perímetro protetor" da lei; só funciona com base numa assistência legislativa e judicial confiável[10].

É claro que um governo inepto pode cometer, e comete, erros econômicos. Não resta dúvida de que cursos de ação política mal concebidos e aplicados na hora errada podem prejudicar, e efetivamente prejudicam, o funcionamento do mercado. A questão não é uma alternativa entre o livre mercado e o Estado, mas alternativas entre tipos de mercado e tipos de Estado. O Estado, além de lançar os fundamentos legislativos e administrativos essenciais para uma economia de mercado funcional, também pode atuar no sentido de tornar mais produtivos os sistemas de mercado. Pode, por exemplo, influenciar a taxa de câmbio da moeda nacional em relação às estrangeiras, pode extinguir monopólios anticompetitivos, pode construir

---

[10] Robert Ellickson, em *Order without Law* (Cambridge, Mass.: Harvard University Press, 1993), mostra que algumas formas de ordenamento social podem ocorrer (e de fato ocorrem com bastante sucesso) sem um grande entendimento do direito e somente com base em normas sociais geradas e seguidas pela comunidade em questão. No entanto, até esse sistema de ordenamento – que tende sempre a ser local e não nacional – provavelmente depende de normas de fundo acompanhadas por garantias jurídicas.

pontes e estradas de ferro e pode financiar a formação vocacional da futura força de trabalho. O próprio Friedrich Hayek, grande crítico do socialismo, comentou: "A questão de saber se o Estado deve ou não 'agir' ou 'intervir' parte de uma alternativa completamente falsa, e o termo *'laissez-faire'* é uma descrição altamente ambígua, e errônea, dos princípios sobre os quais se baseia a política liberal."[11]

A economia liberal não pode funcionar a menos que as pessoas estejam dispostas a confiar na palavra umas das outras. Para que um mercado seja nacional e não meramente local, essa confiança deve se estender para além de um círculo restrito de indivíduos que se conheçam pessoalmente. Num sistema desse tipo, a confiança na palavra de desconhecidos não pode se basear somente na reputação pessoal de justiça. Para começar, o Estado deve disponibilizar tribunais e outras instituições para garantir os contratos. Além disso, as autoridades públicas cultivam o "interesse de confiança", promovendo o arresto e a execução hipotecária de bens. O juiz pode mandar um indivíduo para a prisão por desacato ao tribunal, caso esse indivíduo se negue a executar uma ordem judicial que o mande cumprir um contrato do qual é parte legítima. Do mesmo modo, as leis contra a difamação, atreladas à proteção das reputações, ajudam a fomentar uma confiança social economicamente benéfica. Se os contratos não fossem garantidos de forma regular, seria mais difícil, talvez impossível, comprar bens a crédito ou a prestação. Sem o auxílio ativo de um oficial de justiça autorizado por um mandado judicial, não seria fácil para o vendedor recuperar os bens cujas prestações o comprador deixou de lhe pagar. De modo geral, o pagamento a prestação, benéfico para a economia como um todo, seria impossibilitado caso o cumprimento dos contratos não fosse regularmente imposto.

No campo da verdadeira autonomia, longe do alcance do Estado, a propriedade não resta bem protegida. (No armazém abandonado nos arredores da cidade, onde você perdeu sua carteira, seu direito de propriedade não vale muita coisa.) Além disso, nos locais onde o poder público é incapaz de intervir com eficácia, a extorsão é coisa comum e os tomadores de empréstimos são incapazes de obter empréstimos a longo prazo, pois uma das funções do Estado liberal é estender os horizontes de tempo dos agentes privados, impondo de modo previsível regras conhecidas e estáveis. A pro-

---

[11] Friedrich A. von Hayek, *The Road to Serfdom* (Chicago: University of Chicago Press, 1944), pp. 80-1.

priedade vale pouco quando o vendedor e seus potenciais compradores não acreditam no futuro. A confiança numa estabilidade de longo prazo é em parte um produto da imposição confiável das leis, ou seja, de uma ação estatal vigorosa e decisiva.

Mas a primeira coisa que o Estado tem de fazer para permitir o funcionamento do sistema de mercado é superar a antiga lei do mais forte. O livre mercado não funciona quando indivíduos que buscam lucro exercem sem coibição alguma a violência criminosa. Os libertários reconhecem esse fato, mas não apreciam o quanto ele nega sua pretensa oposição ao "governo", à tributação e aos gastos públicos. Os investimentos de longo prazo em instalações produtivas, que criam empregos, tendem a não ocorrer quando esses ativos não têm defesa contra quem pratica a extorsão. A economia neoclássica pressupõe que os concorrentes privados não recorrerão à violência em sua busca de lucro. Dentro de sua própria estrutura, a teoria do *laissez-faire* é absolutamente incapaz de explicar o fundamento da civilização, a renúncia generalizada à violência por parte de indivíduos e grupos que buscam vantagens para si. Por que a maior parte dos empreendedores norte-americanos hesita em ameaçar e matar seus concorrentes? A teoria do livre mercado, tal como é ensinada atualmente nas universidades norte-americanas, parte do pressuposto tácito de que já foram resolvidos os problemas dos horizontes de curto prazo e da competição violenta que caracterizam o estado de natureza. Em outras palavras, a ciência da economia, em sua maior parte (ao contrário da ciência da antropologia, por exemplo), pressupõe tacitamente a existência de um sistema ativo e confiável de justiça penal.

Mesmo dentro de sua própria teoria, os libertários doutrinais têm de reconhecer que o Estado não pode "sair" da economia sem deixar os indivíduos particulares indefesos e vulneráveis a predadores impiedosos. A troca relativamente pacífica de bens e serviços, tal como a conhecemos, é um produto do comedimento da civilização e, nesse sentido, deve ser entendida como uma conquista frágil e historicamente improvável. No estado de natureza, um punhado de assassinos e ladrões dispostos a usar a força e arriscar a própria vida é capaz de acuar uma grande população civil. É capaz de estabelecer um monopólio anticompetitivo, por exemplo, e diminuir drasticamente o volume das trocas voluntárias. Somente um poder público confiável é capaz de romper esse predomínio anárquico do medo e da insegurança jurídica. Além disso, somente um governo nacional é capaz de coligar num único mercado uma multiplicidade de mercados locais sem relação entre si. Por que um atacadista de Nova Jersey venderia para um varejista da Califórnia se os contratos não pudessem ser garantidos de modo confiável além dos limites do seu estado?

Se o Estado se distanciar totalmente da economia, esta não será livre no sentido que admiramos e certamente não produzirá a prosperidade sem precedentes com que muitos norte-americanos se acostumaram. Trocas voluntárias ocorrerão como ocorrem até nos países mais pobres, e talvez os germes de um mercado funcional se manifestem. Mas a inação do governo cria um sistema econômico afligido pelo uso da força, o monopólio, a intimidação e o bairrismo. A liberdade do indivíduo, seu "direito de ser deixado em paz" por ladrões e assassinos, não pode ser separada do seu direito à ajuda do Estado – sua pretensão a uma gama de serviços públicos (dispositivos e proteções legais mínimas) prestados pelo governo. O esforço de coordenação social necessário para a construção até mesmo de um Estado "mínimo", capaz de reprimir o uso e a ameaça de uso da força, é imenso e não deve ser passado em silêncio.

Os capitalistas sabem disso e tendem a não investir onde há riscos políticos excessivos, como em algumas democracias emergentes da Europa Oriental. O problema ali não é o excesso de Estado, mas a falta deste. Quando o governo é incoerente, incompetente e imprevisível, os agentes econômicos não pensam muito no futuro. O que prospera na ausência da lei e da ordem não é a livre-iniciativa, mas um capitalismo de ladrões – o domínio dos violentos e inescrupulosos.

A trapaça representa, para o mercado, uma ameaça quase tão grande quanto o uso da força, e leis antifraude que possam ser impostas também pressupõem um sistema de governo eficaz e bem organizado. Em certa medida, o próprio mercado previne as fraudes; as pessoas que mentem e trapaceiam o tempo todo tendem a não se dar muito bem numa competição aberta. Porém, sem uma legislação antifraude eficaz, os particulares muitas vezes hesitarão em realizar uma troca voluntária que ambos os lados anteveem ser positiva. A imposição dessa legislação, por sua vez, custa dinheiro para o contribuinte. A Comissão Federal de Comércio (Federal Trade Commission – FTC) gastou US$ 31 milhões em 1996 para investigar práticas injustas e enganosas e remover outros obstáculos ao desempenho do mercado[12]. Talvez essa quantia seja demasiada, talvez a própria existência da

---

12 *Budget of the United States Government, Fiscal Year 1998*, Apêndice, p. 1062.

FTC não se justifique, mas qualquer mercado precisa da assistência do Estado para proteger-se contra a fraude, e essa assistência tende a ser cara.

A Comissão de Valores Mobiliários (Securities and Exchange Comission – SEC), por meio de seu programa de "full disclosure" (revelação plena), que custou US$ 58 milhões ao contribuinte em 1996, exige que as empresas com ações negociadas na bolsa de valores forneçam regularmente informações de gestão, financeiras e comerciais para que os investidores possam tomar decisões bem informadas. A SEC gastou mais US$ 101 milhões em 1996 com a prevenção e repressão de fraudes no mercado de títulos[13]. A supervisão da bolsa de valores e da bolsa de mercadorias e futuros custou US$ 355 milhões para o contribuinte norte-americano em 1996[14].

Na ausência de um mecanismo governamental capaz de detectar e remediar a mentira e a falsidade nos negócios, a livre-troca seria ainda mais arriscada do que já é. Na ausência de meios confiáveis que reduzam a assimetria de conhecimento entre o comprador e o vendedor, o ato de comprar e vender muitas vezes causa preocupações. O vendedor em geral sabe algo que o comprador precisa saber. Essa é uma das razões pelas quais as pessoas mais avessas ao risco temem as trocas comerciais: estas sempre lhes parecem oportunidades de logro. Por isso, essas pessoas se apegam a fornecedores que conhecem pessoalmente em vez de comprar aqui e ali em busca do melhor negócio. As autoridades públicas podem desencorajar essa espécie de apego, promover a ordenação do mercado e desencorajar os trapaceiros, oferecendo garantias contra qualquer dano advindo da assimetria de informações entre compradores e vendedores. Para ajudar os consumidores a fazer escolhas racionais acerca de onde obter crédito, por exemplo, a Lei de Proteção ao Crédito do Consumidor (Consumer Credit Protection Act) obriga todas as organizações que fornecem crédito a revelar suas taxas financeiras e o percentual anual de juros que cobram. Do mesmo modo, os consumidores se beneficiam da concorrência comercial nos restaurantes porque, na qualidade de eleitores e contribuintes, criaram e financiaram conselhos de vigilância sanitária que lhes permitem comer em outros estabelecimentos que não apenas os que já conhecem. A imposição das leis de fornecimento de informações ou das leis antifraude é um incentivo que os contribuintes oferecem ao comportamento do mercado, assim como também o é a inspeção dos restaurantes pelas agências do governo.

---

13 *Ibid.*, Apêndice, p. 1112.
14 *Ibid.*, Apêndice, pp. 1011, 1112-3.

Qual o nível apropriado de gastos federais e supervisão governamental? Essa pergunta será sempre controversa. Nada do que se disse acima deve ser entendido como argumento em favor de um programa qualquer; não há dúvida de que alguns programas existentes devem ser reduzidos ou extintos. O que não se pode negar é que as leis antifraude e sua imposição constituem um bem comum que incorpora em si princípios morais de uma simplicidade bíblica (as promessas devem ser cumpridas, deve-se falar a verdade, não se deve trapacear). Além disso, os benefícios das leis antifraude não podem ser confiscados por uns poucos privilegiados; pelo contrário, se difundem amplamente pela sociedade. Essas leis são um serviço público fornecido para a coletividade e servem para reduzir os custos de transação e promover uma atmosfera de liberdade nas compras e vendas, atmosfera essa que dificilmente se formaria caso a única regra fosse o "*caveat emptor*".

Admitimos que o atual sucesso econômico da China dá a entender que uma sociedade suficientemente integrada à economia mundial, mesmo sem ter um sistema judiciário forte, pode fazer uso dos laços de parentesco e outras redes informais para criar compromissos estáveis na ausência de uma imposição judicial estável dos direitos de propriedade. Como regra geral, no entanto, e também na maioria das sociedades industrializadas, o livre mercado depende de que o direito dos contratos seja imposto judicialmente e de que o governo seja liberal. Para impedir as fraudes, o Estado deve ser intervencionista e precisa de bastante dinheiro. Os contribuintes norte-americanos têm se mostrado dispostos a pagar essa conta, em parte porque estão cientes das vantagens evidentes que se obtêm quando as trocas privadas são monitoradas por autoridades públicas que estejam obrigadas a prestar contas aos cidadãos.

Não basta que o Estado reprima a fraude e o uso da força, invista em infraestrutura e educação, garanta os direitos dos acionistas, supervisione o mercado de títulos e proteja as patentes e marcas registradas. Ele também precisa deixar claro o *status* legal dos bens oferecidos em garantia, em troca de empréstimos; precisa regular o setor bancário e os mercados de crédito para impedir a formação de pirâmides e garantir um fluxo constante de crédito para as empresas em geral e não somente as apadrinhadas. A imposição das leis antitruste também é crucial. Para que esses serviços públicos sejam fornecidos de modo regular e constante, o mercado precisa do Estado. Este, às custas do contribuinte, deve fomentar a inovação, encorajar os investimentos, aumentar a produtividade dos trabalhadores, elevar os padrões de produção e estimular o uso eficiente de recursos escassos. Para tanto, deve definir claramente os direitos de propriedade e os direitos contratuais, deve atribuir esses direitos de forma unívoca a seus legítimos detentores e protegê-los de forma imparcial e confiável – entre outras coisas. Essas tarefas não são fáceis nem saem barato.

Para fazer tudo isso, primeiro o Estado precisa coletar dinheiro por meio da tributação e, depois, usar esse dinheiro de maneira inteligente e responsável. A imposição de direitos pressuposta pelos mercados que funcionam bem sempre envolve "tributação e gastos públicos". Desnecessário dizer que a inevitável dependência do mercado em relação às leis, à burocracia e à formulação de políticas públicas determinadas pelo poder executivo não significa que as iniciativas do governo sejam sempre sábias ou benéficas. Nós, enquanto comunidade política, podemos escolher – mas apenas entre diferentes regimes de regulação.

Capítulo **4**

OS VIGIAS PRECISAM SER PAGOS

Em 1992, a administração da Justiça nos Estados Unidos — nas áreas policial, judiciária e correcional — custou ao contribuinte cerca de US$ 94 bilhões[1]. Incluem-se nesse cálculo as verbas destinadas à proteção dos direitos básicos de suspeitos e detentos. Por pressupor sempre a criação e manutenção de relações de autoridade, a proteção dos direitos individuais nunca sai de graça. Se isso vale para os direitos de propriedade e os direitos contratuais, vale também para os direitos protegidos pelo sistema de justiça penal, incluindo-se aí, evidentemente, os direitos de pessoas que não são criminosas. Também neste caso, as autoridades que aplicam e garantem os direitos têm de ter condições de dizer aos potenciais violadores o que fazer e o que não fazer. A história do direito de *habeas corpus* confirma a validade da tese de que um poder abusivo só pode ser contido por meio de um poder contrário. Os direitos liberais clássicos dependem necessariamente de relações de comando e obediência cuja criação e manutenção, por sua vez, custa muito dinheiro. Isso se vê claramente no caso dos presidiários, cujos direitos não poderiam sequer ser minimamente protegidos caso os carcereiros não fossem monitorados e penalizados por seus abusos. Embora seja às vezes condenada como um estorvo à imposição das leis, a proteção dos direitos dos presidiários se resume a nada mais, nada menos que obrigar os funcionários do sistema penitenciário a cumprir a lei. Às vezes esses direitos são controversos, mas a questão básica — a necessidade de monitorar as autoridades públicas que exercem o poder de coerção do Estado — tem alcance bastante geral e se aplica, de diferentes formas, não somente aos direitos dos que foram condenados por terem cometido um crime, mas também aos dos que obedecem às leis.

---

[1] U.S. Department of Justice, Bureau of Justice Statistics, *Justice Expenditure and Employment Extracts, 1992*, Tabela E.

A proteção dos direitos dos presidiários, mesmo que num nível bem básico, custa dinheiro. Para evitar um tratamento degradante, as celas devem ser ventiladas, aquecidas, iluminadas e limpas. O alimento servido na prisão deve proporcionar uma nutrição mínima. A Oitava Emenda exige que os diretores e guardas dos presídios proporcionem condições de confinamento suficientemente humanas. A autoridade carcerária viola um direito constitucional sempre que a privação alegada seja (do ponto de vista objetivo) "suficientemente grave"[2] e a autoridade tenha agido com "deliberada indiferença" à saúde e à segurança do detento. Somente no sistema prisional federal, os custos de atendimento médico chegaram a US$ 53 milhões em 1996[3]. As autoridades não podem segregar os internos dos outros habitantes da prisão sem um procedimento justo. As autoridades cuja função institucional é penalizar os abusos flagrantes (como assassinato ou tortura, por exemplo) precisam "vigiar os vigias". E, por fim, para assegurar o acesso aos processos recursais, as autoridades carcerárias precisam proporcionar aos detentos "bibliotecas de direito suficientemente equipadas ou a assistência de pessoas formadas em direito"[4].

Em outras palavras, o direito de ser tratado de maneira decente no sistema de justiça criminal – por policiais, promotores, juízes, carcereiros e autoridades que avaliam o comportamento dos que estão em liberdade condicional – pressupõe que os funcionários públicos de escalão superior tenham o poder de coibir e punir a conduta dos subordinados. É preciso criar procedimentos e atribuir responsabilidades para determinar se uma detenção é legal ou ilegal. Os direitos dos interrogados são deveres dos que os interrogam. Os direitos dos presidiários são deveres dos diretores e guardas dos presídios. Na justiça penal norte-americana, a proteção dos direitos exige uma supervisão do aparato policial, judiciário e correcional. Qualquer que seja sua atitude perante a burocracia, os defensores dos direitos não podem ser frontalmente contrários a ela sem cair em contradição, pois os policiais e carcereiros se comportam melhor quando são vigiados. E o pessoal da supervisão precisa ter um treinamento adequado e ganhar um salário que lhes permita viver.

O custo do treinamento e da supervisão das autoridades carcerárias ilustra concretamente a contribuição indispensável que a comunidade dos

---

[2] *Wilson vs. Seiter et al.*, 501 U.S. 294, 298 (1990).
[3] *Budget of the United States Government, Fiscal Year 1998*, Apêndice, p. 689.
[4] *Bounds vs. Smith* 430 U.S. 817 (1977).

contribuintes dá à proteção das liberdades individuais[5]. Sabemos que é mais comum definir os direitos protegidos dentro do sistema penal como direitos puramente negativos, direitos contra o governo, escudos contra os abusos de policiais, promotores e carcereiros. Mas a atenção que ora prestamos ao custo dos direitos deve nos ajudar a voltar a atenção para o outro lado dessa moeda, ou seja, para as formas de ação do Estado necessárias para que os direitos de suspeitos e detentos sejam uma realidade palpável, e não uma simples promessa. Além disso, e é importante chamar a atenção para este fato, os direitos protegidos dentro do sistema penal não visam somente à proteção dos criminosos ou mesmo de pessoas falsamente acusadas. O próprio cidadão comum, para ser protegido contra o Estado e ter, assim, suas chamadas liberdades negativas, depende do treinamento e monitoramento da polícia, custeados pelo contribuinte.

Por envolver a supremacia federal, a extensão da maioria das proteções oferecidas pelas Quarta, Quinta e Sexta Emendas aos indivíduos suspeitos, acusados ou condenados por crimes dentro dos estados da federação norte-americana exemplifica o lado positivo de direitos aparentemente negativos. O governo, na qualidade de agente dos contribuintes norte-americanos, proporciona aos acusados certas armas (direitos) que, segundo se espera, ajudarão a reduzir as condutas impróprias por parte das autoridades e mesmo o poder da promotoria, que às vezes é avassalador. Assim, o direito a um julgamento rápido, justo e público pelo júri é um direito a um benefício ou serviço fornecido pelo contribuinte.

Desnecessário dizer que os direitos dos norte-americanos acusados – ricos e pobres, negros e brancos – não são protegidos de modo igualitário. Porém, nosso sistema de justiça penal seria ainda mais injusto se a comunidade como um todo não subsidiasse certas proteções básicas. No orçamento do poder judiciário federal norte-americano de 1996, US$ 81 milhões foram destinados às taxas e despesas relativas à convocação de testemunhas[6]. O acusado não conta apenas com os próprios recursos para obrigar testemunhas a depor em seu favor; tem o direito legal de empregar para esse

---

[5] A Suprema Corte mencionou a possibilidade de que "constrangimentos fiscais" não sujeitos ao controle das autoridades prisionais possam "impedir a eliminação de condições desumanas", mas não tomou uma decisão explícita acerca da "validade de uma defesa baseada no 'custo'" em ações judiciais de pedido de indenização baseadas na Oitava Emenda. *Wilson vs. Seiter supr.*, pp. 301-2.

[6] *Budget of the United States, Fiscal Year 1998*, p. 670.

fim recursos fornecidos pela comunidade como um todo. Não há relação lógica entre a capacidade de pagar por um serviço, de um lado, e a culpa ou inocência, de outro. Pelo menos é esse o argumento explícito que a Suprema Corte dá para o direito que o acusado indigente tem, mesmo em nível recursal, a um advogado cujo salário será pago pelo público. A igual proteção implica o direito constitucional de acesso a todo e qualquer processo recursal que o estado disponibilize[7]. Sob o direito existente, os contribuintes norte-americanos precisam pagar os exames de grupo sanguíneo para réus indigentes em processos de determinação de paternidade e a assistência psiquiátrica para réus indigentes em certas causas penais. Além disso, para garantir que os advogados nomeados pelo tribunal não sejam cooptados ou comprados pela promotoria, algum tipo de supervisão independente é evidentemente necessária.

Mesmo o direito do acusado de responder ao processo em liberdade pressupõe uma capacidade burocrática de criar e administrar sistemas de fiança. Esse direito não estaria disponível se o Estado não fosse capaz de agir – ou seja, se o sistema penal não pudesse distinguir, com relativa precisão, os réus que comparecerão ao julgamento daqueles que provavelmente fugirão, ou não conseguisse treinar a polícia o suficiente para conduzir uma investigação competente sem manter os suspeitos presos ininterruptamente.

O dever da polícia de abster-se de toda busca e apreensão irrazoável não tem sentido a menos que os tribunais tenham a capacidade de obrigar a polícia a obedecer à Constituição. Essa capacidade depende de certas normas e expectativas sociais e do treinamento e das normas da polícia, mas depende também da qualidade fiscal do poder judiciário. As buscas devem ser autorizadas de antemão por meio de mandados emitidos por magistrados neutros e imparciais mediante prova de necessidade, e os salários desses juízes imparciais não podem ser manipulados *ad hoc* por autoridades pertencentes aos demais ramos do Estado. A regra da exclusão, pela qual toda prova obtida ilegalmente é excluída da apreciação do tribunal, é um dos modos pelos quais o poder judiciário norte-americano procurou obrigar a polícia a conformar-se à norma constitucional, ou procurou pelo menos oferecer instruções constitucionais às autoridades dedicadas à prevenção

---

[7] "Falta aquela igualdade exigida pela Décima Quarta Emenda, de modo que o rico, que apela por seu direito, goza do benefício de um advogado que examina os autos, pesquisa as leis e alinhava argumentos em seu favor, ao passo que o pobre [...] é obrigado a se virar sozinho." *Douglas vs. People of State of California*, 372 U.S. 353 (1963).

do crime. A regra da exclusão vem sendo paulatinamente abrandada por exceções, mas por que essa tendência a diminuir os direitos preexistentes de suspeitos e réus tem sido apoiada por aqueles que gostariam de combater o crime de maneira vigorosa? Somente porque essa regra representa uma forma de intromissão monitoradora que, segundo se alega, deixa a polícia de mãos atadas e enfraquece a luta contra o crime, permitindo que as ilegalidades cometidas pela polícia acabem contaminando provas que de outro modo seriam sólidas. A erosão de um direito – seja ela desejável ou não – muitas vezes caminha de mãos dadas com a coibição de um poder supervisor custeado pelo tesouro público.

Na prática, os direitos dos acusados e encarcerados se contraem e se expandem na mesma medida em que o poder judiciário norte-americano se mostra às vezes mais deferente, às vezes mais avesso à guerra que o poder executivo move contra o crime. Essa oscilação torna a mostrar que a extensão das nossas liberdades depende da decisão das autoridades. Mas vale frisar que, por uma razão ainda mais básica, os direitos não podem ser baseados numa abstenção de agir por parte do governo. Os direitos só ganham existência quando um órgão do governo – um órgão judicial, muitas vezes – se esforça para definir termos básicos, como "excessivo", "razoável" e "cruel". A dimensão exata dos nossos direitos vai mudando de acordo com as decisões dos tribunais. O papel do tribunal não é somente o de impedir os abusos do poder executivo (entendendo aqui o termo "abuso" num sentido muito geral, como sinônimo de tudo aquilo que a Constituição proíbe); é também o de estipular os critérios para distinguir a ação abusiva da não abusiva. Trata-se de uma tarefa afirmativa inevitável. Quando uma busca ou apreensão é irrazoável? Em que momento o suspeito passa a ter direito a um advogado – já na sessão de reconhecimento ou somente na audiência? Sob quais condições as autoridades podem iniciar um interrogatório? No sistema penal, os direitos sempre pressupõem pelo menos uma forma de ação do Estado, pois sempre se supõe que os tribunais deram respostas, boas ou ruins, a essas perguntas e a outras semelhantes. A inação judicial, a recusa a responder, não é uma opção de maneira alguma.

A Suprema Corte, quando presidida pelo juiz Rehnquist, reinterpretou e, assim, reduziu muitos direitos ligados ao processo penal estabelecidos na época em que o presidente era o juiz Warren. Para tanto, não estipulou proibições claras, mas operou novas distinções e redefiniu alguns termos essenciais. Mesmo na época do juiz Warren, a promotoria podia apresentar em juízo provas que a polícia, mesmo sem um mandado, encontrara "à vista de todos". Mas, sob a presidência de Rehnquist, a Corte ampliou essa categoria, admitindo, por exemplo, provas detectadas por vigilância aérea com o uso de câmeras sofisticadas. Distinguindo entre uma simples "revista" e uma "detenção" propriamente dita, a Corte atual também permitiu o uso de provas obtidas em revistas policiais de rotina, como armas e produtos contrabandeados – provas que de outro modo teriam sido excluídas. Declarou, também, que a "expectativa razoável de privacidade" não se estende a sacos de lixo selados depositados numa lixeira. A Sexta Emenda garante ao acusado o direito "de ser confrontado com as testemunhas contrárias a ele", mas a Corte decidiu que esse direito pode ser restringido em casos que envolvam o abuso sexual de crianças que sofreriam danos psicológicos caso tivessem de se sentar diante de seu suposto agressor.

Alguns dos novos limites estabelecidos pela Corte são bastante razoáveis, outros nem tanto, mas isso não vem ao caso; o que nos importa agora é que os direitos dos norte-americanos são criados por uma ação do Estado. O próprio âmbito dos nossos direitos contra os abusos da polícia, da promotoria e da carcerbagem é estabelecido por interpretação judicial, ou seja, pela ação do Estado. A imposição desses direitos por via judicial contra autoridades do poder executivo é apenas uma ilustração secundária de como a liberdade individual depende da ação do Estado. O modo primeiro e mais básico pelo qual as autoridades financiadas pelo público afetam a liberdade é a definição de seu âmbito. A comunidade não protege liberdades imaginárias, mas somente aquelas que, num determinado momento histórico, o Estado, sobretudo por meio do poder judiciário, identifica como direitos passíveis de garantia e se mostra disposto a proteger – ou seja, custear – enquanto tais.

O sistema penal norte-americano é custoso porque, em parte, é concebido para evitar que réus inocentes sejam condenados e para impedir que policiais e carcereiros armados maltratem mesmo aqueles que tenham sido legitimamente condenados. O fato de esse custo indispensável para a proteção de direitos básicos ter de ficar a cargo do público não tem somente uma importância financeira, mas também uma importância teórica. Esse custo evidencia de modo cabal a dependência essencial que o individualismo baseado nos direitos tem da ação do Estado e da cooperação social.

PARTE II

POR QUE OS DIREITOS
NÃO PODEM SER ABSOLUTOS

Capítulo **5**

COMO A ESCASSEZ AFETA A LIBERDADE

Joshua DeShaney nasceu em 1979. Seus pais se divorciaram no ano seguinte e seu pai, Randy DeShaney, casou-se logo depois de receber na Justiça a guarda da criança. Em janeiro de 1982, a segunda esposa de Randy DeShaney acusou o marido de maus-tratos, comunicando ao Departamento de Serviços Sociais (Department of Social Services – DSS) de Winnebago County, em Wisconsin, que o pai de Joshua espancava o menino. Autoridades do DSS entrevistaram o pai, que negou as acusações. Em janeiro de 1983, Joshua foi internado no hospital local com múltiplos hematomas e abrasões na pele. Suspeitando de maus-tratos, o médico que o examinou notificou o DSS e o hospital recebeu a guarda provisória de Joshua.

Três dias depois, após um exame da situação, uma equipe de autoridades concluiu que os indícios de maus-tratos não eram suficientes para que Joshua continuasse sob a guarda do poder público. Um mês depois, ele tornou a ser tratado por ferimentos. Uma inspetora do DSS passou a fazer visitas mensais à casa da família, durante as quais observou novos ferimentos na cabeça. Em março de 1984, Randy DeShaney espancou o filho de quatro anos até deixá-lo em coma. Uma cirurgia de emergência revelou hemorragias causadas por golpes reiterados na cabeça. Joshua sobreviveu, mas ficou com graves sequelas cerebrais. Espera-se que passe o resto da vida numa instituição para pessoas que sofrem de retardamento mental grave.

A mãe de Joshua moveu uma ação em nome dele contra o DSS, afirmando que o fato de o órgão não ter protegido o menino contra a terrível brutalidade do pai era uma violação dos direitos fundamentais de Joshua estipulados pela Constituição norte-americana. A Suprema Corte rejeitou a alegação, afirmando que, embora o caso de Joshua fosse trágico, o menino não sofrera lesão a nenhum direito constitucional[1].

1 *DeShaney vs. Winnebago County Department of Social Services*, 489 U.S. 189 (1989).

Embora tenha sido amplamente criticada, a decisão do caso *DeShaney* também encontrou poderosos defensores entre os juristas norte-americanos. Esses defensores se dividem em dois partidos. Alguns fazem eco ao raciocínio da própria Corte, alegando que Joshua não tinha direito constitucional à proteção do Estado. Seus direitos constitucionais não haviam sido violados, pois esses direitos só protegem os particulares contra as autoridades públicas; não os dotam de um direito de proteção contra seus concidadãos. A Constituição só protege os indivíduos contra a ação de outros particulares quando o governo de algum modo autoriza, encoraja ou patrocina essa ação ou se envolve de maneira significativa em sua consecução. Uma vez que não há direito a uma assistência afirmativa do Estado, e uma vez que a supervisão que o DSS exerce sobre os casos de guarda de menores não implica suficientemente o Estado na conduta abusiva do pai, não se exigia ali nenhuma proteção constitucional.

Outros defensores dessa controversa decisão têm outro raciocínio, mais pragmático e menos baseado numa distinção cabal entre liberdades negativas e positivas. Em vez de alardear a gélida indiferença da Constituição ao destino de Joshua, ele afirmam que os tribunais norte-americanos, por diversas razões, não têm competência para gerir recursos escassos. Em vez de afirmar que os cidadãos não têm direito à proteção ativa do Estado ou que nenhuma "ação do Estado" esteve envolvida no caso, alegam que os tribunais não dispõem de condições de tomar decisões racionais acerca de como os órgãos do poder executivo devem distribuir seu orçamento e seu tempo. Se prestarmos atenção às diferenças entre essas duas justificativas da controversa decisão do caso *DeShaney*, aprofundaremos nosso entendimento das questões levantadas pelo custo orçamentário dos direitos.

ACASO A CONSTITUIÇÃO OFERECE PROTEÇÃO CONTRA DANOS CAUSADOS POR PARTICULARES?

A primeira linha de raciocínio, formulada pela própria Corte, ignora a questão do custo. Segundo a Corte, a cláusula do devido processo legal atua como "uma limitação ao poder de ação do Estado, não como garantia de um nível mínimo de segurança". Acrescenta-se que "não é correto ampliar a linguagem da cláusula de modo a postular que ela imponha ao Estado a obrigação afirmativa de garantir que os interesses [dos cidadãos] não sofram dano. [...] Seu propósito era proteger o povo contra o Estado, não garantir que o Estado protegesse os membros do povo uns contra os outros." Essas poucas palavras estão cheias de implicações. Por trás desse pronunciamento pomposo, com efeito, jaz uma ampla teoria constitucional negativa, que implica o seguinte: a Constituição foi concebida principalmente para obstar a ação das autoridades federais. É uma gigantesca medida restritiva imposta pelos cidadãos ao governo. Não somente a Primeira e a Décima Quarta Emendas, mas a Constituição inteira ata as mãos das autoridades públicas a fim de proteger a população contra um governo tirânico. Esse não é somente o propósito principal da Constituição; é seu propósito quase exclusivo.

Segundo essa visão largamente aceita, os direitos constitucionais algemam as autoridades públicas, mas não impõem restrição alguma a quem, embora cometa injustiça, não ocupa cargo público. Em consequência, a Constituição não *obriga* as autoridades públicas a proteger os indivíduos contra a fraude e o uso da força cometidos por agentes particulares; o fato de o governo não impedir danos cometidos por particulares não é uma forma de ação estatal pela qual as autoridades possam ser consideradas judicialmente responsáveis[2].

Mas o texto da Constituição não deixa isso tão claro. É evidente que a cláusula do devido processo legal proíbe o Estado de "privar" as pessoas de sua vida, liberdade ou bens, mas para saber se o Estado "privou" alguém de algo é preciso saber o que as pessoas têm o direito de possuir. Se a "liberdade" inclui o direito à proteção policial, o Estado priva as pessoas da "liberdade" quando permite que as pessoas sejam sujeitas à brutalidade de particulares ou à intromissão indevida destes em sua vida. O texto, portanto, não é conclusivo. Suponhamos, por outro lado, que seja consenso que a Constituição não protege o povo contra atos de particulares; o que decorreria desse princípio? Mesmo que a Constituição não proteja o povo contra atos de particulares, pode impor *ao Estado* o dever de proteger particulares contra intromissões indevidas de outros particulares. O fato de a Constituição se aplicar

---

[2] À primeira vista, esse modo de pensar tem muito em seu favor. Muitos comentadores afirmam que a Constituição se dirige "contra" as intromissões do Estado e que não obriga o Estado a intervir, mesmo que essa intervenção possa levar o nome de proteção. É claro que a Primeira Emenda impede que os governos federal e estaduais censurem a liberdade de expressão. Somente por normas infraconstitucionais é que instituições privadas são proibidas de fazer o mesmo. O mesmo vale para a proibição da discriminação racial. A exigência de igual proteção das leis, feita pela Décima Quarta Emenda, não se aplica a instituições privadas, nem mesmo a grandes empresas. É a legislação infraconstitucional, e não a Constituição em si, que exige que tais organizações não ajam de forma discriminatória.

em grande medida ao "Estado", ou mesmo a ele exclusivamente, não elimina essa possibilidade[3].

Com efeito, não seria difícil conceber direitos constitucionais que obriguem o Estado a agir para proteger os indivíduos contra danos infligidos por particulares. Caso o Estado decidisse não proteger a propriedade dos cidadãos contra invasores particulares – caso, em outras palavras, o Estado revogasse na íntegra ou em parte as leis que proíbem a invasão de propriedade –, suscitar-se-ia a sério a questão de saber se o Estado não teria "confiscado" essa propriedade na medida em que não a protegeu contra tais invasores. Ser "dono" de um bem imóvel é ter o direito de excluir outras pessoas de seu uso; se o Estado não o ajudar positivamente a excluir esses terceiros, é muito possível que, segundo as leis existentes, tenha tomado para si o que era seu. Assim, o direito à propriedade privada pode acarretar um direito à proteção do Estado por meio das leis que proíbem a invasão de propriedade. Consideremos também o direito à liberdade contratual. A Constituição protege as pessoas contra estorvos que o Estado possa impor a essa liberdade. Caso o Estado se recusasse a disponibilizar seus tribunais para garantir certos contratos, estaria provavelmente "estorvando" os direitos contratuais. Assim, na medida em que garante um direito afirmativo ao uso dos tribunais (e recursos do governo) para proteger as garantias contratuais, a cláusula dos contratos na Constituição também tem uma dimensão positiva.

Mesmo quem afirma categoricamente que os direitos constitucionais protegem os cidadãos exclusivamente contra as autoridades públicas – e não uns contra os outros – tende a admitir que a Décima Terceira Emenda constitui uma exceção evidente a essa norma. "Nem a escravidão nem a servidão involuntária [...] existirão dentro dos Estados Unidos" proíbe uma forma tradicional de conduta particular. De certo modo, a proibição da escravidão pode ser lida como uma proibição pura e simples da escravização efetuada por particulares; mas também pode ser lida como uma diretriz para que o governo não permita a existência de servidão involuntária nos Estados Unidos.

Há inúmeros outros exemplos desse tipo de obrigação. Se Jones mover ação judicial contra Smith para defender-se de uma ameaça de agressão e

---

[3] Algumas questões aqui discutidas são tratadas de modo mais detalhado em Cass R. Sunstein, *The Partial Constitution* (Cambridge, Mass.: Harvard University Press, 1993).

Smith subornar o juiz, que lhe dá então ganho de causa, os direitos de Jones terão sido violados exatamente *porque a autoridade pública deixou de protegê-lo*. E isso é só o começo: em muitos casos, o mero envolvimento do governo com os atos de particulares foi considerado suficiente para pôr em jogo restrições constitucionais, mesmo que pareça que um indivíduo particular está pedindo a ajuda do Estado contra outro indivíduo particular.

Pactos que contenham restrições raciais, firmados entre compradores e vendedores particulares, podem ser judicialmente contestados com base na cláusula da igual proteção, pois os contratos privados não têm efetividade a menos que o Estado disponibilize todo o seu poder coercitivo para garanti-los[4]. O uso desse poder coercitivo suscita um problema constitucional grave, mesmo no contexto de um negócio entre particulares envolvendo bens imóveis. A Décima Quarta Emenda proíbe que um advogado use suas opções de desclassificação para eliminar jurados com base na raça destes; o envolvimento do sistema penal põe em jogo a Constituição[5]. Os partidos políticos, que não são instituições do Estado, mas da sociedade civil, são proibidos pela Constituição de realizar suas eleições primárias de maneira que envolva discriminação racial[6]. Pelo fato de o Estado estar diretamente envolvido nas operações da Amtrak (uma empresa de estradas de ferro), a Primeira Emenda proíbe a empresa – nominalmente privada – de coibir as expressões artísticas na Penn Station, em Nova York[7]. A Décima Quarta Emenda proíbe a discriminação racial num restaurante particular que aluga o espaço de uma garagem pública municipal[8]. As autoridades que dirigem um presídio podem ser alvos de uma ação judicial constitucional em razão de lesões infligidas por um detento a outro, caso tenham demonstrado grave indiferença ao bem-estar dos detentos em questão[9].

Fora do contexto constitucional, a obrigação afirmativa do Estado de proteger os cidadãos particulares uns contra os outros é uma consequência lógica do modo como os direitos são ordinariamente garantidos. Os membros de sindicatos têm o direito de denunciar a conduta inescrupulosa por parte dos diretores dos mesmos, mas esse direito nada significará na prática

---

[4] *Shelley vs. Kraemer*, 334 U.S. 1 (1948).
[5] *Edmonson vs. Leesville Concrete Co.*, 500 U.S. 614 (1991).
[6] *Smith vs. Allwright*, 321 U.S. 649 (1944); *Terry vs. Adams*, 345 U.S. 461 (1953).
[7] *Lebron vs. National Railroad Passenger Corp.*, 115 S.Ct. 961 (1995).
[8] *Burton vs. Wilmington Parking Authority*, 365 U.S. 715 (1961).
[9] *Dee Farmer vs. Brennan*, 511 U.S. 825 (1994).

se o Estado não proteger os delatores contra represálias violentas. Com efeito, uma vez que a imposição e garantia de direitos sempre cria um "lado perdedor", o dever afirmativo do Estado de proteger o "lado ganhador" contra atos de retaliação movidos por particulares é um correlato necessário de todo direito. A esposa espancada tem o direito legal incontestável de relatar maus-tratos. Mas e se seu marido tiver uma arma de fogo? Nesse caso, o direito dela será uma farsa cruel a menos que o governo da cidade onde ela mora gaste o dinheiro dos impostos em medidas que a protejam, por exemplo, um abrigo para mulheres maltratadas. Do mesmo modo, o direito do indivíduo de testemunhar nada significará se o Estado não assumir a (caríssima) obrigação de proteger as testemunhas contra possíveis retaliações. Os US$ 23 milhões que o Ministério da Justiça gastou no ano de 1996 em programas de proteção a testemunhas podem ser entendidos dessa maneira[10]. Para garantir os direitos de forma regular e constante, as autoridades públicas também precisam fazer recair todos os rigores da lei sobre indivíduos particulares que procurem lesar fisicamente outros indivíduos pelo simples fato de estes estarem exercendo seus direitos. Este é mais um modo pelo qual a liberdade pessoal pressupõe uma ação positiva do Estado – e mais uma razão pela qual os direitos têm um custo.

Assim, não basta declarar simplesmente que os governos dos Estados Unidos, tanto federal quanto estaduais, não têm a "obrigação afirmativa" de proteger os cidadãos norte-americanos. A Constituição não foi criada para que o Estado lavasse as mãos, e tampouco o papel de efetuar essa lavagem é adequado para a Suprema Corte. Parece eminentemente razoável afirmar que, quando os funcionários do DSS tomaram ciência da conduta abusiva do pai de Joshua, tinham a obrigação legal de tomar uma atitude. Caso essa obrigação exista, os direitos do menino foram, sim, violados pelos atos e omissões do Estado. No mínimo, esse tipo de conclusão não poderia ser obstado pela curiosa alegação de que o Estado norte-americano nunca tem a obrigação legal de proteger os cidadãos norte-americanos. Afinal de contas, uma decisão da Suprema Corte não tem somente o efeito de resolver um caso particular; ela também transmite ao público uma mensagem acerca do objetivo e do sentido básicos do contrato social norte-americano. Vista sob esta luz, a linha de raciocínio do caso *DeShaney* tem deficiências graves.

10 *Budget of the United States Government, Fiscal Year 1998*, Apêndice, p. 670.

A importância teórica do caso, no entanto, reside nas lições que ele ensina acerca do "caráter absoluto" dos direitos. Será que a Suprema Corte não estaria dizendo, de maneira menos lata, que os direitos de Joshua não eram absolutos porque estavam sujeitos a certas restrições orçamentárias?

UM ARGUMENTO BASEADO NA ESCASSEZ

O segundo argumento, mais pragmático, não rejeita a ideia de que Joshua tinha direito a alguma proteção do Estado, mas simplesmente leva em conta os custos de bens que se excluem mutuamente[11]. Embora esse raciocínio não tenha sido enfatizado pelo voto majoritário no caso *DeShaney*, é quase certo que influenciou o resultado final do pleito, pois proporciona o caminho mais curto e mais reto em direção a esse resultado. Muitas vezes, a imposição ou garantia dos direitos não depende somente dos tribunais. Para remediar as violações passadas e impedir as futuras, os tribunais dependem da cooperação de órgãos do poder executivo, os quais, por sua vez, sempre operam no contexto de violentas restrições fiscais. O problema é muito claro no que se refere aos serviços sociais. Os departamentos de serviço social recebem verbas limitadíssimas para lidar com problemas potencialmente infinitos; usando o conhecimento detalhado que possuem da situação real da região onde operam, precisam distribuir os parcos recursos que têm à disposição da maneira que julgarem mais eficaz. Em razão das difíceis restrições orçamentárias, certas vítimas potenciais de maus-tratos se tornam vítimas efetivas e o Estado pouco terá feito para impedir que isso aconteça. Essa situação é deplorável, mas num mundo imperfeito, onde os recursos são limitados, também é inevitável. Para levar os direitos a sério, é preciso levar a sério a escassez de recursos.

Os tribunais não estão bem situados para supervisionar o complexo processo de distribuição de recursos levado a cabo de maneira às vezes mais hábil, às vezes menos, pelos órgãos do poder executivo; também não têm condições de retificar os erros passados de distribuição. Os juízes não dispõem da formação adequada para desempenhar essas funções e necessariamente trabalham com fontes de informação insuficientes e parciais. É por isso que, pelo direito norte-americano, os agentes da Administração Federal

---

[11] Isto é afirmado por Richard A. Posner, *Overcoming Law* (Cambridge, Mass.: Harvard University Press, 1996), embora ele não tenha dito o mesmo em seu voto na decisão de segunda instância do caso *DeShaney*. Esse voto se baseou na distinção entre direitos negativos e positivos.

de Aviação (Federal Aviation Administration – FAA) não podem ser levados a juízo pelo fato de terem decidido inspecionar as aeronaves civis numa determinada ordem, pois é óbvio que os tribunais não podem se arrogar a responsabilidade de organizar as agendas de trabalho dos funcionários do Executivo. Diante de um problema urgente, como pode um juiz medir sua urgência em comparação com a de outros problemas sociais que competem pela atenção do governo e acerca dos quais o juiz nada sabe? Como um juiz, ao decidir um único caso, pode levar em conta o teto anual de gastos do governo? Ao contrário do poder legislativo, o Judiciário trata sempre de um caso isolado. Por não serem capazes de lançar uma visão geral sobre um amplo espectro de necessidades sociais conflitantes e depois decidir quanto dinheiro destinar a cada uma, os juízes são institucionalmente impedidos de levar em conta as consequências distributivas de suas decisões, consequências essas que às vezes podem ser graves. E não é fácil para eles descobrir se o Estado realmente cometeu um erro ao concluir previamente que o melhor seria distribuir seus recursos para os casos A, B e C e não para o caso D – mesmo que no fim se revele que o caso D resultou numa calamidade como a de Joshua DeShaney. (Talvez os casos A, B e C também tenham sido calamitosos.)

Embora os juízes talvez sejam muito competentes para identificar violações flagrantes de direitos ou mesmo invalidar erros flagrantes de distribuição de recursos, não são capazes, na maioria dos casos, de determinar de maneira inteligente que os recursos disponíveis devam ser canalizados para outras necessidades prementes. Dessa perspectiva, a melhor maneira de enxergar a decisão *DeShaney* é encará-la não como uma declaração solene de que o Estado norte-americano não deve proteção alguma a seus cidadãos, mas como um reconhecimento sóbrio de que todo direito tem seu custo e que as verbas destinadas à proteção de todos os direitos jurídicos devem ser sacadas todas de um mesmo orçamento, o qual é necessariamente limitado. Em casos desse tipo, os tribunais devem pensar mil vezes para antepor seus próprios critérios aos dos órgãos do Executivo. Os tribunais não saberiam tomar sobre si as tarefas de estabelecer prioridades e otimizar a distribuição de recursos escassos, tarefas essas que a autora da ação, no caso *DeShaney*, os chamou a desempenhar.

Trata-se, em resumo, de uma defesa bastante plausível da abordagem geral da decisão *DeShaney*, embora não constitua uma justificativa convincente do resultado particular. As provas de conhecimento anterior do caso pelas autoridades competentes eram suficientes para implicá-las naquele ato brutal; o abuso era tão grave e tão provável que os poucos gastos necessários para preveni-lo poderiam ser sido exigidos pela Constituição sem que com isso se criasse um poder judiciário imperialista e permanentemente propenso a substituir os juízos do poder executivo pelos seus. No entanto, a verdadeira importância do caso está na oposição que ele evidencia entre uma alegação (falsa) de que a Constituição só cria direitos negativos e uma outra (correta), de que os tribunais não têm condições de avaliar pretensões que envolvam a distribuição de recursos.

O que as duas justificativas da decisão demonstram é que a compreensão dos direitos básicos, e portanto da relação do Judiciário com os outros dois poderes, depende de uma opção anterior: ou ignorar os custos ou levá-los em conta. No voto vencedor, a Corte não prestou atenção alguma à questão da escassez dos recursos públicos. Sendo assim, para justificar a "inação" estatal que pretendia defender enquanto tal, ela só pôde declarar que uma criança cruelmente espancada – depois de entregue à guarda de seu pai violento por ordem judicial e estando sob a supervisão tutelar do Estado – não sofrera violação alguma de seus direitos básicos. O resultado foi uma das decisões mais chocantes e brutais da história da Suprema Corte – chocante, brutal e completamente desnecessária. A Corte tinha à sua disposição uma justificativa muito menos ampla e mais razoável, baseada parcialmente no custo. Tal justificativa envolvia o caráter não absoluto dos direitos que dependem de gastos do governo. A decisão *DeShaney*, no fim, nos estimula poderosamente a explorar mais a fundo os limites que as restrições fiscais e orçamentárias necessariamente impõem à esfera que pode ser abarcada pelas decisões judiciais.

RETÓRICA E REALIDADE

Diz-se habitualmente que os direitos são invioláveis, conclusivos e têm caráter preventivo, mas essas palavras são meros floreios retóricos. Nada que custa dinheiro pode ser absoluto. Nenhum direito cuja garantia pressuponha um gasto seletivo do dinheiro dos contribuintes poderá, no fim das contas, ser protegido unilateralmente pelo poder judiciário sem levar em consideração as consequências orçamentárias pelas quais os outros poderes do Estado são, em última análise, responsáveis. Uma vez que a proteção contra a violência cometida por particulares não é barata e necessariamente utilizará recursos escassos, o direito a uma tal proteção, supondo-se que de fato exista, não pode ser completo ou absoluto. O mesmo vale para os direitos individuais à proteção contra os abusos do Estado, direitos esses que são mais conhecidos. Meu direito a uma indenização caso o Estado desaproprie meu bem imóvel de nada valerá, por exemplo, se o Tesouro estiver vazio. Se todo direito tem um custo, a imposição dos direitos sempre será influenciada pelo interesse do contribuinte em economizar seu dinheiro. Os direitos diminuirão quando os recursos diminuírem e poderão se expandir à medida que se expandam os recursos públicos.

Os direitos não são pretensões absolutas, mas relativas. A atenção ao custo é apenas mais um caminho, paralelo a outros trilhados de modo mais habitual, rumo a uma compreensão melhor da natureza qualificada de todos os direitos, os constitucionais inclusive. Pode suplementar de modo bastante útil outras abordagens mais conhecidas, sobretudo porque a teoria convencional dos direitos, que não leva em conta os custos, reforçou uma compreensão errônea de sua função ou objetivo social, compreensão essa que acabou por se difundir bastante. A atenção ao custo dos direitos revela em que medida a imposição ou garantia desses direitos, tal como se realiza na prática nos Estados Unidos e em outros países, se faz sempre através de concessões e soluções de meio-termo, inclusive do ponto de vista monetário. Isso não significa que as decisões devam ser tomadas por contadores, mas que as autoridades e os cidadãos das democracias devem levar em consideração os custos orçamentários.

As finanças públicas constituem uma ciência ética, pois nos obrigam a prestar contas em público daqueles sacrifícios que nós, enquanto comunidade, decidimos fazer; nos obrigam a explicar a que estamos dispostos a renunciar, a fim de buscar objetivos mais importantes. Para que a teoria dos direitos tenha a esperança de entender o modo pelo qual um determinado regime de direitos estrutura e governa o comportamento das pessoas na prática, ela tem de levar em conta essa realidade. Os órgãos judiciais que decidem acerca da imposição de direitos em situações específicas também serão capazes de raciocinar de modo mais inteligente e transparente caso reconheçam com franqueza o modo pelo qual o custo afeta a extensão, a intensidade e a regularidade dessa imposição. A teoria jurídica, por fim, será mais realista caso examine com toda a clareza a competição por recursos escassos que necessariamente ocorre entre os direitos básicos, e também entre estes e outros valores sociais.

Capítulo **6**

A DIFERENÇA ENTRE DIREITOS E INTERESSES

Às vezes os direitos são descritos como pretensões quase irrefutáveis e carregadas de um sentido moral, devendo-se fazer uma distinção clara entre eles e os interesses que afirmamos no cotidiano. Ao passo que os interesses sempre são uma questão de grau, o que implica a possibilidade de trocas e concessões, os direitos seriam uma questão de princípio que exigiria uma espécie de intransigência inabalável e inquestionável. Pelo menos é assim que tendem a falar muitos teóricos do direito e defensores dos direitos humanos. Ponto de vista semelhante foi formulado de maneira memorável por Ronald Dworkin – um dos mais importantes teóricos dos direitos nos Estados Unidos – que, numa expressão evocativa, retrata os direitos como "trunfos" que, em contexto judicial, podem ser postos na mesa contra as autoridades governamentais[1].

Essa metáfora reflete um aspecto importante da realidade jurídica norte-americana. Embora não haja nenhum direito que possa passar por cima de quaisquer outras considerações sem exceção, os direitos podem ser qualificados como "absolutos" num sentido limitado. Quando estão em jogo direitos básicos, o Estado não pode invocar considerações desimportantes para justificar que os mesmos não sejam garantidos e impostos. Os teóricos do direito não fazem senão seguir as preconcepções e a linguagem do povo quando conceituam os direitos como pretensões qualitativamente diferentes de meras afirmações de interesse. Pode haver circunstâncias atenuantes (como a exorbitância do custo ou a falta de capacidade administrativa) que desobriguem o governo de proteger um mero interesse. Mas as mesmas

---

[1] "Os direitos individuais são trunfos políticos que os indivíduos detêm." Ronald Dworkin, *Taking Rights Seriously* (Cambridge, Mass.: Harvard University Press, 1977), p. xi [trad. bras. *Levando os direitos a sério*. 3ª ed. São Paulo: WMF Martins Fontes, p. XV].

considerações só o desobrigarão de proteger um direito em circunstâncias especiais e muitíssimo limitadas.

Dworkin reconheceu várias vezes a necessidade de equilibrar os direitos entre si, bem como a ocasional necessidade de limitar direitos importantes para promover de forma urgente valores sociais concorrentes. Escreve ele que os direitos não podem ser sobrepujados por considerações de utilidade geral, mas "o Estado pode ter justificativa para sobrepujar ou limitar direitos por outras razões", sendo que "a mais importante [...] dessas razões parte da noção de direitos concorrentes que seriam prejudicados caso o direito em questão não fosse limitado"[2]. A liberdade de imprensa poderia, talvez, ser limitada pelo direito à privacidade ou à proteção contra a calúnia. Inversamente, a liberdade de imprensa poderia ser expandida mediante a contração do direito de mover ação judicial por calúnia. O direito à negociação coletiva entre patrões e empregados pressupõe a abolição do direito à assinatura de contratos mediante os quais os trabalhadores renunciem "voluntariamente" a filiar-se a um sindicato. E assim por diante.

A restrição das liberdades civis em nome do combate ao terrorismo é lamentável, mas essas trocas já foram feitas no passado e certamente o serão no futuro. Ao contrário do que deveria acontecer, o "exame rigoroso" (*strict scrutiny*)[*] não impediu a Suprema Corte de abençoar a reclusão discriminatória de norte-americanos de origem japonesa em campos de concentração durante a Segunda Guerra Mundial[3]. E não há garantia de que outras violações dos direitos não venham a ocorrer quando surgirem razões pertinentes que pareçam convincentes aos juízes.

A necessidade de uma ação governamental rápida é uma das justificativas habitualmente aceitas para que direitos importantes sejam violados. Um bem pode ser desapropriado ou confiscado sem notificação prévia (ao passo que normalmente só o poderia ser mediante o devido processo legal) caso um carregamento de medicamentos tenha sido gravemente adulterado, por exemplo, ou caso um veículo que transporte contrabando esteja a ponto de escapar da polícia. A liberdade de informação pode ser restringida (ou definida de maneira limitada) não somente por razões de segurança

---

[2] Dworkin, *Taking Rights Seriously*, p. 193.

[*] O método mais rigoroso de controle judicial de constitucionalidade nos Estados Unidos, a ser seguido quando entram em conflito um direito constitucional e um interesse do Estado que vá contra a observância desse direito. (N. do T.)

[3] *Korematsu vs. United States*, 323 U.S. 214 (1944).

nacional, mas também para proteger dados delicados referentes a integrantes do governo. Em situação de emergência, a liberdade de ir e vir pode ser legalmente restringida para impedir a disseminação de doenças fatais altamente contagiosas. E o direito de andar de motocicleta sem capacete pode ser abolido em razão dos custos médicos e de reabilitação que tal atividade impõe à comunidade como um todo.

Boa parte da atividade dos advogados envolve a descoberta de justificativas judicialmente aceitáveis para ações ou omissões que, do contrário, seriam consideradas ilegais ou inadmissíveis. Como dá a entender a categoria do "homicídio justificado", mesmo a mais inadmissível de todas as condutas sociais pode ser legalmente justificada em circunstâncias especiais (como a legítima defesa). Fatores atenuantes podem ser invocados para justificar não só atos de particulares, mas também atos do Estado. A tese dos direitos como trunfos implica que, para restringir liberdades civis, o Estado precisa evocar interesses públicos importantes de modo persuasivo. Para violar valores constitucionais centrais, o Estado precisa ter a seu favor valores ainda mais decisivos.

Mas, conquanto a tese dos direitos como trunfos veja-se perfeitamente à vontade com a ideia de que os direitos às vezes se chocam entre si e com outros interesses públicos, obrigando o Judiciário a fazer um trabalho de ponderação, ela ignora completamente que os direitos não podem ser absolutos, pois sua garantia exige que uma certa quantia de dinheiro público seja entregue a tempo às autoridades capazes de garanti-los. Alguns conflitos entre direitos decorrem do fato de que todos os direitos dependem de um orçamento limitado. Os limites financeiros em si e por si excluem a possibilidade de que todos os direitos básicos sejam garantidos com o mesmo vigor ao mesmo tempo. Os direitos invariavelmente pressupõem ou exigem algum tipo de troca ou concessão financeira. E os gastos serão, em alguma medida, determinados por considerações políticas. A atenção ao custo explica por que alguns direitos de propriedade se chocam com outros direitos de propriedade – por que a polícia local não pode proteger suficientemente a casa humilde de Jones caso já tenha direcionado sua única equipe de ronda noturna para proteger a luxuosa mansão de Smith.

É verdade que alguns direitos básicos, como a liberdade de expressão e o direito ao voto, não podem ser comprados e vendidos num mercado livre; a proibição da compra e venda de direitos políticos tem, em parte, o objetivo de garantir que o poder político não se concentre num único indivíduo ou grupo. Isso significa que os direitos não são mercadorias no sentido comum da palavra. Porém, com o aumento do preço, a imposição dos direitos necessariamente se torna mais seletiva. Para obter bens e serviços que custam caro, temos de abrir mão de outras coisas de valor. O mundo do valor é complexo, e o mundo das possibilidades disponíveis é maior que o mundo das codisponíveis, ou seja, daquelas que estão disponíveis ao mesmo tempo. Não há nada de cínico nem de degradante em admitir esse fato ou reconhecer que ele se aplica não somente às mercadorias comuns, mas também aos direitos básicos. É claro que não decorre daí que os direitos devam ser lançados juntamente com todas as outras coisas numa gigantesca máquina que, operada por economistas, calcule custos e benefícios.

Embora a conceituação dos direitos como algo absoluto seja teoricamente errônea, pode-se considerá-la útil dos pontos de vista psicológico e retórico. Os defensores das liberdades civis, como os políticos, vendedores de carros usados e executivos de marketing, têm aguda consciência da função mnemônica do exagero e sabem por experiência que a fraseologia da não concessão costuma ter efeitos positivos. A hipérbole serve para chamar a atenção para necessidades que lhes parecem prementes, aumentando a probabilidade de que os cidadãos e seus representantes tratem certos interesses com excepcional seriedade e sensibilidade. Talvez uma ênfase (errônea) no caráter absoluto da liberdade de expressão dê coragem aos cidadãos e seus representantes quando a pressão em favor da censura (não justificada) for especialmente grande. Mas o exagero também cria problemas, e a insistência no caráter absoluto dos direitos pode fazer com que alguns direitos sejam superprotegidos em detrimento de outros cuja pretensão à proteção seja ainda mais importante. E visto que também a atenção política é um recurso escasso, quanto mais tempo as autoridades dedicam a uma pretensão, menos tempo terão para dedicar às demais.

A derrogabilidade é uma característica inescapável de todos os direitos jurídicos, inclusive dos direitos constitucionais. Além dos custos, há outra razão importante pela qual os direitos jurídicos são sempre passíveis de derrogação ou limitação: eles são, na realidade, poderes jurídicos que podem ser exercidos sobre outras pessoas. A possibilidade de fazer mau uso do poder sempre existe. Os direitos precisam ser sujeitos a restrições para impedir que sejam explorados para fins injustos. O direito à autodefesa, por exemplo, é consolidado no direito norte-americano, mas só se justifica na medida em que os tribunais permanecem atentos para que não haja abusos.

Ninguém pode alegar autodefesa caso não esteja em grave perigo, por exemplo. Do mesmo modo, o direito de um acionista de mover ação judicial contra a direção de uma empresa pode ser usado como forma de assédio e, no fim, para obter-se uma oferta de dinheiro que faça o autor renunciar à ação. A possibilidade de ações judiciais abusivas deve ser levada em conta pelos legisladores e juízes que determinam as condições sob as quais já não existe o direito de mover ação judicial. O sistema jurídico norte-americano sofre ajustes contínuos para resolver os efeitos colaterais inadvertidos que surgem necessariamente quando o Estado entrega aos indivíduos o poder discricionário de exercer o poder público e usar o dinheiro público.

Mas – alguém haverá de perguntar – será que alguns interesses humanos não são bens intrínsecos, e não meramente instrumentais? Ao passo que certas coisas são valiosas enquanto meios para outros fins, não haverá coisas que são boas em si mesmas? É verdade que a liberdade de expressão serve para melhorar a qualidade da tomada de decisões na esfera pública e reduzir o nível de corrupção do governo; mas não será valiosa também em si e por si, pelo simples fato de a censura ser uma indignidade, um insulto à autonomia humana? A resposta é "sim": alguns interesses têm valor intrínseco. Mas até os bens intrínsecos, as coisas boas em si, têm seu custo; não podem existir sem o esforço público e um gasto substancial de recursos. A proteção de direitos valiosos em si mesmos terá sempre um lado negativo, efeitos colaterais indesejados, custos de oportunidade e outros problemas, pois poucos são os ganhos que não vêm acompanhados de nenhuma perda. Assim, o direito a uma audiência tem a função de dar voz a uma das partes; não serve somente para assegurar que os fatos sejam corretamente averiguados. Porém, se uma audiência altamente elaborada sair caro, não será possível exigir do Estado que conduza audiências elaboradas. O direito de visitas dos avós por parte do genitor que não tem a guarda da criança pode até parecer "sagrado" de certo modo, e é certo que não tem valor meramente instrumental; mas esse direito é normalmente eliminado nas jurisdições norte-americanas nos casos de adoção, a bem dos direitos da criança, os quais se opõem a ele e são mais importantes.

Com efeito, os direitos dos norte-americanos se expandem e se contraem constantemente sob o impacto da ação legislativa e judicial. Os direitos são interesses que, dos pontos de vista político e judicial, são altamente valorizados num determinado momento; mas não são apenas isso. Na cultura jurídica norte-americana, os direitos são interesses de um tipo especial. Prestar atenção ao custo dos direitos não despe de significado a distinção fundamental que os progressistas fazem entre interesses e direitos. Falar de direitos é essencial, pois esse discurso eleva o limiar das justificativas necessárias para prejudicarem-se interesses considerados especialmente importantes.

Quando direitos estão em questão, certos argumentos não são apenas fracos – são completamente inadmissíveis. Isso vale tanto no direito constitucional quanto no direito privado. O devedor não pode se recusar a pagar a dívida porque o credor apostatou de sua religião, mas pode oferecer essa recusa, em certas situações, caso tenha adquirido um produto defeituoso. Do mesmo modo, nosso sistema de liberdade religiosa não permite que o Estado suprima a prática religiosa de uma minoria porque o deus dessa minoria não é o Deus verdadeiro, embora possa proibir, em certos contextos, o consumo de substâncias alucinógenas. Nosso sistema de liberdade política não priva o povo do direito ao voto porque as pessoas que já estão no poder não preveem um resultado favorável nas eleições. Nosso sistema de liberdade de expressão não permite que o Estado regule a circulação de ideias simplesmente porque as autoridades ou cidadãos consideram tais ideias erradas ou perigosas, mas essa circulação pode ser regulamentada por outros motivos. Uma vez identificadas as categorias das razões admissíveis e inadmissíveis em cada sistema concreto, estamos a meio caminho de compreender o que os direitos, na qualidade de interesses de um tipo especial, significam na prática.

O DSS de Winnebago, por exemplo, não poderia justificar sua incapacidade de proteger uma criança contra a brutalidade do pai invocando razões raciais ou religiosas. Não poderia afirmar "protegemos as crianças brancas, mas não as negras". Quer a Constituição obrigue o Estado a proteger os particulares contra danos infligidos por outros particulares, quer não, o uso de tal justificativa seria absolutamente proibido sem a menor sombra de dúvida. Do mesmo modo, um tribunal não pode negar a guarda do filho a uma mãe branca divorciada pelo fato de ela agora estar coabitando com um negro. Essa justificativa está bloqueada para a ação estatal. O regime de direitos norte-americano é "absolutista" neste sentido: exclui incondicionalmente certas *razões*, ao passo que proscreve *ações e inações* somente de maneira condicional.

Dito de outra forma, os direitos não têm função proibitiva, mas regulatória. Para defender os direitos, os tribunais norte-americanos não se limitam a declarar que certos atos do Estado são ilegais. Antes, eles exigem que o Estado, em qualquer um de seus ramos, apresente fundamentos legítimos e substanciados para justificar as restrições impostas e os atos cometidos ou omitidos. Esse é um dos modos pelos quais o poder judiciário norte-americano contribui para a prestação de contas democrática – obrigando as autoridades legislativas e executivas que infringem os interesses atualmente denominados "direitos" a formular publicamente a legitimidade e a importância dos objetos que visam alcançar e a adequabilidade dos meios por elas selecionados. Os direitos excluem certas *justificativas* de ação ou inação[4].

Para que os direitos não sejam erroneamente interpretados como limites que vetam inapelavelmente certos rumos de ação governamental, poderíamos optar por chamar a atenção para a perene necessidade de ponderar interesses conflitantes. Mas a metáfora da "ponderação" é tão errônea quanto a vaga noção de que os direitos são valores absolutos. Se todas as pretensões rivais têm de ser ponderadas umas contra as outras, não há diferença essencial entre as pretensões de direito e as pretensões de interesse. Isso, porém, é uma simplificação, pois, quando um direito está em jogo, o Estado não pode justificar o ato de não o impor dizendo que certos interesses o impedem de fazê-lo.

Trata-se de um fenômeno bastante comum na vida cotidiana. Se um amigo lhe faz uma confidência, você pode revelar o que ele lhe disse se isso for necessário para salvar a vida dele, mas não pode falar simplesmente porque é gostoso fofocar sobre os problemas de seu amigo. Se um amigo vai se casar, você pode decidir não comparecer à cerimônia porque seu filho está muito doente e não há quem possa cuidar dele, mas não pelo simples fato de estar passando um filme interessante na televisão. O modo como tomamos decisões no cotidiano se baseia rotineiramente na exclusão de certas razões por não virem de modo algum ao caso, e não por simplesmente não serem importantes. Assim, também fora do direito, a tomada de decisões é tangenciada por esse aspecto "absoluto", que vai além da simples ponderação.

O mesmo vale para decisões tomadas na esfera jurídica. O fato de o direito ter proposto certo subconjunto de interesses como direitos juridicamente exigíveis exclui, enquanto aqueles direitos vigoram, certas justificativas do menu de razões aceitáveis para que tais direitos sejam restringidos. Na medida em que certas justificativas são inadmissíveis, o direito realmen-

---

[4] Ver a discussão das razões de exclusão em Joseph Raz, *Practical Reason and Norms*, 2ª ed. (Princeton: Princeton University Press, 1993).

te funciona de modo absolutista no que se refere a certos fins. Mas, na medida em que justificativas mais persuasivas continuam sendo admissíveis, os direitos nunca se categorizam como inegociáveis quando o suposto violador apresenta fundamentos legítimos e suficientemente importantes para não observá-los. Lamentavelmente, a escassez de recursos é uma razão legítima para que um direito não seja protegido. As duas justificativas da decisão *DeShaney*, embora não sejam convincentes, servem para ilustrar de modo bem útil essa verdade.

Entre os direitos constitucionais, a liberdade de expressão é um dos mais preciosos. Vale a pena protegê-lo mesmo – ou especialmente – em circunstâncias extremas, pois a liberdade de expressão aumenta a probabilidade de as violações de outros direitos serem levadas ao conhecimento das autoridades. Ao lado de suas muitas funções psicológicas, morais, artísticas, religiosas e econômicas, a liberdade de expressão é uma precondição essencial do autogoverno democrático. Ajuda a assegurar que as autoridades prestem contas de seus atos, enxuga a corrupção no governo, lança luz sobre os abusos do poder e aumenta a qualidade das deliberações políticas, na medida em que possibilita que especialistas fora do governo e o próprio público em geral façam sugestões e críticas. Em países menos desenvolvidos, a liberdade de expressão pode até ajudar a prevenir a fome endêmica[5]. É por isso que a liberdade de expressão e comunicação é qualificada às vezes como aquela de que todas as demais liberdades dependem. Não admira que ela ocupe um lugar muito especial na cultura jurídica norte-americana e que tantas vezes se tenha afirmado que ela não deve ser infringida em hipótese alguma.

Não obstante, como outras formas de conduta pública – conduta essa que sempre acarreta o risco de que indivíduos e grupos prejudiquem uns aos outros –, a expressão é cotidianamente regulamentada, e é corretíssimo que o seja. Um direito é um poder, e todo poder pode ser mal usado. Os norte-americanos certamente estariam em pior situação se o governo considerasse absolutamente intocável a liberdade de expressão. Há, nos códigos legais, leis (bastante razoáveis) que restringem o perjúrio, a tentativa de suborno, a fixação de preços por combinação entre os concorrentes, a propaganda enganosa e fraudulenta, a pornografia infantil, conspirações, ameaças

---

[5] Ver Jean Drèze e Amartya Sen, *India* (Oxford: Oxford University Press, 1996).

de assassinato do presidente e muitas outras formas de expressão. Nem mesmo os mais ardorosos defensores dessa liberdade são a favor da abolição de todas essas restrições em nome da liberdade e autonomia individuais. Na prática, as pessoas que adotam doutrinas extremistas nessa área estão apenas tentando ampliar um pouquinho os limites que as autoridades políticas e judiciais definiram ao regulamentar a comunicação e a expressão. Os que afirmam defender uma liberdade de expressão "absoluta" estão, na verdade, exagerando. Certas limitações à liberdade de expressão são simples questão de bom senso, mesmo num país fortemente comprometido com esse princípio. Seríamos menos livres se a liberdade de expressão fosse tratada como uma pretensão peremptória e imune a toda regulamentação, mesmo quando outros interesses ou direitos importantes são prejudicados.

Mas quais princípios nos ajudam a distinguir a expressão que a Constituição protege daquela que ela não protege? Na elaboração de tais princípios, os especialistas em direito constitucional têm dado mostras de uma criatividade extraordinária. Nos Estados Unidos, contudo, sempre que a maior parte do público percebe que o direito à liberdade de expressão terá consequências socialmente inaceitáveis (incluindo-se aí os custos sociais indesejáveis do perjúrio e dos outros atos ilícitos acima listados), esse direito é limitado sem muito embaraço. A liberdade de expressão pode ser e normalmente será comprometida quando os efeitos colaterais do exercício ilimitado desse direito forem percebidos como excepcionalmente prejudiciais. Algumas das maneiras pelas quais esse direito é limitado são moralmente questionáveis, mas outras não – e, de qualquer modo, são politicamente inevitáveis. Haverá intromissão na liberdade de expressão quando, ao ver do Judiciário, as razões para que tal intromissão aconteça sejam dotadas de legitimidade e peso suficientes e não houver meios menos drásticos à disposição (um dos motivos para que não estejam à disposição pode ser o custo excessivo). Inversamente, um direito constitucional prevalece quando não se conseguem encontrar justificativas aceitáveis pelo público e pelo Judiciário para que tal direito seja restringido.

A questão controversa da queima da bandeira nacional norte-americana ilustra esse ponto. O Estado não pode impedir a queima da bandeira porque as autoridades odeiam os manifestantes, ou creem tratar-se de um ato odioso e antipatriótico, ou tenham medo de que muita gente se sinta escandalizada por essa expressão de desdém pelo símbolo da nacionalidade. Mas o Estado pode, sim, impedir a queima da bandeira por um motivo neutro, como a proteção da propriedade privada. Se a liberdade de expressão é classificada como um direito precioso, e não como um interesse comum, isso ocorre em razão das condições limitadíssimas em que ela pode ser comprometida.

Na época em que a Primeira Emenda foi adotada, poucos de seus redatores tinham uma ideia radical da liberdade de expressão. A maioria aceitava a tese de que o bom governo é uma criatura intrinsecamente frágil e vulnerável, que em certas circunstâncias deve ser protegida do potencial poder corrosivo das palavras. É certo que os redatores das emendas constitucionais não tinham a intenção de proibir a regulamentação de qualquer coisa que pudesse ser produzida pela boca ou por uma pena de escrever. Muito se discute acerca das crenças particulares desses redatores, mas ninguém pode negar que a concepção atual do princípio de liberdade de expressão é muito mais ampla que o entendimento das pessoas que introduziram esse princípio no ordenamento jurídico norte-americano[6]. O significado da liberdade de expressão nos Estados Unidos começou a evoluir na década de 1790 e vem se desenvolvendo desde então. Em qualquer momento desse espectro temporal, sua amplitude sempre dependeu das interpretações mutáveis fornecidas por uma Suprema Corte também mutável. Hoje em dia, gastar dinheiro para eleger um candidato é uma forma de expressão protegida pela Constituição, ao passo que a queima do cartão de convocação para o Exército não é. Não há nada de inevitável acerca desse critério: esteja certo ou esteja errado, ele é uma questão de interpretação.

Hoje em dia, de modo geral, o Estado não pode punir formas de expressão pelo simples fato de outras pessoas se sentirem ofendidas pelas ideias expressas. Alguns indivíduos e grupos podem se sentir gravemente ofendidos pelas noções divulgadas num panfleto comunista. Porém, mesmo que o dano moral seja amplo – mesmo que a exposição prolongada às ideias ofensivas provoque depressão suicida em certas pessoas –, o fato de alguém se sentir ofendido em geral não se qualifica como motivo legítimo para a ação reguladora do Estado, pelo menos nos Estados Unidos. Quaisquer que sejam as consequências, alguém se sentir ofendido ou escandalizado não é um motivo aceitável para que a expressão seja restringida. Mesmo as controversas restrições ao assédio sexual no ambiente de trabalho se

---

[6] É o que diz Leonard Levy em *Original Intent and the Framers' Constitution* (Nova York: Macmillan, 1988), pp. 174-220.

justificam como um meio de impedir a discriminação no emprego, não a ofensa em si.

A liberdade de expressão não é somente um direito contra a censura direta de opiniões menos favorecidas. Todo tirano sabe que, mesmo sem proibir a expressão enquanto tal, pode sufocar protestos irritantes pelo simples ato de restringir o acesso a locais onde tais manifestações poderiam ocorrer. Por isso, segundo o entendimento norte-americano, o direito à liberdade de expressão inclui o direito de acesso a espaços públicos e, como consequência lógica, o direito de garantir que certos locais públicos – ruas e praças públicas, por exemplo – sejam abertos a toda atividade expressiva.

Desse modo, a liberdade de expressão não exige somente que o governo adote uma abordagem de "não intromissão", pois a manutenção de espaços públicos acarretará, normalmente, um gasto público bastante elevado, o que pressupõe um certo grau de recolhimento compulsório de tributos e investimento público. O direito de montar uma tribuna e entrar num espaço subsidiado pelo Estado onde ouvintes possam se reunir e apoiadores possam desfilar impõe custos a alguns cidadãos para o benefício de outros. Com efeito, a Suprema Corte deu a entender de modo bastante claro que o Estado não pode cobrar dos usuários imediatos da liberdade de expressão – como as pessoas que protestam num parque público – os gastos relacionados à proteção dessa liberdade[7]. Todos os contribuintes, inclusive aqueles cuja expressão não é especialmente livre ou que não se interessam por protestos, devem pagar. Na maioria dos parques públicos, as pessoas que chegam para passear não precisam pagar ingresso para entrar. Do mesmo modo, os direitos jurídicos são subsidiados por tributos cobrados da comunidade como um todo, não por taxas pagas pelos indivíduos que os exercem num determinado momento. Por ser esse um arranjo necessário e não simplesmente acidental, a redistribuição parece ser uma característica inevitável do campo da proteção de direitos.

Esse fato parece ter implicações profundas. A Corte, adotando atitude diametralmente oposta à que adotou no caso *DeShaney*, deu a entender que é muito possível que a Constituição imponha ao governo a obrigação de subsidiar a liberdade de expressão. De que modo a Corte distinguiu um caso do outro? Talvez o que ela tenha querido dizer é que a liberdade de expressão, quando adequadamente entendida, significa que se deve atribuir alta

---

[7] Ver *Fordyce County, Georgia vs. The Nationalist Movement*, 505 U.S. 123 (1992).

prioridade orçamentária à criação e conservação de locais propícios à expressão e subsidiados pelo poder público, independentemente de quais sejam as demais pretensões de direito que competem pelos recursos da comunidade. Pode-se indicar esse fato afirmando que a liberdade de expressão é um direito e não um mero interesse dos cidadãos norte-americanos. Porém, se foi isso mesmo que a Corte quis dizer, o fato de não mencionar a questão do custo em seus argumentos a impede de formular uma conclusão clara o suficiente para ser objeto de críticas construtivas, ou de elucidar seus pressupostos mais profundos e declarar as implicações mais amplas de sua abordagem.

Capítulo **7**

GARANTIR DIREITOS É DISTRIBUIR RECURSOS

O direito ao voto tem seu custo como qualquer outro direito. Mesmo sem contar todos os gastos privados com a campanha política, as eleições de 1996 provavelmente custaram de US$ 300 milhões a US$ 400 milhões ao contribuinte norte-americano[1]. É claro que é difícil levantar uma estatística desse tipo em nível nacional, mas isso ocorre em parte porque quem arca com quase todos os custos públicos das eleições são os estados e municípios. Nos Estados Unidos, os gastos federais são mínimos. São os contribuintes dos estados que pagam o custo da impressão das cédulas, materiais de registro e manuais de instruções para os eleitores, ao passo que os contribuintes municipais arcam com os gastos com o pessoal e a manutenção das seções de votação. Os locais reservados ao voto precisam estar em ordem, a proibição da propaganda de boca de urna deve ser imposta e é preciso detectar e reprimir possíveis fraudes. (Deve-se notar que um município gasta a mesma coisa para fazer uma eleição para prefeito e uma eleição para senador ou presidente. Uma vez feito o investimento inicial, os custos adicionais decorrentes de um maior número de cargos eletivos e candidatos é mínimo.)

Como comentou certa vez o jusfilósofo Hans Kelsen, "ao direito de voto do cidadão corresponde o dever da autoridade eleitoral"[2]. Ele poderia ter acrescentado que essa autoridade normalmente recebe um salário pelo seu trabalho. É preciso abrir seções de votação em vários locais distribuídos geograficamente de modo a dar possibilidades de acesso mais ou menos iguais para todos os eleitores. Em certas situações, os estados têm o dever

---

[1] Esta estimativa se baseia num pressuposto discutível: o de que o custo por eleitor numa eleição varia entre US$ 2 e US$ 5. Entrevista com Melissa Warren, Divisão de Eleições, Secretaria de Estado da Califórnia, 25 de julho de 1997.
[2] Hans Kelsen, *General Theory of Law and the State* (Cambridge, Mass.: Harvard University Press, 1945), p. 88 [trad. bras. *Teoria geral do direito e do Estado*. 5ª ed. São Paulo: Martins Editora, 2016].

constitucional de fornecer a detentos que aguardam julgamento ou cumprem sentença condições para que possam votar[3]. E os governos de estados e municípios precisam usar sua arrecadação geral para garantir todas as precondições de uma eleição justa, uma vez que não podem condicionar o direito de voto ao pagamento de uma taxa eleitoral individualizada. Esse subsídio administrado pelo Estado é necessariamente redistributivo.

Talvez pelo fato de os custos das eleições variarem enormemente de cidade para cidade, as autoridades parecem pouquíssimo dispostas a fazer uma contabilidade cabal de seus gastos nesse campo. Mas os números de que dispomos são sugestivos mesmo assim. Em Massachusetts, uma lei estadual aprovada antes das eleições presidenciais de 1996 impôs um horário mais extenso às estações de votação. A implementação dessa minúscula emenda à lei custou US$ 800 mil aos contribuintes de Massachusetts[4]. Na Califórnia, onde um estudo sobre os gastos eleitorais foi encomendado pelo governo estadual, o custo de qualquer eleição em todo o território do estado (para presidente, senador, governador etc.) fica em torno de US$ 45-50 milhões. Isso também vale para qualquer referendo que exija votação em separado. A impressão e o envio pelo correio de manuais para eleitores, não só em inglês como também em espanhol, pode variar entre US$ 3 milhões e US$ 12 milhões. Nesse estado norte-americano, estima-se que, dependendo do sistema de votação de cada município, o custo por eleitor fique entre US$ 2 e US$ 5[5].

Hoje, o direito ao voto seria infringido de modo inconstitucional caso não se permitisse aos tribunais proscrever a definição de zonas eleitorais segundo critérios de raça. O dinheiro para esse tipo de atividade judicial e, de modo mais geral, para que se organizem e realizem eleições livres e justas é extraído de contribuintes que o entregam de boa ou de má vontade, e tanto de eleitores quanto daqueles que não o são. A eleição seria um ato muito diferente e teria um sentido social diferente se somente os eleitores, e não todos os contribuintes, tivessem de pagar uma taxa para cobrir os custos públicos de sua realização. O fato de uma forma modesta de redistribuição compulsória estar envolvida aí não é, evidentemente, um argumento contrário ao direito de voto. Com efeito, nós estamos tão habituados à tributa-

[3] *O'Brien vs. Skinner*, 414 U.S. 524 (1974).
[4] Entrevista com John Cloonan, Divisão de Eleições, Secretaria da Fazenda de Massachusetts, 22 de julho de 1997. O município de Boston gasta mais ou menos US$ 300 mil para cada eleição.
[5] Entrevista com Melissa Warren, Divisão de Eleições, Secretaria de Estado da Califórnia, 25 de julho de 1997.

ção e aos dispêndios pressupostos pela democracia representativa que nem reparamos em sua existência.

Se tanto o direito à liberdade de expressão quanto o direito ao voto pressupõem gastos públicos e decisões redistributivas e são bens relativos, não absolutos, é provável que o mesmo valha para outros direitos. A Quarta Emenda protege os cidadãos norte-americanos contra buscas e apreensões irrazoáveis. Obriga o governo a fornecer um serviço que, em certas condições, pode ser extremamente caro – a saber, o de monitorar o comportamento dos policiais e reprimir a má conduta por meio de um sistema punitivo rápido e confiável. Para que as autoridades policiais possam responder por suas ações perante os cidadãos, é preciso ainda financiar as proteções processuais que os policiais acusados também merecem. Na prática, os recursos extraídos do contribuinte terão de ser aplicados de forma a assegurar que policiais armados não se comportem de modo ilegal nem sejam falsamente condenados por uma suposta conduta ilegal. A liberdade dos cidadãos particulares depende da qualidade das instituições públicas.

Quem considera que os direitos são trunfos às vezes também os entende como barreiras que defendem os mais importantes interesses individuais contra uma comunidade repressiva ou intrometida. Os indivíduos invocam seu direito de ir contra a maioria. Os direitos protegem os indivíduos contra a oclocracia. Essa ideia antimajoritária não é totalmente falsa. Todos nós estamos familiarizados com o dissidente solitário que luta por sua liberdade de se expressar de modo não conformista, e conhecemos também o dissidente religioso que busca praticar sua religião em face do dogmatismo e da intolerância da maioria. Porém, será adequado descrever os direitos como pretensões do indivíduo solitário contra a comunidade em que ele nasceu e foi criado? É óbvio que a ideia de que os direitos têm a função de proteger contra a comunidade é simples demais, pois os direitos são interesses aos quais nós, enquanto comunidade, atribuímos uma proteção especial, geralmente porque tangenciam o "interesse público" – ou seja, porque envolvem tanto os interesses da comunidade como um todo quanto um tratamento justo para certos membros da comunidade. Reconhecendo, protegendo e financiando os direitos, a coletividade promove aqueles que muitos consideram ser os interesses mais profundos de seus membros.

Os direitos de propriedade encorajam os indivíduos a introduzir melhorias em seus bens imóveis, pois permitem que os proprietários colham os benefícios dessas melhorias. Trata-se de um arranjo social criado para fins sociais: tem um efeito positivo perceptível sobre o estoque de bens imóveis e de capital do país. Outros direitos aparentemente individuais são, do mesmo modo, conferidos, moldados, remoldados, interpretados, ajustados e impostos pela comunidade para promover interesses que, na visão de muitos, são coletivos. São protegidos por instituições públicas, entre as quais as assembleias legislativas e os tribunais, para fins coletivos. Admitimos, e é importante admiti-lo, que os direitos, uma vez conferidos aos indivíduos, podem sim, em certo sentido, operar "contra" a coletividade. O governo não pode confiscar os bens de alguém pelo simples fato de a maioria do povo apoiar esse ato. Mesmo nesses casos, entretanto, os direitos são, antes de tudo, garantidos pela coletividade em favor dela própria. Visto que não tem existência separada da dos indivíduos que a compõem, a coletividade só pode definir, conferir, interpretar e proteger direitos caso seja politicamente bem organizada e capaz de agir de maneira coerente por meio de um governo que responda por seus atos.

Afirmando que os direitos servem a um fim coletivo, o filósofo Joseph Raz comenta: "Se eu tivesse de escolher entre viver numa sociedade que goza de liberdade de expressão, mas onde eu próprio não tivesse esse direito, ou gozar do direito numa sociedade que não o tem, não hesitaria em julgar que a primeira opção atende melhor a meus interesses pessoais."[6] Em grande medida, o direito à livre expressão beneficia os indivíduos em razão de suas consequências sociais: diminui o risco de que o governo aja de maneira irrefletida, promove o progresso científico, encoraja a disseminação do conhecimento e garante que a opressão ou os abusos cometidos pelo governo venham às vezes suscitar protestos clamorosos. Numa sociedade sem liberdade de expressão, os indivíduos sofrem sobretudo em razão do que a ausência de liberdade faz com essa sociedade. Do mesmo modo, tanto o bem-estar individual quanto o social são promovidos pelos direitos a um julgamento justo, a não sermos submetidos a buscas e apreensões irrazoáveis e à liberdade religiosa. Em todos esses casos, o direito em questão ajuda a assegurar o bem não somente dos indivíduos que o afirmam pessoalmente num dado momento, mas também o de muitos outros. Esse é um dos motivos pelos quais os direitos não são custeados por taxas cobradas de seus usuários, mas pela receita arrecadada da comunidade como um todo.

6 Joseph Raz, *Ethics in the Public Domain: Essays in the Morality of Law and Politics* (Oxford: Clarendon, 1995), p. 39.

Capítulo **8**

POR QUE AS CONCESSÕES SÃO INESCAPÁVEIS

Em 1944, o presidente Franklin D. Roosevelt propôs uma Segunda Declaração de Direitos da seguinte maneira:

> Aceitamos, por assim dizer, uma segunda Declaração de Direitos, por meio da qual será possível estabelecer para todos, independentemente de raça, credo ou posição social, uma nova base de segurança e prosperidade.
> O direito a um trabalho útil e bem remunerado nas indústrias, lojas, propriedades rurais ou minas do País;
> O direito a ganhar o suficiente para gozar de alimento, vestuário e recreação adequados;
> O direito de todo agricultor a vender seus produtos com um lucro que dê a ele e a sua família uma vida decente; [...]
> O direito de toda família a um lar decente;
> O direito a uma assistência médica adequada, a ter uma boa saúde e a gozar dela;
> O direito a uma proteção adequada contra as vicissitudes econômicas da velhice, da doença, dos acidentes e do desemprego;
> O direito a uma boa educação[1].

Meio século depois, gente do mundo inteiro ainda está debatendo quais direitos devem ser cobertos pela Constituição. Ela deve, por exemplo, proteger o direito ao seguro social? Como entender os direitos à habitação, ao bem-estar e à alimentação? Existe acaso o direito constitucional a ter um emprego? Os detratores de Roosevelt zombam dessa tentativa de igualar esses "direitos" às clássicas liberdades em relação à intromissão do Estado.

---

[1] Franklin D. Roosevelt, "Message to the Congress on the State of the Union" (11 de janeiro de 1944), em *The Public Papers and Addresses of Franklin D. Roosevelt*, vol. 13 (Nova York: Random House, 1969), p. 41.

Repudiam com veemência a própria ideia de que tais direitos sejam inseridos na Constituição, muito embora o Pacto Internacional dos Direitos Econômicos, Sociais e Culturais (adotado pela ONU em 1966), que foi copiado letra a letra em muitas constituições novas dos países que eram comunistas, efetivamente trate as garantias sociais e econômicas mínimas como se fossem equivalentes às liberdades civis e aos direitos políticos[2].

Costuma-se dizer que os direitos de bem-estar e as demais garantias sociais e econômicas são aspirações ou "direitos abertos". Nunca se chega a um ponto em que estejam completamente protegidos. Essa caracterização é correta, mas não deve se basear no pressuposto de que os direitos mais antigos, como a liberdade em relação a buscas e apreensões irrazoáveis ou à brutalidade policial, sejam passíveis de uma imposição plena. Os que objetam aos direitos de bem-estar por custarem dinheiro não devem supor que os direitos de propriedade possam ser plenamente assegurados, pois a contraposição convencional entre os direitos de bem-estar (considerados aspirações) e os direitos de propriedade mais limitados não sobrevive a um exame atento. Nossas liberdades em relação às intromissões do Estado não são menos dependentes do orçamento nacional que nosso direito à assistência do Estado. Ambas as liberdades precisam ser interpretadas. Ambas são implementadas por autoridades públicas que, recorrendo ao tesouro público, dispõem de amplo poder discricionário para interpretá-las e protegê-las.

O argumento de que os países pobres têm condições econômicas de implementar a primeira geração de direitos, mas não a segunda, não é completamente desprovido de razão – mas, como dissemos, é simples demais. Quando os direitos de primeira geração são levados a sério e se mostram, assim, bastante custosos, os países verdadeiramente pobres também não têm condições de implementá-los. Não conseguem garantir que o direito a um julgamento justo seja sempre respeitado na prática, assim como não é respeitado nos bairros mais pobres dos Estados Unidos, apesar da riqueza

---

2 Uma deferência à fraseologia dos instrumentos internacionais de direitos humanos ajuda a explicar a inclusão de muitos direitos proibitivamente caros nas constituições pós-comunistas. O Pacto Internacional dos Direitos Econômicos, Sociais e Culturais, de 1966 (assinado já por 61 países e supostamente "em vigor" desde 1976), inclui o direito ao trabalho (art. 6º), o direito de todos ao gozo de condições justas e favoráveis de trabalho (art. 7º), proteções especiais para mães e crianças (art. 10º), o direito de todos a um padrão adequado de vida e o direito fundamental de todos a estarem livres da fome (art. 11), e ainda o direito de todos a gozar do mais elevado padrão possível de saúde física e mental (art. 12). *Twenty-Five Human Rights Documents* (Nova York: Columbia University Center for Human Rights, 1994), pp. 10-6.

sem precedentes desse país. Todos os direitos são "abertos", e por uma razão muito simples: os direitos têm seu custo e por isso jamais podem ser protegidos de maneira completa ou perfeita. Todos os direitos têm o caráter de aspirações.

Será que os países – pobres ou ricos – devem constitucionalizar as garantias sociais e econômicas? Não se trata somente de uma questão filosófica acerca da natureza essencial dos direitos enquanto tais, mas também de uma questão com prementes consequências pragmáticas: suscita temas de competência institucional e também de finanças públicas, que devem ser decididos levando-se em conta os recursos disponíveis, os efeitos colaterais previsíveis e os objetivos concorrentes. Um argumento filosófico talvez seja capaz de demonstrar que as garantias mínimas devem ser classificadas como interesses humanos básicos[3]. As pessoas não podem levar uma vida decente sem um nível mínimo de alimento, abrigo e assistência médica. Mas o simples ato de chamar de "básica" a necessidade gritante de assistência do Estado não necessariamente nos leva muito longe nessa direção. Uma sociedade justa garantiria a seus cidadãos alimento e abrigo; procuraria garantir uma assistência médica adequada; se esforçaria para fornecer uma boa educação, bons empregos e um meio ambiente limpo. Mas quais desses objetivos ela deve buscar alcançar por meio da criação de direitos legais ou mesmo constitucionais? Trata-se de uma questão que não pode ser respondida somente por uma teoria abstrata; tudo depende do contexto.

Os que se opõem à constitucionalização dos direitos de bem-estar geralmente apresentam um argumento nas seguintes linhas: a Constituição é um documento cuja função é claramente delimitada. Caso um país procure dar obrigatoriedade legal e exigibilidade judicial a todas as coisas que a sociedade decente requer, sua Constituição corre o risco de perder a coerência. Se os norte-americanos criassem direitos constitucionais à habitação e à saúde, que custariam caro e dependeriam do estado da economia, nossa Declaração de Direitos ficaria sobrecarregada. Aliás, se rotulássemos como "constitucionais" certo serviços valiosos que às vezes não temos condições de proporcionar, podemos chegar até a avitar as liberdades norte-americanas tradicionais aos olhos dos cidadãos, que começarão a entender os direi-

---

[3] John Rawls, *Political Liberalism* (Nova York: Columbia University Press, 1996 [trad. bras. *O liberalismo político*. São Paulo: WMF Martins Fontes, 2011]). Rawls se refere a níveis básicos de assistência médica e emprego e a uma distribuição de renda decente. Parece favorecer o direito a algum tipo de renda mínima.

tos constitucionais como pretensões que podem ou não ser atendidas, dependendo dos recursos de que se dispõe no momento.

Esse argumento não é desprovido de força. Porém, uma vez que todos os direitos dependem do estado da economia e das finanças públicas, a decisão de constitucionalizar ou não constitucionalizar os direitos de bem-estar não pode ser tomada com base nesse único fundamento. Nenhum direito estimado pelos norte-americanos pode ser protegido de modo confiável caso o Tesouro esteja vazio. Todos os direitos só são protegidos até certo ponto, e esse ponto depende, em parte, de decisões orçamentárias acerca da destinação de recursos públicos escassos. Se os direitos têm seu custo, então, quer se queira, quer não, "o trunfo é a política"[4] – expressão aforística com que o cientista político B. Guy Peters nos lembra do papel inevitável das opções políticas na criação do orçamento público.

Alguns países (a Alemanha, por exemplo) constitucionalizaram certos tipos de direitos de bem-estar sem aviltar de modo perceptível a liberdade de imprensa ou as garantias processuais. Já o Estado de bem-estar norte-americano depende quase exclusivamente da legislação infraconstitucional, não da Constituição em si. Mas essa distinção é menos importante do que parece. A demanda pelos direitos de bem-estar decorre inexoravelmente da economia e da sociedade modernas. No geral, o nível de proteção que os direitos de bem-estar recebem é determinado por via política e não judicial, quer tais direitos sejam oficialmente constitucionalizados, quer não.

Seria de se imaginar que nos países em desenvolvimento a constitucionalização dos direitos de segunda geração a uma garantia mínima de bem-estar não é desejável, porque custariam muito mais que os direitos de primeira geração cujos objetos são liberdades mais conhecidas (ou seja, sob essa ótica, há entre eles uma distinção de grau, não de tipo); porque dariam ao Judiciário um poder indevido; porque não produziriam um retorno social suficiente; ou porque dariam uma impressão errada acerca de qual é a finalidade básica do Estado. Todas essas são questões práticas. Porém, dizer que os direitos de primeira geração "não têm preço" e os de segunda são "custosos" não é somente uma imprecisão de vocabulário: também estimula a ilusão de que os tribunais são capazes de gerar seu próprio poder e impor suas próprias soluções, quer sejam apoiados pelo Executivo e pelo Legislativo, quer não. O Judiciário norte-americano talvez seja um ambiente adequado para a afirmação de princípios primeiros, talvez não; mas é certo que

---

[4] B. Guy Peters, *The Politics of Taxation* (Cambridge, Mass.: Blackwell, 1991), p. 3.

é construído e mantido pelos poderes extrativos do Estado, cujo respaldo fiscal nutre e abriga o Judiciário e, de maneira geral, o mantém vivo e em bom funcionamento. Atentar para o custo dos direitos é, portanto, lançar luz sobre um aspecto importante, e muito mal compreendido, da separação de poderes norte-americana.

Embora muitos direitos figurem na Constituição norte-americana, é um erro pensar que o conteúdo específico desses direitos está gravado no granito constitucional. Não há período de trinta anos em que o sentido concreto de nossos direitos constitucionais básicos permaneça o mesmo. À medida que velhos problemas sociais deixam de existir e novos problemas surgem, o modo pelo qual os direitos são interpretados evolui naturalmente. É preciso deixar muito claro que chamar a atenção para como os direitos dos norte-americanos mudam sem cessar não é de maneira alguma uma defesa do relativismo, uma afirmação da tese de que os interesses humanos básicos variam imensamente de cultura para cultura ou uma sugestão de que o Estado deva definir os direitos como bem entenda. Do ponto de vista descritivo, no entanto, os direitos são, sob aspectos importantes, dependentes de seu contexto. O modo como são interpretados e aplicados muda conforme mudam as circunstâncias e o conhecimento avança ou retrocede. A liberdade de expressão é um exemplo típico. Aquilo que ela significa no direito constitucional norte-americano contemporâneo não é o mesmo que significava há cinquenta ou cem anos. O significado e as implicações dos direitos decorrentes da Primeira Emenda não permaneceram sempre iguais no passado e certamente continuarão mudando no futuro.

Muitas razões explicam essa evolução incessante e imprevisível. Os juízos acerca de questões de valor e questões de fato e os juízos de avaliação de dano mudam de acordo com a época e o local. Mas há outra fonte de variação muito mais concreta, pois os direitos lançam suas fundações no mais instável de todos os solos da política: o processo orçamentário anual, sempre marcado pelo "toma lá dá cá" das concessões políticas. Erigidos sobre terreno tão pouco firme, os direitos estão fadados a ser menos inderrogáveis do que a aspiração à segurança jurídica nos faria desejar. Para levar em conta essa realidade instável, portanto, não devemos conceber os direitos como realidades que flutuem acima do tempo e do espaço ou tenham caráter absoluto. É mais produtivo e mais realista defini-los como poderes individuais que derivam da participação ou afiliação a uma comunidade política, e como investimentos seletivos de recursos coletivos escassos, feitos com a finalidade de se alcançarem objetivos comuns aos membros de uma sociedade e se resolverem problemas percebidos como comuns e urgentes.

As constituições da Alemanha, do México, do Brasil, da Hungria e da Rússia incluem, de diversas formas, o direito a um ambiente seguro e saudável. (A medida em que esse direito pode ser exigido por via judicial nesses países é discutível; na melhor das hipóteses, é extremamente modesta.) Também nos Estados Unidos certas pessoas apresentaram argumentos vigorosos em favor de que tal direito de terceira geração fosse garantido por uma lei em nível nacional. Afirmam que o interesse pela proteção ambiental é sistematicamente subvalorizado no processo político habitual e que as gerações futuras merecem ser protegidas contra a degradação ambiental perpetrada pela geração atual, a qual, sem visão de futuro e preocupada apenas com seus próprios interesses, tende a atuar como uma depositária infiel. Essas ideias têm bastante força enquanto argumentos teóricos.

No entanto, mesmo que o interesse pela proteção ambiental fosse promovido ao grau de direito judicialmente exigível, ele só seria protegido em certa medida e seu custo público cresceria na razão direta do grau de proteção fornecido. A proteção ambiental é uma atividade caríssima. Nem mesmo o Superfund (programa criado para garantir a limpeza de depósitos de lixo tóxico abandonados nos Estados Unidos) é ilimitado. O resgate de espécies ameaçadas – caçadas e envenenadas até ficarem à beira da extinção – pode ser muito caro. E esses são apenas dois exemplos. Nos Estados Unidos, mais de 50 milhões de pessoas continuam morando em locais que não atendem aos padrões nacionais de qualidade do ar. Embora o país já gaste mais de US$ 130 bilhões por ano em exigências da regulamentação ambiental, não está claro se essa regulamentação, em sua forma atual, representa o uso mais inteligente possível de um recurso limitado.

Na proteção ambiental, cada vez mais se presta atenção ao fenômeno da "troca de um problema por outro", que ocorre quando a regulação de um risco acaba criando outro risco[5]. Uma abordagem absolutista ou exclusivista, voltada para um risco específico, pode acabar aumentando o risco total ou agregado. Tome-se como exemplo o interesse de combater a poluição por dióxido de enxofre, interesse esse que certamente não é trivial: se ele fosse tratado como um direito absoluto, o resultado seria uma série de novos pro-

---

5 Ver John Graham e Jonathan Weiner, *Risk vs. Risk* (Cambridge, Mass.: Harvard University Press, 1996).

blemas sociais e inclusive ambientais; talvez a eliminação do dióxido de enxofre levasse ao uso de substitutos mais nocivos ou criasse problemas graves de destinação de resíduos. É inevitável que os recursos direcionados para alguns problemas não sejam direcionados para outros; o governo que canaliza a maior parte de seus recursos ambientais para a limpeza de lixões tóxicos vai se ver sem um centavo para proteger a limpeza do ar e da água. A proteção exclusiva contra um risco ambiental de alto destaque pode comprometer interesses ambientais maiores e de prazo mais longo. Uma proteção agressiva contra o risco de acidentes em usinas nucleares pode aumentar o preço e diminuir a oferta da energia elétrica gerada por tais usinas, aumentando assim a dependência dos combustíveis fósseis, que criam seus próprios problemas ambientais. Uma atitude que nega toda concessão e toda solução de meio-termo produzirá, portanto, confusão e arbitrariedade e poderá, no fim, trabalhar contra os próprios direitos que pretenderia promover.

Para serem dispostos em forma de lei e implementados de maneira sensata, os direitos judicialmente exigíveis a um ambiente seguro e saudável teriam de canalizar recursos limitados para os problemas de mais alta prioridade. O juiz Stephen Breyer, da Suprema Corte, apresentou argumentos fortes em favor da tese de que a má definição de prioridades é um dos maiores obstáculos à boa regulamentação[6]. Isso dá a entender que qualquer pessoa encarregada de respeitar os direitos ambientais terá de tomar decisões difíceis a respeito de quais são os grupos e problemas que mais fazem jus ao uso dos recursos da coletividade. Um dos objetivos centrais do sistema jurídico deveria ser o de superar o problema da atenção seletiva – um problema de caráter geral que se manifesta sempre que os participantes enfocam um aspecto de uma questão à exclusão dos demais aspectos. De certo modo, a ênfase no custo dos direitos pode ser entendida como uma resposta ao problema da atenção seletiva. O fenômeno da troca de um problema por outro pode se manifestar no que se refere à saúde geral da população, como no caso do dióxido de enxofre; no que se refere à saúde do próprio ambiente, como no caso, por exemplo, de a proteção da pureza do ar aumentar os problemas de destinação dos resíduos sólidos; e no que se refere aos próprios direitos, quando, por exemplo, o uso do sistema jurídico para proteger a qualidade ambiental diminui a quantidade de recursos disponíveis para combater-se, por exemplo, a criminalidade violenta.

[6] Ver Stephen Breyer, *Breaking the Vicious Circle* (Cambridge, Mass.: Harvard University Press, 1993).

O ambiente, em sua maior parte, é um bem de gozo coletivo. Se o ar ficar bem mais limpo ou bem menos limpo, a maioria de nós será afetada de maneira positiva ou negativa. Essa questão é importante, pois qualquer "direito" geral à qualidade ambiental pode acarretar que um único autor de ação judicial tenha a capacidade de determinar quais são os níveis mínimos de qualidade do ar e da água para milhares ou mesmo milhões de pessoas. Os interesses ambientais, caso tomem a forma de direitos judicialmente exigíveis, podem ter consequências coletivas graves tanto do lado do custo quanto do benefício. Certamente envolveriam uma redistribuição de recursos de certas pessoas para outras por meio da tributação, e outra redistribuição no momento dos gastos.

Qual seria, portanto, nos Estados Unidos, o efeito de se criar um direito constitucional à proteção ambiental? Alguns ambientalistas dizem que o meio ambiente seguro é um bem absoluto e deve, portanto, ser garantido "custe o que custar". Mas a segurança é um conceito relativo, não absoluto. A questão não é "seguro ou inseguro", mas sim o *grau* de segurança desejado. Para que se garanta um grau maior de segurança, são necessários mais gastos privados e públicos, e talvez seja melhor que tais gastos sejam empenhados em outra coisa. Se fosse exigível nos tribunais, o direito constitucional a um meio ambiente seguro poderia confiar aos juízes a tarefa de identificar o limiar mínimo para se poder afirmar que tal direito está sendo respeitado. Acaso os tribunais estão mais bem qualificados para cumprir essa tarefa do que para microgerenciar o DSS de Winnebago County? Para começar, eles não têm a capacidade investigativa na área ambiental que seria necessária para a tomada de decisões particulares de destinação de recursos. Além disso, não estão sujeitos, como os poderes políticos, à obrigação de prestar contas aos eleitores. No mesmo nível de importância, falta-lhes a visão geral do emaranhado de questões econômicas e ambientais que seria necessária, no mínimo, para se decidir racionalmente pela escolha de uma opção de curso de ação em detrimento de um curso alternativo.

A incapacidade profissional dos juízes não basta, por si só, para determinar que o interesse evidente dos cidadãos de um país pela qualidade do meio ambiente não deva ser inserido na Constituição. Talvez tal "direito" deva ser criado e simplesmente interpretado como uma diretriz para o poder legislativo, e não para os tribunais. Talvez tal "direito" não deva ser judicialmente exigível de modo algum, mas deva ser usado como arma no debate político. Talvez esse quase direito ou direito simbólico possa ser criado não para assegurar a obtenção de um determinado resultado prático, mas, sim, para assinalar a importância dos interesses ambientais e evidenciar o descaso do governo por esses interesses. Talvez os tribunais possam desempenhar nesse processo um papel modesto e apropriado, chamando a atenção do público para aqueles casos em que os agentes políticos descumpriram dolosamente suas responsabilidades – como a Suprema Corte deveria ter feito no próprio caso *DeShaney*.

A questão de saber se um determinado país deve ou não sacramentar constitucionalmente um direito à qualidade ambiental continuará sendo objeto de debates. Na situação atual, com um movimento ambientalista ativo, vigoroso e frequentemente bem-sucedido, uma emenda constitucional desse tipo provavelmente não faria sentido nos Estados Unidos. Porém, se os direitos de terceira geração um dia vierem a ser judicialmente exigíveis, serão menos característicos do que seus críticos e proponentes parecem imaginar. Do ponto de vista das finanças públicas, as três gerações de direitos se dispõem num contínuo de custos; não são pretensões de tipo radicalmente diverso. Levando adiante a ideia do juiz Breyer, podemos até afirmar que a incapacidade de definir prioridades aflige todo o domínio da proteção de direitos. A questão deve ser sempre "Protegido em que medida?", e nunca "Protegido ou não protegido?". Qualquer pessoa encarregada de garantir e impor direitos terá de tomar decisões difíceis acerca de quais problemas e quais grupos têm a melhor pretensão a fazer uso dos recursos coletivos em determinadas circunstâncias.

Não são somente os encarregados de monitorar a guarda de crianças que têm de carregar esse fardo. Acaso os cidadãos submetidos a maus-tratos por parte de policiais se encontram numa posição muito diferente da de Joshua DeShaney? Consideremos o direito de não ser submetido a buscas e apreensões irrazoáveis. Embora esteja inscrito na Constituição e seja um direito indubitável, ele não pode ser absoluto (no sentido de absolutamente imune a concessões). Nenhum direito é imune a concessões quando seu conteúdo depende da interpretação judicial mutável de uma palavra tão vaga e indeterminada quanto "irrazoáveis". Mais importante ainda: o direito garantido pela Quarta Emenda não pode ser absoluto, a menos que o público esteja disposto a investir a imensa quantia necessária para garantir que quase nunca seja violado na prática. O fato de esse direito ser violado com tanta regularidade mostra que o público não está disposto a fazer esse investimento.

Um policial disse a um dos autores deste livro que a Quarta Emenda não lhe causa "muitos problemas", pois "não violo a Quarta Emenda a menos que diga que violei a Quarta Emenda, e nunca digo que violei a Quarta Emenda". As autoridades encarregadas de monitorar os policiais não podem cumprir sua tarefa de modo eficaz a menos que obtenham informações confiáveis de fontes que não estejam diretamente ligadas aos policiais suspeitos de praticar maus-tratos: os policiais têm muitos motivos para enfeitar e colorir os fatos ao redigir seus relatórios para autoridades superiores, inclusive as do Judiciário. O custo exorbitante da informação às vezes torna proibitivamente alto o preço da proteção dos direitos, até dos mais preciosos. Embora o direito de não ser submetido a buscas e apreensões irrazoáveis seja garantido pela Constituição, ele é, na prática, violado todos os dias. Uma das causas desse fato é a política orçamentária.

O direito à propriedade privada é financiado pela comunidade; além disso, o caráter claramente não absoluto desse direito é uma função de seu custo, entre outras coisas. O que seria necessário para garantir que os direitos dos proprietários de bens imóveis nunca fossem violados? O grau em que esses direitos são impostos na prática varia de acordo com as circunstâncias históricas, a vontade política e as capacidades do Estado, que incluem uma receita tributária magra ou polpuda. Ao proteger a propriedade privada, um sistema político liberal (mesmo que não seja afetado pela corrupção e pelo preconceito racial) necessariamente administra seus recursos escassos levando em conta os objetivos sociais concorrentes. É preciso reservar alguma verba, por exemplo, para garantir e proteger outros tipos de direitos. Para impor os direitos de maneira equitativa, o governo não pode gastar todo o seu orçamento anual com a proteção dos direitos de alguns indivíduos nos primeiros meses do ano orçamentário. Além disso, por outro lado, nenhum proprietário estaria disposto a entregar cem por cento da sua renda e riqueza para ter uma proteção policial cem por cento perfeita em suas propriedade (que a partir daí deixaria de existir).

As decisões acerca de como melhor proteger os direitos de propriedade sobrecarregam as capacidades investigativas e contábeis dos departamentos de polícia, agências administrativas e tribunais de direito. É verdade que há também outras razões, menos palatáveis, para que os direitos de propriedade sejam protegidos de maneira seletiva e não equitativa. Na medida em que autoridades que recebem seu salário do tesouro público dedicam mais tempo para reprimir e punir os crimes contra a propriedade em bairros ricos de população branca do que em bairros pobres de população negra ou latina, os direitos de propriedade assumem o aspecto de uma camuflagem jurídica para os interesses dos mais fortes. Essa proteção parcial dos direitos é, sem dúvida, uma violação da igualdade perante a lei. Porém, mesmo que a polícia não favorecesse alguns grupos em detrimento de outros, ainda assim seria seletiva em sua proteção contra a agressão e o roubo.

Mesmo que não sejam garantidos à letra ou da maneira que seria possível caso houvesse mais recursos ou os contribuintes fossem mais generosos, os direitos não deixam de ser direitos. Na proteção de direitos, as concessões são inescapáveis e necessariamente existirão. Os recursos, sempre escassos, serão distribuídos entre o monitoramento da polícia e (por exemplo) o treinamento e pagamento do salário dos policiais; entre o monitoramento da polícia e o monitoramento das autoridades eleitorais; entre o monitoramento da polícia e a concessão de assistência jurídica gratuita à população mais pobre, a distribuição de vales-alimentação, a educação dos jovens, o acolhimento dos idosos, o custeio da defesa nacional ou a proteção do meio ambiente.

Do ponto de vista moral, uma proteção incompleta dos direitos de propriedade é bem mais fácil de engolir que uma falha clamorosa na proteção de um inocente contra o espancamento e a morte. Dedicamos aos direitos de propriedade uma proteção especial, a qual, porém, não é a maior possível. Mas será que os interesses de alguns norte-americanos em que não sejam brutalizados e assassinados recebem a mesma consideração que os interesses de outros norte-americanos na proteção de seus direitos de propriedade? Será que o benefício que Joshua DeShaney teria caso tivesse conservado suas funções cerebrais normais recebeu o nível mais alto possível de proteção administrativa? Recebeu um nível de proteção maior ou menor que o recebido pelos proprietários de imóveis em Westhampton? A própria comparação parece obscena, sem nada dizer acerca das respostas terríveis que se poderiam dar a tal pergunta. Mas essas respostas dão a entender que, na realidade, *nenhum* direito pode estar absolutamente imune a concessões e derrogações, pois a proteção de direitos, como todas as demais coisas que têm um custo, é sempre e inevitavelmente incompleta.

Os que dizem que os direitos são absolutos impossibilitam que se proponha uma importante questão factual: quem decide, e em que nível, financiar qual grupo de direitos básicos, e para quem? Quão equitativo e quão prudente é o nosso sistema atual de distribuição de recursos escassos entre direitos concorrentes, inclusive direitos constitucionais? E quem tem poder para tomar essas decisões distributivas? A atenção ao custo dos direitos nos conduz não somente a problemas de cálculo orçamentário, mas também, como consequência, nos introduz em questões filosóficas básicas de justiça distributiva e prestação de contas democrática. Nos conduz, na verdade, ao limiar daquele que talvez seja o maior dilema filosófico da teoria política norte-americana: qual é a relação entre a democracia e a justiça – entre os princípios que determinam a tomada de decisões coletivas aplicáveis a todas as alternativas importantes, de um lado, e, de outro, as normas de equidade que consideramos válidas independentemente das decisões deliberativas ou da vontade da maioria?

No caso *DeShaney*, a Corte simplesmente errou ao concluir que os direitos constitucionais não incluem em hipótese alguma um direito à ajuda do Estado. Mas acertou na medida em que reconheceu implicitamente um problema grave, pois a proteção de vidas humanas sempre envolve decisões de destinação de recursos, e os juízes nem sempre têm condições de determinar se certo conjunto de decisões distributivas é melhor ou pior que as demais alternativas realistas. O custo dos direitos não justifica a decisão da Corte no caso *DeShaney* em si. De modo mais geral, entretanto, a escassez é uma razão totalmente legítima para que o governo não consiga proteger os direitos de forma absoluta. Essa percepção evidencia o que há de comum entre os direitos de primeira, segunda e terceira geração. Todos dependem de contribuições coletivas. Todos podem ser vistos como investimentos seletivos de recursos escassos. Todos, num sentido muito importante, têm o caráter de aspirações, pois nenhum pode ser garantido de maneira perfeita ou completa. É claro que também há diferenças. Mas as semelhanças são fortes o suficiente para desmentir a tese de que os direitos propostos e introduzidos em época mais recente traem o espírito básico da Constituição norte-americana.

PARTE III

POR QUE OS DIREITOS ACARRETAM RESPONSABILIDADES

Capítulo **9**

OS DIREITOS FORAM LONGE DEMAIS?

Ainda menor de idade e frequentando o ensino médio, John Redhail teve um filho no estado norte-americano de Wisconsin. A mãe da criança ganhou uma ação de reconhecimento de paternidade e o tribunal mandou que Redhail pagasse US$ 109 por mês até que a criança fizesse 18 anos. Indigente e desempregado, Redhail não pagou a pensão. Dois anos depois, sua solicitação para se casar com Mary Zablocki foi negada, com a justificativa de que Redhail não havia pagado a pensão de seu filho e, pelas leis de Wisconsin na época, quem não arcasse com as obrigações alimentares para com os filhos podia ser privado do direito de se casar.

A Suprema Corte dos Estados Unidos considerou que a lei em questão, de Wisconsin, era inconstitucional[1]. Explicou que o direito de contrair matrimônio é um direito "fundamental" e que nenhum estado pode procurar impor um mandado de pagamento de pensão negando uma licença para o matrimônio. Essa negação não faz com que o dinheiro chegue às mãos de criança alguma, e há outras estratégias disponíveis para obrigar o pai a pagar que não violariam nenhum direito protegido pela Constituição.

Acaso o direito ao matrimônio, de um pai que não sustenta o filho, deve sobrepujar suas responsabilidades para com a criança? É óbvio que essa liberdade fundamental não poderia existir na ausência de procedimentos criados e administrados pelo governo. Em sua forma atual, é um produto do Estado, não da natureza. Não deveria ser restringida nos casos em que isso poderia "servir de exemplo", ajudando assim a assegurar que os homens cumpram seu dever social mais básico? Visto que é a comunidade quem paga a conta quando uma criança fica sob a tutela do poder público, não pode essa comunidade restringir a liberdade das pessoas que têm a obriga-

---

[1] *Zablocki vs. Redhail*, 434 U.S. 374 (1978).

ção moral e jurídica de sustentar seus filhos? Será que os direitos privados, quando interpretados como pretensões peremptórias, funcionam como desculpas para a frouxidão moral? Será que nossas responsabilidades para com a família e a comunidade vão desaparecendo à medida que aumenta o campo das nossas liberdades individuais?

Por trás dessas questões jurídicas há preocupações ainda mais profundas. Será que os Estados Unidos têm testemunhado, em tempos recentes, uma explosão de direitos às custas dos deveres morais tradicionais? Será que nossa cultura política agora estimula os indivíduos a agirem como quiserem, sem dar atenção às consequências, especialmente àquelas que afetam outras pessoas? Devemos obrigar os norte-americanos – John Redhail e outros em situação semelhante – a renunciar a seus quereres efêmeros e egoístas, arregaçar as mangas e agir com responsabilidade? E qual a pertinência do fato de os direitos privados, como aquele afirmado por John Redhail, terem um custo público?

A ideia de que os direitos foram "longe demais" ao passo que as responsabilidades diminuíram se tornou uma espécie de lugar-comum. Segundo uma historieta que se costuma contar, na década de 1950 os norte-americanos gozavam de menos direitos, insistiam muito menos em suas liberdades pessoais e (por consequência, segundo se supõe) levavam mais a sério suas responsabilidades para consigo mesmos e com o próximo. Depois da década de 1960, por outro lado, o país foi tomado pela licenciosidade. Os norte-americanos agora pensam que a melhor coisa do mundo é fazer tudo o que têm o direito de fazer – receber dinheiro do governo mesmo que se recusem a trabalhar, abusar de drogas e álcool, comportar-se de modo promíscuo ou ter filhos fora do vínculo do matrimônio. Além disso, essa pequena fábula não se esquece de evidenciar o triste papel do Estado na promoção da decadência cultural. Depois que a Suprema Corte (sob a presidência do juiz Earl Warren) e outros órgãos do Estado começaram a conceder direitos a torto e a direito aos não conformistas, os cidadãos comuns começaram a descuidar de seus deveres tradicionais. A irresponsável proteção que o governo concedeu aos direitos ajudou a criar na população um descaso irresponsável pelas obrigações.

Pessoas as mais diversas fazem esse tipo de discurso: o presidente Clinton, Robert Dole, o juiz Clarence Thomas da Suprema Corte, o general Colin Powell, George Will, muitos membros do Senado norte-americano e uma ampla gama de acadêmicos, entre os quais Mary Ann Glendon, Amitai

Etzioni, William Galston e Gertrude Himmelfarb. Glendon receia que o "discurso dos direitos" (*rights talk*) tenha conduzido os norte-americanos a um novo egoísmo e atomismo e que a cultura dos direitos desvalorizou politicamente o altruísmo, as preocupações de uns pelos outros e a ajuda mútua[2]. Will, Galston e Powell pedem uma ressurreição da "vergonha na cara" como meio de incutir sobriedade e disciplina. Himmelfarb fala da "desmoralização da sociedade", referindo-se ao fato de a moral estar desaparecendo de nosso mundo social, e faz comparações desfavoráveis entre os degenerados Estados Unidos de hoje e a Inglaterra vitoriana, onde um respeito disseminado pelas virtudes morais supostamente garantia maior destaque à responsabilidade social. Muitos críticos reclamam que, nas décadas de 1960 e 1970, a Suprema Corte foi dominada pela promiscuidade da contracultura. A partir de então, começou a conceder irrefletidamente um sem-número de direitos aos rebeldes, aos indignos de confiança e aos transviados. É assim, segundo dizem, que começou a atual derrocada dos Estados Unidos.

A noção de que os direitos corroem intrinsecamente os deveres é especialmente atraente para os críticos conservadores dos programas sociais que visam ajudar aos pobres. Mas os progressistas partilham das mesmas apreensões. Ambos os extremos do espectro político vinculam os direitos com a irresponsabilidade e com o enfraquecimento do senso de dever, embora tenham em mente diferentes formas de lassidão moral. A Direita fala sem cessar da licenciosidade dos pobres, ao passo que a Esquerda lamenta a licenciosidade dos ricos. Os conservadores costumam lamentar o comportamento desregrado de jovens mães negras que pouco foram à escola e dependem da ajuda pública. Afirmam que o sistema de segurança social mina a responsabilidade, dando dinheiro a pessoas que se recusam a sair da cama de manhã, vestir-se e aparecer pontualmente no trabalho. Os progressistas, por sua vez, deploram a conduta imprudente dos negociadores de títulos podres, diretores-executivos que recebem salários altíssimos, indústrias que poluem o ambiente e empresas que mudam de endereço em vista de um mínimo aumento nos lucros, sem levar em conta o modo como o fechamento de fábricas afeta os trabalhadores idosos e as comunidades que ficam para trás. Acusam os privilegiados de ter uma atitude de "cada um por si" e um amor desmedido pelos próprios bens e privilégios. Um lado se escandaliza com a falta de responsabilidade das pessoas por si mesmas, ao passo que

[2] Ver Mary Ann Glendon, *Rights Talk* (Nova York: Free Press, 1993).

o outro dirige sua indignação para a falta de responsabilidade para com os demais. Mas ambos os lados aspiram a restringir as liberdades daqueles que não obedecem a certos preceitos morais básicos. Nesse sentido, a pessoa de John Redhail – afirmando desavergonhadamente seus direitos e fugindo furtivamente a suas responsabilidades – resume aquilo que os dois lados imaginam ter dado errado nos Estados Unidos.

Mas será que os Estados Unidos realmente sofrem hoje com uma cultura do "vale-tudo"? Será que a maioria dos norte-americanos age irrefletidamente de acordo com seus interesses ou impulsos imediatos sem pensar nas consequências sociais de seus atos? E será que esse culto do descaso, supondo-se que de fato exista, é realmente efeito de uma "explosão de direitos"? Em que sentido a mentalidade dos direitos causou – se é que causou – a derrocada da família, a permissividade sexual e o desgaste da dedicação ao trabalho? Com muita frequência nos pedem que acreditemos que indivíduos de todo o país vêm deixando de lado suas responsabilidades e buscando gulosamente seus direitos, bem como que o direito se divorciou completamente da moral. Dizem-nos que, uma vez que os direitos são em última análise liberdades ou isenções, mediante as quais uma pessoa está imune a qualquer forma de controle, o regime de direitos norte-americano traz em seu próprio código genético uma tendência ao comportamento irresponsável. Segundo esse ponto de vista, depois que o direito ao divórcio e aos benefícios da seguridade social começaram a ser aceitos irrestritamente nos Estados Unidos, os cidadãos do país começaram a pensar que não há nada – por mais egoísta que seja, ou autodestrutivo, ou antissocial – que não tenham licença para fazer. A fim de deter a derrocada social atual, os norte-americanos de todas as classes terão de aprender a viver sem seu apego patológico às liberdade pessoais.

O DISCURSO DA RESPONSABILIDADE

Devemos pensar de maneira mais responsável sobre a responsabilidade. Será que o aumento do crime resultou da imposição dos direitos ou, digamos, de mudanças demográficas, tecnológicas, econômicas, educacionais e culturais que, em grande medida, são independentes dos direitos? Mesmo que certos direitos tenham, no cômputo geral, intensificado o comportamento irresponsável em certos domínios, as generalizações causais universalizantes são sempre dúbias. O "comportamento responsável" pode ser definido como uma conduta que reduz os danos que a pessoa inflige a si mesma e aos outros. Será plausível afirmar que a sociedade norte-americana em geral se reorientou das responsabilidades (entendidas dessa maneira) para os direitos?

Hoje em dia, em muitas esferas da vida social, as pessoas descumprem seus deveres, agem sem levar os outros em consideração, ignoram os problemas graves de outras pessoas e deveriam, em geral, se comportar de maneira mais responsável. Mas isso não começou a acontecer nos últimos trinta anos; de uma forma ou de outra, sempre aconteceu. Acontece hoje até em países onde os direitos individuais são universalmente desrespeitados ou totalmente desconhecidos. De que modo, portanto, a cultura dos direitos aumentou a antiga tendência da humanidade à imprudência, à insensibilidade e ao imediatismo?

Duas possibilidades já foram amplamente discutidas. Quando interpretados quer como imunidades negativas à influência do Estado, quer como pretensões inegociáveis, os direitos podem, sim, tornar-se fórmulas de irresponsabilidade. Se os donos de bens imóveis se convencerem de que seus direitos de propriedade estarão perfeitamente assegurados se o Estado simplesmente sair de cena, poderão subestimar o quanto suas liberdades individuais dependem de contribuições comunitárias. Quando os defensores das liberdades civis qualificam um pequeno número de direitos como pretensões absolutas, podem negligenciar as consequências distributivas de gastarem-se recursos escassos com um conjunto limitado de interesses sociais que eles próprios identificaram como os mais urgentes do momento. Os que creem que têm o direito de se dedicar a determinada conduta talvez não compreendam que nem sempre é correto fazer o que temos o direito de fazer. Então, a resposta é "sim": quando os direitos não são adequadamente compreendidos, podem encorajar uma conduta irresponsável.

Não obstante, direitos e responsabilidades não podem ser separados; são correlativos. A interdependência dos direitos e responsabilidades, o fato de serem essencialmente inextricáveis uns dos outros, torna implausível a ideia de que as responsabilidades estão sendo "ignoradas" pelo fato de os direitos terem ido "longe demais". Acrescente-se a esse dado o fato de que os direitos são imensamente heterogêneos. Será que o direito de fazer negociações trabalhistas coletivas, no conjunto, promove a irresponsabilidade? E o direito de *habeas corpus*? O direito a um julgamento justo? O direito à legítima defesa? O direito ao voto? Os direitos ao devido processo legal e à igualdade de tratamento não passam, pelo menos às autoridades do Estado, a ideia de que "vale-tudo".

O direito dos contratos proíbe os tribunais norte-americanos de determinar o pagamento de dívidas irresponsáveis, por exemplo, aquelas contraídas entre pessoas que jogam por dinheiro. Essas interdições são naturais, pois o direito dos contratos é, em seu conjunto, um sistema de imposição das responsabilidades sociais. O direito do promissário de mover ação judicial contra um promitente por descumprimento de promessa é a ilustração clássica da tese de que direitos e deveres são correlativos[3]. E esse é o padrão geral. Se Smith tem direito à sua propriedade, Jones tem o dever de não invadi-la. Se Jones tem o direito a uma porcentagem das vendas de seu *best-seller*, a editora tem o dever de lhe entregar o montante devido. Para proteger os direitos de Smith, que não fuma, o governo precisa aumentar as responsabilidades do fumante Jones. Se a liberdade de religião de Jones goza de proteção constitucional, as autoridades públicas têm para com ele um dever de tolerância. Se Smith tem o direito de não ser submetido a discriminação racial no ambiente de trabalho, seus empregadores têm o dever de ignorar a cor de sua pele. Se Jones, réu num processo penal, tem o direito de excluir as provas obtidas ilegalmente contra si, a polícia tem o dever de obter um mandado válido antes de revistar sua casa. Se Smith tem o direito de mover ação judicial contra um jornal por calúnia, o jornal tem o dever de conferir a veracidade dos fatos apurados.

Houve uma época em que os Estados Unidos negavam aos afro-americanos escravizados os direitos de ser proprietários, de celebrar contratos, de cuidar dos próprios filhos e de votar. A negação de todos esses direitos nunca serviu para incutir o hábito da responsabilidade. As sociedades onde os direitos liberais não são impostos com vigor – ou seja, onde abundam condutas predatórias entre pessoas que não se conhecem – não se caracterizam por um florescimento da responsabilidade social. Os dados históricos dão a entender, ao contrário, que a ausência de direitos é o solo mais fértil para a irresponsabilidade individual e social. Também nesse sentido mais sociológico, os direitos e as responsabilidades estão longe de ser opostos.

Ao contrário da crítica daqueles que exigem maior responsabilidade, o sistema jurídico norte-americano atual, longe de refletir o princípio anarco-

---

[3] Em Joseph Raz, *The Morality of Freedom* (Oxford: Oxford University Press, 1986), pp. 183-6, pode-se encontrar uma ressalva a essa caracterização dos direitos e deveres, mas tal ressalva não afeta o que discutimos aqui.

-libertário do "vale-tudo", formula publicamente e impõe coercitivamente um sem-número de proibições legais. E muitas dessas restrições coercitivas foram criadas no período supostamente antirresponsável das décadas de 1960 e 1970 – normas contra a degradação ambiental, o excesso de risco nos ambientes de trabalho e o assédio sexual a mulheres trabalhadoras. Algumas restrições importantes são muito mais antigas, como as normas que impedem amadores não licenciados de abrirem um consultório particular na qualidade de cirurgiões dos olhos. Hoje, o governo federal limita o direito das fábricas de cigarro de fazerem propaganda de seus produtos com a justificativa de que esse tipo de expressão comercial, que em princípio seria protegida, favorece uma conduta irresponsável entre os jovens. (A dependência significa exatamente isso: o indivíduo dependente não pode simplesmente "optar" por não fumar; em consequência, quando estão em jogo substâncias que causam dependência, o Estado não pode favorecer a liberdade individual assumindo uma postura de *laissez-faire*.) O direito norte--americano está longe, portanto, de negligenciar a responsabilidade social. Embora respaldada por um sem-número de historietas curiosas, a tese de um declínio geral da responsabilidade social dos norte-americanos a partir da década de 1960 carece de corroboração por provas confiáveis.

Os direitos e responsabilidades se reconfiguram com o passar do tempo, e isso é normal; os indivíduos hoje agem com responsabilidade em domínios em que outrora eram irresponsáveis, e vice-versa. Pelo menos em alguns casos, abriram mão de direitos de que antes gozavam. Eis alguns exemplos:

- As normas sociais, e às vezes também o direito, agora desestimulam toda conduta que venha a destruir o meio ambiente. Em muitos meios sociais, jogar lixo na rua é um ato que merece desaprovação social. A reciclagem é comum; as pessoas reciclam de livre vontade. As empresas se dedicam a uma larga gama de atividades com a finalidade de reduzir a poluição, em tese para não ser objeto de desaprovação social e agir com responsabilidade. Um dos programas ambientais mais eficazes simplesmente exige que as empresas disponibilizem ao público informações sobre os resíduos tóxicos que emitem. Reagindo à pressão do público, elas reduziram substancialmente suas emissões. Um exemplo mais trivial mas notável a seu modo: nas cidades grandes, as pessoas limpam as fezes de seus cães.
- De maneira geral, o tabagismo diminuiu. De 1978 a 1990, caiu acentuadamente no que se refere a cigarros. O declínio foi especialmente agudo

entre os afro-americanos jovens, que vêm exercendo responsabilidade em campos onde antes aproveitavam suas liberdades. A taxa de tabagismo entre negros de 18 a 24 anos caiu de 37,1 % em 1965 para 31,8 % em 1979, 20,4 % em 1987, 11,8 % em 1991 e 4,4 % em 1993. (De lá para cá ocorreu um frustrante aumento, mas a taxa continua baixa em comparação com as mais antigas.) Parte do declínio decorre do fato de os fumantes já não gozarem dos direitos jurídicos de que antes gozavam: atualmente, em muitos lugares é ilegal fumar. Além disso, a queda também reflete uma percepção cada vez maior de que o tabagismo faz mal a quem fuma e às outras pessoas.

- Ao passo que os empregadores antes podiam demitir seus funcionários a seu bel-prazer, hoje já não têm esse direito – pelo menos segundo a forma que este assumia em 1950. Em decorrência da Lei da Segurança e Saúde Ocupacional, das leis de direitos civis, das leis salariais em sua forma atual e dos desenvolvimentos do *common law* (direito consuetudinário anglo-americano), a autoridade dos empregadores para dispensar seus empregados hoje sofre certas restrições. Os empregadores têm agora o dever legal de proporcionar um ambiente de trabalho seguro e já não podem despedir empregados por motivos discriminatórios. As normas sociais também desencorajam dispensas irresponsáveis (ou seja, arbitrárias).
- No passado, empregadores e professores tinham liberdade para assediar sexualmente suas funcionárias e alunas. Com efeito, o próprio conceito de "assédio sexual" só passou a existir em época recente, e tanto o direito quanto as normas sociais autorizavam professores e empregadores a exigir favores sexuais das pessoas sobre as quais exercem poder. Em essência, eles tinham liberdade para se dedicar a uma conduta que hoje é punível por lei. Ou seja, um direito tradicional foi legalmente extinto. A conduta responsável nesta área é cada vez mais comum, em parte em razão das novas leis e em parte por causa da desaprovação social que está induzindo os homens a se comportar de maneira mais responsável.
- Em muitos estados norte-americanos, os maridos já não têm o direito legal de estuprar suas esposas. Em razão de novas leis, devem agir com mais responsabilidade. As relações sexuais devem ser consensuais, mesmo dentro do casamento.
- Até há pouco tempo, declarações racistas e antissemitas eram comuns mesmo em locais relativamente públicos. Tais declarações, em geral, ainda não são controladas por lei, e os preconceituosos têm o direito legal de fazer ofensas raciais a seu bel-prazer. No entanto, muitos norte-americanos renunciam de livre iniciativa a esse jeito irresponsável de falar, ou o usam com menos frequência do que antes. Pelo menos sob esse aspecto, a civilidade aumentou.

Em outras palavras, muito embora os comportamentos que incorporam responsabilidades sociais e pessoais tenham desaparecido em certas áreas da vida, é um exagero postular um declínio geral da responsabilidade. Com efeito, não seria difícil elaborar um relatório altamente positivo sobre uma nova onda de responsabilidade nos Estados Unidos: ao passo que os norte-americanos costumavam se aferrar teimosamente aos seus direitos egoístas, agora aprenderam a agir com generosidade, consciência social e consideração para com os outros. Mas qual seria o objetivo de criar uma narrativa falsa para se contrapor a outra? O que aconteceu nos últimos vinte anos é um processo perfeitamente natural de evolução jurídica, no decorrer do qual responsabilidades e direitos foram redefinidos. O sistema jurídico reconheceu alguns direitos novos e revogou outros que antes existiam.

Não vem ao caso de maneira alguma nos perguntarmos se todos os desenvolvimentos recentes são bem-vindos ou não. Esse tipo de modificação é algo que sempre ocorre. No período em questão, tanto o direito quanto as normas sociais mudaram como sempre fazem. Quem sabe quais tipos de responsabilidade e irresponsabilidade serão produzidos pelo novo direito e as novas normas que vigorarem daqui a trinta anos?

A dicotomia entre direitos e responsabilidades é enganosa sobretudo porque muitos direitos são criados com a finalidade específica de tornar o Estado mais responsável. O direito de desconsiderarem-se os testemunhos prestados sob coação foi criado para impedir que os policiais responsáveis pela prisão e detenção dos suspeitos obtenham confissões à força. Na verdade, a maioria dos direitos constitucionais têm a finalidade de induzir uma conduta responsável por parte dos agentes do Estado. São incentivos à autodisciplina – em parte porque os direitos implicam responsabilidades, conquanto não seja essa a única razão. O direito ao voto e a liberdade de imprensa, em especial, devem ter – e às vezes de fato têm – o efeito de aumentar a responsabilidade de autoridades que podem perder os cargos que ocupam ou ser ridicularizadas aos olhos do público.

Quando o sistema jurídico norte-americano busca garantir a responsabilidade social, em geral ele não o faz em nome de um código ideal de conduta. Antes, impõe responsabilidades por serem estas as condições necessárias para os direitos. As responsabilidades dos poluidores são uma imagem especular dos direitos do público a um ambiente limpo. Os fumantes e empregadores têm deveres porque os não fumantes e empregados têm direitos. É evidente que o crime de estupro conjugal impõe um dever em nome de um direito. Os direitos dos acionistas são deveres dos diretores e gestores da empresa.

O devedor deve agir com responsabilidade para respeitar os direitos do credor. Do mesmo modo, o Estado deve agir com responsabilidade para respeitar os direitos – assegurados por um contrato social – de todas as partes sujeitas à sua jurisdição. Os direitos de propriedade inibem tanto o roubo cometido por particulares quanto o confisco arbitrário cometido por autoridades públicas, fazendo assim com que tanto os cidadãos comuns quanto as autoridades se comportem com mais responsabilidade do que talvez o fizessem em outras circunstâncias. Além disso, o Estado que impõe e protege os direitos não pode fazer isso se não canalizar para uso público, e não para o bolso de autoridades corruptas, a receita escassa obtida por meio da tributação. Para que o Estado possa oferecer uma indenização justa pela desapropriação de bens para uso público, precisa ter um sistema de finanças públicas que funcione corretamente. Portanto, o simples fato de os direitos terem um custo já demonstra o porquê de eles acarretarem responsabilidades.

Com efeito, o custo dos direitos nos permite entrar por uma porta lateral no debate sobre direitos e responsabilidades. Os direitos de propriedade têm um custo porque, para protegê-los, o Estado precisa contratar policiais. Isso envolve, em primeiro lugar, a responsabilidade de direcionar honestamente o dinheiro dos contribuintes para os salários da polícia. Envolve-a também, em segundo lugar, no momento em que o Estado gasta uma quantia imensa de dinheiro para formar os policiais e ensiná-los a respeitar os direitos dos suspeitos. E envolve-a em terceiro lugar quando o Estado, mais uma vez às custas do público, monitora o comportamento dos policiais e disciplina os abusos a fim de impedir que essas autoridades desrespeitem os direitos e as liberdades civis entrando à força na casa das pessoas, criando provas falsas ou espancando suspeitos, por exemplo. Em outras palavras, a atenção ao custo dos direitos refina nosso entendimento da relação de apoio mútuo entre os direitos e as responsabilidades. E o mesmo ocorre quando deixamos de lado os direitos clássicos e passamos a pensar nas características dos direitos do moderno Estado regulador.

Não resta dúvida de que a ladainha da "desintegração social" continuará ressoando à direita e à esquerda nos debates políticos norte-americanos, pois ela atende, ao que parece, a certas necessidades subcognitivas. O mínimo que se pode dizer é que esse tipo de lamentação não pode ser aquietada nem por provas nem por argumentos. Mas essas queixas se baseiam num entendimento errôneo do que são os direitos, e talvez ainda seja útil demonstrar esse fato.

A MORAL NO DIREITO

Admitimos que o sistema jurídico norte-americano atribui aos indivíduos o direito de fazer certas coisas que a maioria das pessoas considera moralmente erradas. Essa é uma característica essencial (e não acidental) de qualquer regime liberal e, com efeito, de qualquer país livre. Os norte-americanos têm o direito legal de praticar atos que pessoas responsáveis, ou apenas moderadamente sãs, evitariam com todo o escrúpulo. Por isso, embora o sistema jurídico norte-americano tenha fontes morais, ele não coincide inteiramente com a sensibilidade moral da comunidade.

No entanto, não se deve exagerar a indiferença do direito à moral. É fato que os códigos morais que influenciam o direito têm se modificado, mas eles não desapareceram; com efeito, no geral, não se pode sequer afirmar que se reduziram. As normas jurídicas norte-americanas de responsabilidade civil, por exemplo, continuam repletas de categorias dotadas de um sentido moral, como "negligência" e "imprudência", e essas categorias rotineiramente orientam o uso do poder do Estado. Nas últimas décadas, em áreas como a responsabilidade do fabricante e a defesa do consumidor, aumentaram os limites legais que coíbem condutas abusivas com base em ideais morais. No direito penal, a percepção de que o acusado agiu com "coração depravado e cheio de malícia"* ou com "dolo" continua a influenciar as decisões tanto de promotores quanto de juízes. E nos Estados Unidos, ao contrário do que ocorre em outros países do Ocidente, qualquer pessoa que cause uma morte, mesmo por acidente, enquanto comete um crime menor, pode ser acusada de homicídio – uma tentativa talvez um tanto fútil de fazer com que os delinquentes se comportem com mais responsabilidade enquanto cometem seus crimes menos graves.

Na mesma veia, a lista de crimes contra a moral que ainda são punidos nos Estados Unidos é bastante extensa: estupro presumido, incesto, exibi-

---

* *An abandoned and malignant heart*, expressão usada no *common law* inglês e norte-americano para denotar o estado mental de quem demonstra indiferença injustificada perante um ato ou situação que implique grave e evidente risco de vida para terceiro. (N. do T.)

cionismo, prostituição, pornografia infantil e conduta obscena e lasciva[4]. A embriaguez habitual é motivo de divórcio na maioria dos códigos penais dos estados. O adultério continua sendo ilegal em muitos estados e também no direito militar norte-americano. Além disso, o sistema jurídico norte-americano reconhece a moral num outro sentido: escrever ou dizer que alguém é imoral — que é mulherengo, ou assiste a filmes pornográficos, ou é avarento, ou cometeria um crime se não tivesse medo de ser apanhado — é, em alguns estados, causa reconhecida para uma ação judicial de difamação, de tal modo que o autor não precisa provar que foi efetivamente lesado pelo ato. Em outras palavras, a moral não desapareceu de modo algum nem das ruas nem dos tribunais nos Estados Unidos.

A responsabilidade, além disso, é muitas vezes um produto do sistema jurídico. O direito de dirigir um automóvel não inclui o direito de dirigi-lo de forma irresponsável. Aliás, de 1960 para cá, o sistema jurídico vem impondo cada vez mais restrições aos fabricantes e condutores de automóveis, restrições essas que têm a função de aumentar a segurança. Os cônjuges ainda são solidariamente responsáveis pelas dívidas um do outro. Na maioria dos estados, ainda é dificílimo negar herança a um cônjuge. Os norte-americanos também se destacam por obedecer às leis tributárias (mais de noventa por cento do público lhes obedece à risca); com efeito, são muito mais obedientes nesse sentido do que os cidadãos de alguns países onde o individualismo e os direitos individuais têm papel menos importante na autoimagem social da nação. Na Rússia, por exemplo, a atual epidemia de sonegação de impostos não decorre de um apego ancestral aos direitos individuais. Não obstante, nem sempre um aumento evidente da responsabilidade decorre apenas do medo de sanções civis e penais: sem algum elemento de "virtude cívica" — alimentado, sem dúvida, pela percepção pública de que o governo gasta a receita tributária de maneira mais ou menos responsável, de que a maior parte das pessoas contribui com uma porção justa de seus rendimentos e de que os norte-americanos ricos, em particular, não são totalmente isentos da tributação —, os custos operacionais da Receita Federal seriam muito maiores.

---

[4] Ver detalhes em Richard Posner e Kate Silbaugh, *Sex Laws in America* (Chicago: University of Chicago Press, 1996).

OS DIREITOS COMO RESPONSABILIDADES LATENTES

Um acusado tem o direito de sair da prisão mediante pagamento de fiança (a qual não pode ser excessiva) a fim de preparar sua defesa para o julgamento. Neste caso, o próprio detentor do direito tem o dever de agir com responsabilidade. Além de os direitos acarretarem responsabilidades de outras pessoas para com seus detentores, os próprios detentores às vezes se tornam mais responsáveis em virtude do exercício de tais direitos. Essa é mais uma razão pela qual o clamor por menos direitos e mais responsabilidades é, em última análise, incoerente.

Aristóteles objetou ao entusiasmo de Platão pela criação coletiva das crianças alegando que, se todos os adultos forem responsáveis por todas as crianças e não houver indivíduos particulares chamados "pais", as crianças não receberão o cuidado de que necessitam. A mesma lógica justifica o direito à propriedade privada. Se todos são donos de tudo, em certo sentido ninguém é dono de nada. Um dos problemas desse infeliz estado de coisas é que, num sistema de propriedade coletiva, os custos da dilapidação dos bens se difundem por toda a sociedade e pesam pouquíssimo sobre cada indivíduo, criando uma situação catastrófica. Cada indivíduo que tem condições de manter e reparar um bem perde muito pouco com a degradação deste e não ganha quase nada com sua manutenção. Num sistema sem propriedade privada ou organização coercitiva, os custos de manutenção incidem sobre cada pessoa, ao passo que os benefícios da manutenção se dividem por um número imenso de pessoas. Por isso, os indivíduos têm pouquíssimo incentivo para executar custosos reparos no momento em que devem ser feitos. Se as recompensas da manutenção e das melhorias não puderem ser gozadas pelos proprietários, é muito improvável que casas, fábricas e propriedades rurais sejam bem conservadas e melhoradas. Agindo com vistas ao amanhã, os indivíduos privados de seus direitos de propriedade podem muito bem tornar-se inativos ou executar atos de negligência que produzem um dano coletivo tremendo. Como na objeção de Aristóteles a Platão, os direitos privados podem dar estímulo a atos socialmente benéficos e, do ponto de vista da sociedade, altamente responsáveis.

Qualquer agricultor que trabalhe de sol a sol para pagar o empréstimo que tomou do banco poderá nos explicar que a propriedade privada é ao mesmo tempo um fardo oneroso e uma incitação ao esforço. Além de obrigarem os proprietários a arcar com os custos da degradação de suas propriedades, os direitos de propriedade, quando bem definidos e atribuídos de maneira unívoca, também nutrem a responsabilidade, pois permitem que os indivíduos colham os frutos de seus investimentos. Além disso, colaboram para ampliar o horizonte temporal dos proprietários, que podem assim ter a esperança de se beneficiar, amanhã, do esforço que fazem hoje.

Os direitos de propriedade, ademais, desempenham papel essencial nos sistemas de prestação de contas na política, pois dão aos contribuintes um incentivo material para monitorar o modo como o governo usa tributos pagos com muita relutância. Assim, os múltiplos elos entre a propriedade privada e a responsabilidade social ficam claríssimos mesmo antes de examinarmos como o sistema jurídico norte-americano usa os direitos para sobrepor responsabilidades sociais aos direitos de propriedade – por exemplo, impondo restrições de zoneamento à venda de material pornográfico, usando o código tributário para incentivar os donos de imóveis a manter e melhorar suas propriedades, impedindo os donos de fábricas e de terras de poluir os aquíferos e desencorajando os donos de restaurantes de fechar suas portas a membros de minorias raciais.

O clamor pelo desincentivo aos direitos e o incentivo às responsabilidades é menos útil do que pretendem os que a ele se dedicam, pois dá a impressão de que o balanço entre direitos e responsabilidades é um jogo de soma zero: um aumento num lado acarreta automaticamente uma diminuição no outro. Obscurece-se assim o fato essencial de que, no sistema jurídico norte-americano, os direitos são serviços públicos que o Estado deve fornecer e pelos quais deve prestar contas, em troca dos tributos responsavelmente pagos pelos cidadãos comuns. Se essas responsabilidades entrassem em colapso, os direitos não seriam protegidos. O intercâmbio entre direitos iguais e cooperação social é um dos elementos essenciais da política liberal-democrática. Os direitos sintetizam a atuação do governo responsável e da cidadania bem informada. O fato de esses direitos terem seus custos demonstra que eles dependem de algo que podemos chamar de "virtude cívica". Os norte-americanos só possuem direitos na medida em que, no conjunto, se comportam como cidadãos responsáveis.

Não pretendemos, com nada disso, negar o caráter urgente de várias questões para as quais os defensores de um "aumento de responsabilidade" chamam a atenção. Mas o uso de drogas, a aids, o divórcio, as crianças nascidas fora do casamento, o uso da seguridade social como um meio de vida, as mães solteiras, as crianças que nascem e vivem na pobreza e os crimes violentos não podem ser todos atribuídos de modo automático e irrefletido a uma suposta "cultura dos direitos". A terrível patologia social que se revela em nossos conjuntos habitacionais públicos deve ser diagnosticada e tratada de modo mais concreto e menos exaltado. Nenhum desses problemas pode ser resolvido diminuindo-se o respeito que a cultura jurídica norte-americana tem pelos direitos. Tampouco se deve esperar que soluções úteis surjam de afirmações generalizantes sobre os males da modernidade.

Capítulo **10**

O ALTRUÍSMO DOS DIREITOS

A teoria política conhece alguns direitos desacompanhados de responsabilidades: aqueles direitos individuais pré-jurídicos que caracterizavam o "estado de natureza" do filósofo Thomas Hobbes, onde os indivíduos têm até "o direito ao corpo um do outro"[1]. Para proteger esse tipo de direito – embora talvez não seja adequado dar-lhe esse nome –, todo indivíduo é obrigado a trabalhar sozinho para defender seus interesses. Os machos truculentos têm mais chance que as fêmeas de se dar bem nesse jogo brutal. A saída do estado de natureza traz consigo a obtenção de um tipo de interesse completamente novo: um direito jurídico, ou seja, uma pretensão que traz consigo graves responsabilidades. Todos os direitos exigíveis judicialmente são "artificiais" na medida em que pressupõem a existência do poder público, essa imponente criação das mãos humanas cuja finalidade é promover a cooperação social e inibir os danos cometidos mutuamente.

Para gozar de tais direitos, o indivíduo deve renunciar a seu "direito natural" de punir unilateralmente todos aqueles que, do seu ponto de vista subjetivo, lhe causaram dano. Essa renúncia é o germe da responsabilidade liberal. O fato de que os direitos judicialmente exigíveis acarretam responsabilidades até da parte de seus detentores também se evidencia quando contemplamos a diferença entre mover uma ação judicial e contratar um pistoleiro para me vingar de meus inimigos. Com efeito, o direito à ação judicial, mesmo usado de modo errado ou abusivo, ajuda a induzir aqueles cujos interesses foram gravemente lesados a buscar reparação de maneira "responsável", ou seja, por vias legais, e não fazendo justiça com as próprias mãos. Quando uma parte lesada busca reparação em juízo (e não por vias escusas), tem de fazer um esforço para provar que tem razão. Para conse-

---

[1] Thomas Hobbes, *Leviathan* (Harmondsworth, Inglaterra: Penguin, 1968), p. 85.

guir um mandado de bloqueio da conta bancária de um devedor, o credor tem de arcar com o ônus da prova e enfrentar testemunhos contrários num procedimento público. Ou seja, o próprio detentor do direito precisa se comportar de maneira responsável num contexto público a fim de conseguir a ajuda do Estado para garantir sua pretensão.

Quando funcionam bem, os direitos liberais fazem uso de incentivos para induzir a conduta responsável e a autodisciplina não somente entre as autoridades públicas, mas também entre os cidadãos particulares[2]. O direito de um indivíduo de mover ação contra outro por plágio, abuso de marca registrada ou fraude comercial – direito esse que pressupõe o direito de acesso a um sistema litigioso público e financiado pelo contribuinte – provavelmente faz com que, no conjunto, as pessoas atuem com mais "responsabilidade" (como quer que se defina esse termo equívoco) do que fariam caso tal direito não existisse. Para inibir gestos ou palavras irresponsáveis, o Estado proporciona um órgão que garante os interesses que cada pessoa tem em sua própria reputação. Os legisladores impõem multas para assegurar que os proprietários de imóveis cuidem de manter livres as calçadas à frente dos mesmos – e por aí afora.

Admito que meu direito de mover ação judicial contra você por negligência pode ser usado de modo frívolo ou irresponsável. Mas o mesmo se pode afirmar do meu direito ao voto ou, por que não, de um frasco de tranquilizantes. Por colocarem na mão de indivíduos um poder legal contra outras pessoas, os direitos jurídicos podem ser usados de modo abusivo. Entre os custos pessoais de uma ação judicial incluem-se o de se defender em juízo e de se submeter a interrogatório. Porém, para inibir o mau uso do poder de mover ação judicial por perdas e danos, os sistemas liberais não abolem esse poder (se o fizessem, a cura seria pior que a doença), mas criam poderes que a ele se contrapõem – estabelecendo, por exemplo, normas que impõem perdas financeiras às partes que moverem ação judicial com base em alegações sem substância, frívolas ou fraudulentas. Essas normas também assumem a forma de direitos – que nos protegem contra os abusos do pro-

---

[2] Os direitos de membros de sindicatos, donos de terras a jusante e pais que não têm a guarda dos filhos – para que sejam direitos de verdade e não palavras vazias – pressupõem sistemas bem concebidos de incentivos positivos e negativos. Na ausência desses estímulos e freios, os direitos em questão não passam de falsas promessas. Nesse sentido, os direitos liberais não se baseiam no *laissez-faire*, mas numa atuação deliberada do Estado visando moldar o comportamento individual de modo favorável a certas finalidades sociais. Reivindicar um direito jurídico é agir dentro de instituições estabelecidas de acordo com regras bem definidas.

cesso judicial – que embutem no sistema jurídico norte-americano um padrão de comportamento responsável.

O custo dos direitos inclui o custo da imposição de sanções àqueles que não cumprem o que os direitos exigem. Isso explica por que as sociedades onde os direitos são sistematicamente ignorados não são, de maneira alguma, redutos de responsabilidade moral. Os direitos são garantidos quando uma sociedade politicamente organizada pune, de maneira regular e previsível, aqueles que espezinham de modo ilegal os interesses mais importantes das outras pessoas. Inibir a conduta abusiva de quem ganha com a violação de direitos é impossível sem fazer uso do dinheiro público. Os remédios para violações de direitos ocorridas no passado e os desincentivos a que tais violações ocorram no futuro são custosos, pois sempre envolvem a imposição de responsabilidades. O devedor deve pagar sua dívida. O promitente deve cumprir o que prometeu. E os juízes que garantem os contratos e punem os transgressores devem se abster de receber propina.

Os direitos, constituindo um sistema de incentivos que induzem a autolimitação das condutas – ou seja, que tornam as condutas mais responsáveis –, não devem ser correlacionados com um Estado ausente, mas sim com um Estado regulador à maneira liberal e não autoritária. Desse ponto de vista, os direitos não devem ser descritos nem como liberdades nem como concessões, mas sim como técnicas desenvolvidas ao longo da história ou propositadamente criadas para induzir uma conduta sóbria, decente e mutuamente respeitosa entre as pessoas. Obrigam tanto os que podem exercê-los quanto os que devem respeitá-los a interiorizar os danos que poderiam resultar de sua própria frouxidão e má conduta.

Alguns teóricos fazem uma distinção histórica entre os direitos individuais, supostamente inventados na Era Moderna, e uma "ordem correta", supostamente adotada na Antiguidade e na Idade Média (épocas em que a "conduta correta" teria supostamente florescido)[3]. Mas essa contraposição é enganosa. Essas supostas eras de extrema virtude cívica e responsabilidade jamais existiram no decorrer da história. Além disso, os direitos liberais são, hoje em dia, elementos essenciais da nossa concepção de uma "ordem correta". Eles estimulam a conduta correta. Embora seus resultados sejam imperfeitos e às vezes bem piores, os direitos, nos Estados Unidos, ajudaram a construir uma constelação social em que os indivíduos particulares geral-

---

[3] Alasdair MacIntyre, *After Virtue* (Notre Dame: University of Notre Dame Press, 1981).

mente se abstêm de causar dano uns aos outros e onde os cidadãos contribuem com o Tesouro de modo mais ou menos responsável, ao passo que as autoridades usam essa verba tributária de modo mais ou menos responsável para arcar com os custos dos direitos. Talvez seja esse o único tipo de ordem possível numa sociedade grande e heterogênea como a dos Estados Unidos, onde pessoas com origens completamente diferentes e crenças muito diversas são chamadas a cooperar com vistas a uma vida em comum.

Pelo fato de serem custosos, os direitos não poderiam ser protegidos nem garantidos se os cidadãos, na média, não fossem responsáveis o suficiente para pagar tributos e se as autoridades, no conjunto, não fossem responsáveis o suficiente para usar a receita assim obtida para fins públicos, em vez de embolsá-la para enriquecerem enquanto particulares. A história triste que se conta sobre o esgarçamento do tecido social dos Estados Unidos e o colapso das virtudes cívicas nesse país seria mais persuasiva – e a situação do país seria muito pior – se os cidadãos rotineiramente se recusassem a pagar seus impostos. Uma das razões pelas quais eles não resistem a isso é que, no geral, seus direitos são garantidos. Ou seja, eles veem que os tributos são usados, pelo menos em parte, para proteger aquelas liberdades que eles consideram básicas.

A MENTALIDADE DO "EU TENHO DIREITO"

Uma vez que os direitos e responsabilidades não são mutuamente exclusivos, mas, pelo contrário, pressupõem-se mutuamente, apresentar a evolução da cultura dos direitos nos Estados Unidos como uma dramática substituição da fidelidade ao dever pela libertinagem é zombar da realidade jurídica e social. Isso porque a cultura dos direitos também é sempre uma cultura de responsabilidades. Toda permissão jurídica implica logicamente uma obrigação jurídica, e os direitos impõem restrições na mesma medida em que garantem liberdades. Numa outra formulação: para fazer da garantia dos direitos o objetivo principal de sua formulação de políticas públicas, os Estados Unidos desenvolveram um estilo de regulação que necessariamente dá ênfase aos deveres, obrigações, proibições e restrições. Para seus potenciais violadores, todos os direitos "simplesmente dizem não".

Mesmo naquelas áreas em que a responsabilidade social claramente declinou, é irresponsabilidade intelectual atribuir esse declínio ao apelo crescente dos direitos individuais. É verdade que o comportamento sexual das pessoas talvez seja mais irresponsável hoje do que era em 1955, digamos. Mas essa ideia peca pela falta de sutileza (será que o assédio sexual e o estupro conjugal, criminalizados há pouco, são atos responsáveis?) e, além disso, em que sentido essa tendência foi desencadeada ou acelerada por uma expansão dos direitos jurídicos? Não será melhor entender a promiscuidade sexual como um produto da mudança das normas sociais e da tecnologia? Os dados indicam que as novas opções de contracepção contribuíram expressivamente para o novo estado de coisas; ademais, os novos costumes sexuais refletem mudanças nas relações entre homens e mulheres. Uma das raízes da "revolução sexual" é a recusa das mulheres a serem avaliadas por padrões diferentes daqueles aplicados aos homens. Será que a sociedade norte-americana era mais responsável quando a promiscuidade masculina era admirada e a promiscuidade feminina, aviltada? Com a igualdade entre homens e mulheres, as proibições e inibições tradicionais começaram a cair por terra. Não é nada fácil explicar por que essas normas morais e expectativas sociais mudam num determinado momento. Mas é certo que um grande número de fatores causais contribuiu para a mudança: dois deles seriam a entrada maciça das mulheres no mercado de trabalho e a disponibilização de anticoncepcionais. Seria imprudência supor que o grande motor da mudança foi o aumento da lista de direitos reconhecidos.

Mas o que dizer do lugar-comum segundo o qual o "direito à segurida- de social" desestimula o trabalho produtivo? À primeira vista, trata-se de uma afirmação plausível. Mas um argumento contrário, formulado por Adam Smith, também tem certo peso: "Não é muito provável que os homens em geral trabalhem melhor quando estão mal alimentados do que quando estão bem alimentados, quando estão desanimados do que quando estão animados, quando ficam frequentemente doentes do que quando estão, em geral, bem de saúde."[4]

Mesmo aceitando as especulações de Smith, acaso não deveríamos nos preocupar com a disseminação da mentalidade do "eu tenho direito"? Será que uma superextensão dos direitos de segurança social não acabou por estimular a dependência, as gestações não planejadas e outros males sociais? Será que um corte dos benefícios sociais não seria um estímulo à conduta responsável? Todas essas perguntas são legítimas, e alguns dados de fato indicam que os direitos de segurança social produzem dependência

---

[4] Adam Smith, *An Inquiry into the Nature and Causes of the Wealth of Nations* (Nova York: Modern Library, 1937), p. 98.

e outros males sociais correlatos. Mas esses dados não são claros[5], especialmente no que se refere à tese segundo a qual o crescimento no número de crianças nascidas de pais não casados é um produto da generosidade do Estado. Os dados coletados pelo mais importante programa de benefícios sociais (já revogado), o Auxílio a Famílias com Filhos Dependentes (Aid to Families with Dependent Children – AFDC), não demonstram de modo inequívoco que o sistema de bem-estar social estimula a geração de filhos fora do casamento. Nesse programa, a taxa de uso do benefício estava caindo numa época em que o número de crianças nascidas nessa situação estava subindo. Não há correlação entre uma redução dos benefícios do AFDC e um decréscimo no número de crianças nascidas de pais não casados, como não há correlação entre o aumento do uso do benefício e um aumento do número dessas crianças. Assim, é controversa a questão de como interpretar esses dados.

Os vales-alimentação fornecidos pelo Estado podem diminuir as agruras da pobreza; além disso, o número de pobres pode diminuir quando ser pobre é especialmente árduo. Mas essas duas premissas, em si e por si, não demonstram que os vales-alimentação estimulam a preguiça ou multiplicam o número de filhos ilegítimos. Muita coisa depende das normas sociais ligadas ao trabalho, à previdência social e à família. Em muitos setores da sociedade, essas normas estimulam a permanência no emprego, estigmatizam o recurso à ajuda do Estado e condenam a gravidez fora do casamento. Quando tais normas perdem o domínio que tinham sobre o coração e mente das pessoas, é difícil determinar em que medida os direitos de segurança social desempenham um papel suplementar no desestímulo ao trabalho e no estímulo à gravidez entre mulheres pobres e solteiras. Por isso, está longe de ser evidente que a imposição de dificuldades financeiras às mães solteiras reduzirá num grau substancial a ocorrência de gestações entre mulheres não casadas. Não se trata aqui de defender os programas de seguridade social existentes; quaisquer que sejam as limitações desses programas, a afirmação de que os direitos estimulam a irresponsabilidade, sem nenhuma ressalva ou qualificação, deve ser encarada com ceticismo e submetida à prova dos dados reais.

5 Ver William Galston, "Causes of Declining Well-Being among U.S. Children", em *Sex, Preference, and Family*, org. David Estlund e Martha Nussbaum (Oxford: Oxford University Press, 1996); Derek Bok, *The State of the Nation* (Cambridge, Mass.: Harvard University Press, 1996); David Ellwood, *Poor Support: Poverty in the American Family* (Nova York: Basic Books, 1988).

A QUESTÃO DO EGOÍSMO

A professora Mary Ann Glendon, crítica dos direitos, é uma figura conhecida e especialmente imparcial. As palavras dela ecoam preocupações generalizadas com o modo pelo qual os direitos minam as responsabilidades e a cultura política em geral. "O 'discurso dos direitos' que atualmente se ouve nos Estados Unidos", diz ela, se caracteriza "pela prodigalidade com que apõe a tantas coisas o rótulo de 'direitos', por seu caráter legalista, seu absolutismo exagerado, seu hiperindividualismo, sua insularidade e seu silêncio com relação às responsabilidades pessoais, cívicas e coletivas."[6] Tendo em mente esse suposto desequilíbrio da nossa cultura jurídica, Glendon dedica uma atenção considerável ao "dever de resgatar", que não é reconhecido pelo sistema jurídico norte-americano. Caso um transeunte simplesmente ignore uma pessoa que está se afogando, ele não será responsabilizado, mesmo que pudesse ter feito o resgate com pouquíssimo esforço. Glendon deplora esse fato e pede que a lei pelo menos declare a existência de um tal dever. De início, esse dever talvez pareça muito distante do mundo legalista dos direitos individuais, mas as aparências às vezes enganam. Implicitamente, o argumento de Glendon em favor de um novo dever é um apelo à criação de um novo direito: um direito à ajuda, a ser concedido a pessoas vulneráveis e a ser invocado por elas contra outros indivíduos e contra o Estado. Usando a mesma lógica, os ativistas contrários ao aborto visam desestimular um comportamento que lhes parece imoral e irresponsável criando um direito constitucional à vida e atribuindo-o ao feto. Não somente os direitos criam responsabilidades como também a imposição de um dever muitas vezes acaba criando um direito.

A cultura dos direitos é ao mesmo tempo uma cultura de responsabilização e, portanto, de responsabilidades. Se é assim, por que os direitos em geral são acusados de promover o egoísmo? O direito ao voto dá às autoridades públicas um incentivo para deixarem de lado seu interesse próprio ou, antes, para identificar seu interesse próprio (o interesse pela reeleição) com o interesse do público pelo bom governo. Os direitos à igual proteção e a uma audiência justa não parecem especialmente amorais ou antissociais. Os direitos protegidos pela Décima Quarta Emenda à Constituição dos Estados Unidos visam eliminar os efeitos imorais e antissociais da discriminação racial operada por autoridades públicas dentro dos estados. Longe de

---

6 Glendon, *Rights Talk*, p. x.

serem antissociais, esses direitos promovem a decência em nível comunitário e protegem grupos subordinados contra a exclusão social. Muitos direitos refletem algum grau de altruísmo por parte dos cidadãos comuns; a maioria deles, quando são garantidos de modo mais ou menos confiável, podem ajudar a promover o altruísmo e os hábitos responsáveis.

Alguns dos principais direitos liberais – como a liberdade de expressão e a liberdade de associação – foram criados para estimular a deliberação e a interação comunitária, práticas que os críticos do "discurso dos direitos" parecem, no mais, favorecer. É claríssimo que a liberdade de associação protege a ação coletiva; o mesmo se pode dizer do direito de pregar ou de publicar um jornal. Essas liberdades têm a finalidade de estimular a comunicação social, não de proteger indivíduos isolados numa ordem pré-social ou promover o isolamento ou o egocentrismo hedonista. Embora o direito à liberdade de expressão possa ser reclamado e usado por indivíduos, ele também é precondição para um processo eminentemente social – a saber, o da deliberação democrática. A liberdade de expressão promove a socialidade liberal e dá oportunidade para que as pessoas se comuniquem, discordem entre si e negociem livremente umas com as outras num fórum público. A liberdade de imprensa, que abre canais de comunicação pública, tem um caráter inequivocamente comunitário. Em tese, com efeito, todo detentor de um direito à liberdade de expressão pode, na medida em que o usa, contribuir para com a coletividade e seus objetivos. É por isso que o governo não pode "comprar" o direito à expressão, mesmo que o cidadão, em sua qualidade de particular, queira vendê-lo.

O direito de ser julgado pelo júri e o direito de fazer parte do júri (independentemente de raça) são mais duas liberdades norte-americanas consagradas pelo tempo, e estão longe de estimular o atomismo social. Nesses casos, a comunidade adquire um direito que garante um papel importante para os cidadãos comuns nos procedimentos judiciais. Dizer que os norte-americanos vivem numa "república procedimental" é reconhecer que nenhum indivíduo é juiz de sua própria causa e que os cidadãos criam e conservam instituições públicas (entre outras coisas) mediante as quais podem resolver alguns de seus problemas comuns. Um dos objetivos do "julgamento justo" é assegurar que cidadãos diferentes possam trabalhar juntos para decidir com precisão acerca da culpa ou inocência de outro cidadão. O direito constitucional ao devido processo legal – como o direito privado de mover ação judicial em matéria contratual ou de responsabilidade civil –

pressupõe que o Estado, custeado pelo contribuinte, disponibilize instituições de inquérito às pessoas cujos interesses estão em jogo. O direito a um julgamento justo é eminentemente social e proporciona um importante mecanismo para o autogoverno comunitário.

Como já se disse, os direitos criados no campo dos contratos ou da responsabilidade civil podem ser descritos com bastante precisão como poderes ou faculdades jurídicas. O direito de mover ação judicial por negligência ou rompimento de contrato implica o poder de impor a outro ser humano um fardo financeiro severo ou até debilitante. Uma vez que nosso sistema jurídico cria e mantém instrumentos tão perigosos, que podem às vezes ser usados com vistas a vantagens pessoais, ele também deve fazer um esforço para que sejam empregados de maneira responsável. Deve prever compensações para os casos em que uma responsabilidade foi determinada erroneamente ou um objeto foi entregue a uma pessoa que não tinha direito ao mesmo. E ele efetivamente o faz, embora de modo imperfeito. Não há dúvida de que ações judiciais irresponsáveis e frívolas constituem um problema grave, mas o sistema jurídico norte-americano empenha uma quantidade considerável de recursos na tentativa de desestimular o mal uso de direitos protegidos, entre eles o direito de mover ação judicial.

Blackstone defende da seguinte maneira a "república procedimental": "Se os indivíduos tivessem permissão para usar sua força particular para remediar danos particulares, a justiça social deixaria completamente de existir; os fortes imporiam sua lei aos mais fracos e todo homem voltaria ao estado de natureza"[7]. A cultura dos direitos encoraja as pessoas a resolver suas diferenças juridicamente e a buscar por meios legais a compensação por danos sofridos, sem recorrer à violência e à ameaça de violência. Assim, a contribuição que ela dá à coexistência social pacífica e à cooperação social não é pequena de modo algum.

---

[7] Blackstone, *Commentaries on the Laws of England*, vol. 3, p. 4. Ou seja, na tradição do *common law*, o "discurso dos direitos" foi inventado para substituir o direito do mais forte.

Capítulo **11**

OS DIREITOS COMO UMA RESPOSTA
AO COLAPSO DA MORAL

Temos o direito de proferir ofensas e até de dizer coisas abomináveis, mas a maioria das pessoas não o exerce com frequência, e de fato não deve exercê-lo. Todo advogado tem o direito de se recusar a trabalhar como voluntário, mas os advogados devem, em geral, trabalhar como voluntários em algum serviço de assistência jurídica. Uma pessoa extremamente rica tem o direito de guardar para si todo o seu dinheiro (depois de pagar os impostos, é claro) e não dar nada em caridade, mas não se deve encorajar a avareza. O direito de redigir um testamento pode ser usado por um multimilionário para doar toda a sua fortuna a um cemitério para gatos, mas ele deve promover causas sociais mais meritórias.

Alguns norte-americanos talvez pensem que, por terem o direito de fazer algo, não podem ser criticados ou culpabilizados por fazê-lo. Alguns extremistas – personalidades do rádio, produtores de Hollywood e donos de empresas de música, por exemplo – interpretam qualquer objeção a suas palavras ofensivas e degradantes como uma violação inaceitável de sua liberdade de expressão. Mas uma cultura liberal que funcione corretamente faz uma distinção entre as sanções legais e a censura moral.

Os filósofos traçam uma distinção entre o "direito" e o "bem", ou seja, entre as normas uniformes de justiça a que todos os norte-americanos são obrigados a obedecer em virtude da lei e os vários ideais pessoais que eles, cada um por si, decidem adotar. No mesmo espírito, pode-se postular uma distinção entre o que é errado do ponto de vista jurídico e o que é imoral do ponto de vista pessoal. Fazemos uso do poder público para reprimir a violação de promessas, os ilícitos civis e os crimes. Para desestimular condutas imorais, mas não ilegais, por outro lado, fazemos uso da persuasão e da desaprovação pessoal, mas não da coerção pública.

Segundo a interpretação que atualmente se dá à Constituição norte-americana, toda mulher tem o direito de abortar. Para muitos norte-americanos, esse direito sintetiza o modo pelo qual a liberdade individual promove a irresponsabilidade pessoal. Certamente não é adequado justificar o aborto invocando simplesmente o direito à "privacidade" – palavra que não consta na Constituição e que, de qualquer modo, não faz jus à questão. Do mesmo modo, a contraposição entre o abstrato "direito à vida" e o igualmente abstrato "direito de escolha" não nos leva muito longe. Em vez de proteger um abstrato direito de escolha, talvez devêssemos pensar num modo mais eficaz de proporcionar oportunidades e perspectivas às mulheres jovens. Mas o esforço para desestimular as gestações que tendem a terminar em aborto, ou mesmo para dissuadir as mulheres grávidas de fazer aborto, quando empreendidos dentro da lei, não devem ser todos condenados como intromissões indevidas num "direito". O direito ao aborto impõe às autoridades responsabilidades correlativas. Algumas dessas responsabilidades, como a proteção policial para as pessoas que trabalham em clínicas de aborto, exigem que se gaste o dinheiro dos contribuintes. Um esforço não violento para reduzir o chocante número de abortos que se realizam todo ano nos Estados Unidos (1,5 milhão, infelizmente), quando acompanhado pela concessão de ajuda afirmativa às pessoas que não têm muitas outras opções, provavelmente seria um excelente investimento.

O direito é e deve ser moldado por aspirações morais. Do ponto de vista moral, é perfeitamente coerente insistir em que o direito ao aborto só seja exercido em casos muito raros. Podem-se tomar medidas para tornar o aborto menos comum: educação sobre métodos anticoncepcionais, prevenção de relações sexuais sem consentimento e melhoria das oportunidades para as mulheres jovens.

Qualquer que seja a nossa opinião acerca desse assunto controverso, ele deixa claro que, ao passo que um indivíduo talvez tenha o direito legal inquestionável de fazer algo, outros indivíduos podem ter o direito legal de se queixar, de modo não violento, pelo fato de o primeiro indivíduo fazer aquilo. Com efeito, a educação moral consiste em grande medida em inculcar normas e valores que desestimulem condutas que, embora não sejam ilegais, são danosas e ofensivas. Toda conduta moralmente questionável pode ser desencorajada pela humilhação social informal, sem que seja necessário transformá-la num crime ou num ilícito civil.

Segundo alguns pretensos defensores da responsabilidade, a nova ênfase nos direitos que as pessoas têm produziu uma cultura de relativismo moral e ausência de padrões na qual os norte-americanos passaram a insistir em que seus direitos sejam respeitados sem avaliar por um momento sequer se a sua conduta é benéfica para eles próprios ou para a sociedade. Esses críticos da cultura se preocupam sobretudo com a possibilidade de que a concessão de direitos leve as pessoas – especialmente as menos favorecidas – a conceber-se como vítimas e acostumar-se a buscar reparação e proteção junto ao Estado. Concluem que o reconhecimento dos direitos pode alimentar a dependência, a autocomiseração e a falta de iniciativa.

Uma preocupação semelhante com essa disseminação do "vitimismo" surgiu há pouco tempo nos argumentos sobre a igualdade entre os sexos. Alguns críticos do feminismo e até algumas feministas afirmam que a ênfase excessiva nos direitos que protegem contra o assédio sexual, o estupro em situação propícia à intimidade sexual e a pornografia corroeram a responsabilidade e a capacidade de ação das mulheres e as encorajaram a abraçar uma cultura de vitimismo, dificultando ainda mais para elas mesmas a igualdade com os homens e o respeito por si mesmas. É verdade que as pessoas que se veem como vítimas não percebem suas próprias capacidades e pensam que o mundo inteiro tem o dever de ajudá-las, e talvez acabem não se dedicando a atividades que façam bem a si mesmas e à sociedade. Mas não há dados históricos suficientes que corroborem a especulação de que as pessoas que adquirem direitos jurídicos começam a ver-se como vítimas passivas que não precisam mais assumir a responsabilidade pelo próprio destino. Tudo depende de quais são os direitos em questão, pois aqueles que gozam de determinados direitos muitas vezes se tornam mais atuantes exatamente por essa razão.

Muitos críticos do Estado de bem-estar com atuação reguladora são entusiastas dos direitos contratuais e dos direitos de propriedade e gostariam de aumentar ainda mais a proteção jurídica de que esses direitos gozam, exigindo, por exemplo, que o Estado indenize as pessoas cujas terras perdem valor em virtude de regulamentações estatais. O que esses críticos pedem, na prática, são novos direitos ou o reforço de direitos já existentes. Mas seria plausível alegar que o reforço dos direitos contratuais e dos direitos de propriedade transformaria seus beneficiários em vítimas, ou que as pessoas que clamam por tais direitos promovem o "vitimismo"? Trata-se de uma alegação estranha, muito embora a liberdade contratual e os direitos de propriedade de fato acabem por corroer certos hábitos arcaicos de autotutela – as pessoas que se valem de segurança privada ou de serviços privados de combate a incêndio, por exemplo, tendem depois disso a parar de desenvolver suas capacidades tradicionais de autodefesa.

Na verdade, é possível que as pessoas cujos direitos são garantidos de maneira confiável – seus direitos de celebrar contratos, possuir bens imóveis, não sofrer segregação racial nem assédio sexual – também tendam a agir com mais segurança na sociedade e a cooperar de modo mais ativo com um sistema que lhes garanta o igual respeito. Alguns direitos, aliás, são precondição para a ação individual: os indivíduos que perdem o controle sobre sua pessoa e seus bens tendem muito mais a se ver como vítimas. Talvez aqueles que até agora têm sido negligenciados pelo governo parassem de fazer o papel de "vítimas" e se tornassem cidadãos atuantes se os seus direitos fossem protegidos de maneira confiável. Com efeito, essa é uma das finalidades sociais fundamentais da proteção de direitos. O fato de os direitos aumentarem ou diminuírem a autossuficiência das pessoas depende de seu conteúdo, seu contexto e seus efeitos. Afirmar que os direitos enquanto tais reduzem seus beneficiários a vítimas indefesas e queixosas – substituindo a família pela promiscuidade e o trabalho pela dependência – não é plausível.

Martin Luther King Jr. apelou ao Estado para que protegesse os negros contra a discriminação racial cometida por particulares. Na qualidade de advogado, Thurgood Marshall ajudou a consolidar um direito contra a discriminação racial cometida pelo Estado. Não é plausível acusar King ou Marshall de ter promovido um culto ao vitimismo. Pelo contrário, a ideia mais comum é que eles ajudaram a garantir maior independência aos afro-americanos. (King, aliás, embora seja habitualmente descrito como um entusiasta da neutralidade racial, para quem a cor de pele não deveria ser levada em conta para propósito social algum, apoiava convictamente programas de ação afirmativa dirigidos a determinada raça.) No caso deles, a defesa dos direitos andava de mãos dadas com o dinamismo reformista e a recusa a assumir uma posição de passividade[1]. O que uma pessoa que defende a responsabilidade e avilta os direitos diria sobre o fato de eles terem afirmado direitos? Descreveria esse fato como o primeiro passo rumo ao culto da vitimização entre os afro-americanos?

---

[1] O mesmo se pode dizer dos autores da Declaração de Direitos norte-americana.

OS DIREITOS SURGEM QUANDO AS NORMAS E DEVERES CAEM POR TERRA

Qual seria, portanto, a melhor justificativa do direito ao aborto, se é que tal justificativa existe? A resposta tem tudo a ver com o contexto social, sem mencionar uma derrocada da responsabilidade social que vai muito além das pessoas mais imediatamente envolvidas na questão. Se a igualdade sexual fosse uma realidade, os argumentos em favor de um direito constitucional ao aborto nos Estados Unidos seriam muito mais fracos. Sem tanta pobreza, o direito a fazer um aborto nos Estados Unidos – ou seja, o direito de fazer um aborto sem ter de empreender uma custosa viagem para fora do país – não levantaria questões tão graves de justiça básica. Numa sociedade em que os deveres para com os vulneráveis fossem levados a sério, os argumentos favoráveis ao direito ao aborto seriam menos plausíveis do que são agora. Nessa sociedade, as mulheres que precisam de ajuda a obteriam – antes, durante e depois da gestação. A disponibilidade de assistência social seria um argumento contrário ao aborto, pois a gestação e a maternidade seriam menos difíceis do que hoje são para muitas mulheres e não representariam tamanha fonte de desigualdade. Numa sociedade assim, se não o direito, pelo menos as normas sociais exigiriam que não somente as mulheres, mas também os homens dedicassem seu corpo à proteção de seus filhos. (É digno de nota que o direito norte-americano não exige em momento algum que os homens dediquem seu corpo à proteção de terceiros, mesmo quando seus próprios filhos, por exemplo, precisam de uma transfusão de sangue ou de um transplante de medula.) O mais importante é que, numa tal sociedade, as restrições ao aborto seriam baseadas numa forma neutra e geral de compaixão pelos vulneráveis, e não no desejo tão disseminado – proeminente, mas não universal, no movimento pró-vida – de controlar as capacidades sexuais e reprodutivas das mulheres.

Em outras palavras, seria mais difícil justificar o direito ao aborto se as restrições a este não permitissem que legisladores, governantes e juízes do sexo masculino impusessem os papéis sexuais tradicionais por meio do sistema jurídico e dessem continuidade, assim, a um sistema de discriminação baseada no sexo. Numa sociedade em que não existisse discriminação sexual, o direito ao aborto talvez parecesse enigmático ou desnecessário. Mas não é nessa sociedade em que vivem os norte-americanos hoje.

Numa situação geral de desigualdade entre os sexos, a proteção do direito ao aborto pode ser entendida como uma resposta social – tão responsável quanto qualquer outra alternativa diante dessa situação – a uma trágica derrocada prévia da responsabilidade social. É mais difícil justificar abstratamente o direito ao aborto, e tira-se disso uma lição geral: os direitos muitas vezes surgem quando as instituições públicas e privadas falham e os indivíduos deixam de cumprir seus deveres com responsabilidade. Quando o ambiente está severamente degradado, quando os vulneráveis são abandonados à própria sorte ou quando crianças estão em risco, costumam-se ouvir "reivindicações de direitos". Quando os indivíduos entram na criminalidade porque uma péssima situação social reduziu suas inibições morais (não roubarás, não matarás), os custos da proteção policial aumentam de modo marcante e novas reivindicações de direitos são feitas pelas vítimas do crime. Assim, a Emenda dos Direitos das Vítimas, proposta para a Constituição dos Estados Unidos, é uma resposta ao abandono individual e social. As reivindicações de direitos à limpeza do ar e da água, ao alimento, a uma habitação decente, à segurança no trabalho, aos direitos da criança ou à "liberdade de escolha em matéria de reprodução" – todas elas devem ser entendidas em seu contexto como respostas que visam compensar uma negligência original das responsabilidades sociais.

Quando as normas sociais benéficas funcionam bem, as regulamentações legais muitas vezes se mostram desnecessárias. Quando essas normas deixam de operar, as reivindicações de direitos se fazem ouvir com cada vez mais insistência. As normas sociais e as normas jurídicas resolvem os mesmos problemas de maneiras diferentes. Uma forte norma social contra o ato de jogar lixo na rua teria o mesmo efeito que uma lei que proibisse esse ato e fosse acompanhada por uma fiscalização eficaz. Ambas ajudariam a sociedade a evitar uma conduta que não chega a ser terrivelmente ruim, mas que, no conjunto, é altamente indesejável. Como as leis, as normas sociais ajudam a coordenar o comportamento social. Quando os norte-americanos obedecem a normas de cooperação que encorajam as pessoas a fazer cada qual a sua parte, contribuindo com uma pequena quantidade de tempo ou de trabalho em projetos que só podem dar certo quando a grande maioria dos cidadãos faz essa contribuição, as reivindicações de direitos não chegam sequer a surgir.

Muitas vezes, a desaprovação social informal é mais poderosa e eficaz que normas jurídicas garantidas pelos tribunais, e pode constituir um meio mais barato e mais eficiente de alcançar objetos sociais desejados por muitos. Se as empresas estão poluindo demais, se os fumantes estão irritando ou pondo em risco os não fumantes, se os pobres estão usando drogas, campanhas de educação pública para promover normas comunitárias podem ser capazes de melhorar a situação a um custo relativamente baixo. Admite-se que o governo norte-americano não tem um grande histórico de preceptor moral da nação. Além disso, as pregações nem sempre conseguem melhorar as pessoas (pelo contrário, o público pode se desinteressar ou até se rebelar). Mas o governo pode usar, e frequentemente usa, a disseminação de informações e a divulgação propagandística dos benefícios da cooperação para o bem da sociedade: o aumento da reciclagem e a diminuição do tabagismo são dois exemplos recentes.

Quando falham os esforços de persuasão moral, o mais provável é que a afirmação de direitos venha substituí-los. Os argumentos "contra os direitos", portanto, fariam mais sentido se fossem reinterpretados como queixas contra a deficiência das normas sociais e a nossa necessidade de reagir a essa deficiência. O direito de viver livre de certas formas de poluição ("direitos dos não fumantes") e o direito de viver livre de discursos de ódio com tema racial (direito esse que vigora em muitos códigos de expressão vigentes em *campi* universitários) são habitualmente propostos quando as normas sociais falham. E, uma vez reconhecidos juridicamente, o contribuinte pode ter de pagar um alto preço por isso.

Nem todas as normas sociais são boas; algumas são más. Uma norma social contrária ao voto da população negra impediu por quase um século que a Décima Quinta Emenda alcançasse seu objetivo. Com efeito, o custo dos direitos às vezes é proibitivamente alto porque as normas sociais perniciosas não podem ser rompidas sem que se recorra a uma força excessiva. A dificuldade de fazer valer os direitos civis diante dos hábitos e crenças racistas ilustra essa questão. O direito à proteção contra a discriminação racial é mais bem protegido nas forças armadas norte-americanas do que na sociedade civil, pois os civis que seguem normas sociais racistas têm mais capacidade de resistir aos comandos da autoridade que os racistas fardados.

A imposição dos direitos depende tanto de uma autoridade coercitiva quanto de normas sociais boas ou ruins. Essa imposição é reduzida porque a autoridade coercitiva é em si mesma limitada pela escassez de seus recursos. Além disso, ao passo que normas socialmente benéficas são capazes de tornar desnecessários os direitos e a coerção, as normas sociais de caráter divisivo são capazes de diminuir ou mesmo anular a eficácia dos direitos e da coerção. Os direitos jurídicos talvez surjam como uma resposta à falha das normas, mas não serão respeitados nem impostos na ausência de alguma espécie de apelo normativo. A Lei Seca – imposta como uma espécie de emenda dos direitos das vítimas, com o objetivo de proteger as famílias dos alcoólatras – talvez seja o exemplo mais característico. Do mesmo modo, os "direitos de seguridade social", como o AFDC, não deram certo porque faltou-lhes o apoio da maioria do público.

Nada disso dá a entender que houve, nos Estados Unidos, um grande movimento de recusa das responsabilidades e apego aos direitos. Em 1995, apesar dos muitos Johns Redhails que existem entre nós, mais de US$ 10 bilhões em pensão alimentícia para crianças foram pagos nos Estados Unidos[2], um recorde histórico. Também em muitas outras áreas as pessoas são mais responsáveis hoje do que eram no passado. E esse aumento da responsabilidade parece estar ligado a uma expansão e aprofundamento dos direitos.

No entanto, quando a capacidade do Estado de proteger seus cidadãos é limitada, ele deve tomar cuidado para não impor mecanicamente as responsabilidades morais. Há pouco tempo, um comentador disse o seguinte a respeito de tentativas grosseiras, por meios jurídicos, de fazer com que os pais ausentes assumam a responsabilidade por seus filhos: "As mães pobres muitas vezes rompem com o pai de seus filhos porque ele as maltrata fisicamente. Quando ocorre a ruptura, não o querem mais em sua vida. Quando um órgão do Estado obriga um homem raivoso e violento a pagar pensão a seus filhos, é possível que ele venha a reafirmar seus direitos de pai e a assediar novamente a mãe das crianças. Tornar a acender essa fogueira talvez não seja uma boa política."[3] Quando as autoridades trazem um pai ausente de volta ao convívio com o filho que abandonou, elas devem oferecer à criança e à mãe proteção contra os maus-tratos físicos que podem vir a ocorrer. Um Estado responsável não declara e impõe os direitos das crianças à pensão alimentícia se não está preparado para pagar, na mesma hora, os custos dessa proteção. O exercício dos direitos jurídicos muitas vezes motiva uma resposta violenta, e o custo da proteção dos detentores de direitos contra uma possível retaliação deve, sem dúvida, ser incluído no custo

---

[2] U.S. Department of Health and Human Services, Office of Child Support Enforcement, *Twentieth Annual Report to Congress for the 1995 Fiscal Year*. O contribuinte norte-americano pagou US$ 1 para cada US$ 4 arrecadados em alimentos para crianças (Apêndice B, Tabela 1, p. 78).
[3] Christopher Jencks, "The Hidden Paradox of Welfare Reform", *American Prospect*, n.º 32 (maio-junho de 1997), p. 36.

dos próprios direitos. Nenhuma comunidade política responsável dará direitos a seus cidadãos se não estiver disposta a arcar também com esses custos subsidiários.

Em resumo, os direitos impõem responsabilidades, assim como as responsabilidades dão origem a direitos. Para proteger os direitos, o Estado responsável terá de gastar, com responsabilidade, recursos coletados de cidadãos responsáveis. Em vez de lamentar um fictício sacrifício das responsabilidades no altar dos direitos, devemos nos perguntar qual é o pacote de direitos e responsabilidades complementares que terá probabilidade de conferir mais benefícios à sociedade que os custeia.

PARTE IV

OS DIREITOS ENTENDIDOS COMO ACORDOS

Capítulo **12**

COMO A LIBERDADE RELIGIOSA
PROMOVE A ESTABILIDADE

Por que os norte-americanos obedecem às leis? Por que a maioria dos cidadãos norte-americanos, a maior parte do tempo, adapta voluntariamente seu comportamento aos ditames de complexas normas jurídicas, paga seus impostos, comparece ao tribunal quando convocada para o júri e acata as ocasionais decisões errôneas de autoridades do Executivo, do Legislativo e do Judiciário? Para dar uma resposta completa à "questão da obediência", seria preciso nos referirmos aos hábitos, à imitação, à deferência, ao respeito pelas normas, à solidariedade social e ao poder coercitivo do Estado. Mas, além de tudo isso, o cidadão comum não obedecerá rotineiramente às leis se também não percebê-las como legítimas. E isso significa que precisa perceber que os ônus impostos pelas leis são partilhados de modo mais ou menos equitativo entre toda a população.

A obediência à lei deriva em parte de um entendimento social de que o Estado salvaguarda e promove interesses humanos fundamentais, entre eles certas liberdades individuais básicas. Ou seja, a imposição dos direitos não somente pressupõe o poder de tributar e gastar, mas também ajuda a criar entre o povo uma aceitação desse poder. As autoridades que estão no poder criam boa vontade política quando financiam os direitos que os cidadãos querem. Embora a proteção de direitos básicos dependa fundamentalmente dos atos coercitivos e extrativos do Estado, essa atividade estatal só pode se justificar aos olhos dos cidadãos na medida em que o Estado também contribui para proteger, de modo equitativo, os interesses que lhes são mais caros[1].

Uma das razões pelas quais os cidadãos se sentem moralmente obrigados a cumprir seus deveres cívicos elementares é que o sistema que eles

---

[1] A troca de proteção de direitos por legitimidade política é um dos temas mais caros a Jürgen Habermas, *Between Facts and Norms* (Cambridge, Mass.: MIT Press, 1996).

assim colaboram para sustentar defende suas liberdades fundamentais num grau suficiente, embora não perfeito. Os direitos protegidos pela lei e pela política estão entre os serviços públicos mais apreciados que o Estado liberal-democrata fornece. E, se os cidadãos norte-americanos suportam de bom grado os grandes fardos que lhes são impostos pelos governos federal, estadual e municipal, isso ocorre em parte porque esses governos distribuem de modo minimamente equitativo um grande número de bens públicos preciosos, como o corpo de bombeiros e direitos particulares exigíveis judicialmente. Enquanto o Estado oferece proteção, os cidadãos lhe respondem com sua cooperação. A cooperação é muito menos provável quando a proteção de direitos é diluída, aleatória ou ausente, ou quando o Estado cria e protege direitos que não deveriam ser protegidos. As autoridades no poder também têm a deplorável tendência de fraquejar nas proteções que oferecem a indivíduos politicamente fracos e grupos de cuja cooperação não necessitam.

A troca de direitos por cooperação é um tema perene da teoria política liberal e geralmente é evocado por meio da metáfora do "contrato social". O Estado concorda em proteger os cidadãos uns contra os outros e também contra as autoridades; os cidadãos, em troca, dão apoio ao Estado. As sociedades liberais não são aglutinadas somente pelo hábito, pela autoridade, pela cultura, pelo sentimento de pertencer a um grupo e pelo medo da polícia, mas também por uma percepção generalizada de que há vantagens nessa associação. Esse é um dos motivos pelos quais as pessoas relutam em contribuir quando outras pessoas não estão fazendo sua parte. As sociedades florescem quando os indivíduos não se atacam mutuamente, se submetem a regras claras que valem igualmente para todos e fazem sua parte em empreendimentos comuns. Quando existem esses três elementos, existe também a percepção de que o ônus individual é mais leve que os ganhos individuais e coletivos.

Uma teoria empírica dos direitos precisa examinar a questão de como as liberdades individuais criam e sustentam relações de cooperação tanto entre grupos de cidadãos quanto entre os cidadãos e o Estado[2]. Por que os

---

[2] Não se deve confundir essa tese empírica com o argumento de David Gauthier segundo o qual os princípios de justiça podem ser defendidos pela demonstração de que teriam nascido de negociações que visam vantagens mútuas, dadas as distribuições existentes de talentos, direitos etc. Ver David Gauthier, *Morals by Agreement* (Oxford: Clarendon, 1986). Os argumentos filosóficos baseados nas vantagens mútuas precisam justificar o estado em que as partes se

cidadãos pagam de bom grado o preço da imposição dos direitos? Pode ser que o paguem por medo ou por hábito, sem perguntar o porquê. Mas talvez também percebam que esses direitos valem o preço. É nesse sentido que os direitos, especialmente os mais básicos, são considerados os pilares do contrato social liberal, a fonte da legitimidade da autoridade política liberal. Oferecidos pelo Estado e aceitos pelo cidadãos numa troca de concessões, os direitos podem até, no limite, ser vistos como um tipo de acordo. É claro que não são somente isso, mas a metáfora é útil. Aliás, é mais que uma simples metáfora: do ponto de vista puramente descritivo ou histórico, muitos direitos devem sua origem a negociações ou acordos entre pessoas diversas que buscavam cooperar entre si ou pelo menos conviver pacificamente[3]. Procurando entendê-los desse modo, podemos esclarecer de que maneira os direitos podem ser habitualmente protegidos pela ação do Estado, mesmo que, por razões práticas, não sejam sempre exigíveis em juízo.

Alguns daqueles que estremecem ao ouvir falar do custo dos direitos talvez desconfiem de um exame rigoroso das trocas que a imposição de direitos inevitavelmente acarreta. Pode ser, além disso, que apresentem objeções morais e teóricas à noção de que os direitos são concedidos em troca da cooperação social, sendo as "contribuições" tributárias o exemplo de cooperação mais facilmente mensurável. O descaso para com a questão do custo dos direitos pode refletir também um desconforto ainda mais profundo com a concepção dos direitos como acordos. Se os direitos são inegociáveis e universais, baseados na razão imparcial e exigíveis por todos os seres racionais, como podem ser reduzidos a uma simples questão de "uma mão lava a outra"? E é fato que essa maneira de formular o tema parece grosseira e simplista. Se muitos direitos não podem ser comprados e vendidos no mercado – se ninguém pode vender seu direito de votar ou seu direito à

---

encontravam no princípio da negociação, ou postular como axioma que esse estado já era justo. A dificuldade envolvida em justificar qualquer ponto de partida é um problema perene para quem pretende usar a teoria do contrato social para demonstrar que suas conclusões morais são corretas. Ver John Rawls, *A Theory of Justice* (Cambridge, Mass.: Harvard University Press, 1971 [trad. bras. *Uma teoria da justiça*. 4ª ed. São Paulo: Martins Editora, 2016]); Brian Barry, *Theories of Justice* (Berkeley: University of California Press, 1989). Este capítulo não tem a pretensão de justificar filosoficamente os direitos, mas simplesmente de defender a tese de que os direitos nascem da cooperação e a facilitam.

3 "Este modelo dos direitos, que os vê como produtos de negociações movidas pelo interesse próprio, parece pelo menos tão plausível quanto a noção comum de que os direitos derivam das mentalidades, dos *Zeitgeisten*, de teorias gerais ou da simples lógica da vida social." Charles Tilly, "Where Do Rights Come From?", em *Contributions to the Comparative Study of Development*, vol. 2, org. Lars Mjoset (Oslo: Institute for Social Research, 1992), pp. 27-8.

liberdade de expressão, por exemplo –, como os direitos em geral podem ser assimilados a objetos trocados numa negociação ou acordo?

A resposta é que há muitos tipos de acordo, e nem todos são vis ou vergonhosos. Negociações e acordos mutuamente benéficos e totalmente honrosos ocorrem todos os dias – não somente no supermercado, mas também no local de trabalho, nas casas de família e nos palácios de governo. O simples fato de serem entendidos como vantajosos para todos os envolvidos não os torna menos aceitáveis. Para reduzir a intensidade dos conflitos dentro das indústrias, por exemplo, que pode prejudicar o comércio entre estados, o governo norte-americano atribui alguns direitos aos empregadores e outros aos empregados e depois tenta fazer valer, contra as duas partes, esse pacote completo de direitos e deveres. Nesse caso, a imposição ou garantia dos direitos é na realidade uma estratégia de gestão de conflitos e uma forma de imposição de um acordo. Com efeito, o uso dos direitos para aperfeiçoar uma cooperação social mutuamente benéfica é rotineiro, como dá a entender a própria ideia de contrato social. As próprias leis, que criam e incorporam direitos, podem às vezes ser entendidas como acordos ou negociações. Dizer que os direitos podem ser entendidos como mecanismos que garantem os termos de um acordo é simplesmente afirmar que os sistemas políticos baseados em direitos são estabilizados em parte – mas apenas em parte – por uma percepção disseminada de que todos saem ganhando. Estipulando regras claras para resolver disputas sem violência e estabilizando as expectativas sociais numa sociedade heterogênea, os direitos criam uma forma particularmente estável de coexistência e cooperação social.

Na qualidade de instrumentos de aperfeiçoamento do bem-estar individual e coletivo, os direitos naturalmente exigem diversos tipos de renúncia por parte de todos os membros da comunidade (e não somente das autoridades), renúncias que serão abundantemente compensadas pelos benefícios decorrentes da reciprocidade, da especialização e da junção de esforços. Assim, o contrato social norte-americano não deve ser descrito somente como uma troca de direitos por cooperação, na qual o Estado oferece os direitos e os cidadãos respondem com a cooperação. O contrato social norte-americano envolve uma negociação mais deliberativa e reflexiva entre os próprios cidadãos que respeitam os direitos – entre os ricos e os pobres, por exemplo, e entre os membros de grupos religiosos discordantes.

Grosso modo, os teóricos da democracia dividem-se em duas categorias: os que encaram a política como um processo de negociações entre grupos de interesses particulares e os que a veem como um processo de deliberação e apresentação de razões. Porém, tanto a negociação como a deliberação têm papéis a desempenhar na criação de direitos, e não é fácil separá-las na prática. Os processos de discussão e reflexão podem, sim, dar origem a acordos, e nem sempre o interesse próprio, entendido de modo restrito, é a sua força motriz única ou mesmo a principal. Com efeito, muitas vezes acontece de um pacto social consubstanciado em direitos judicialmente exigíveis refletir não somente um juízo sobre as conveniências do momento, mas também sobre aquilo que é justo e correto de um ponto de vista absoluto. Por outro lado, mesmo quando a política é dominada pela democracia deliberativa – de tal modo que os interesses mais estreitos não cheguem a sufocar por completo o processo de apresentação de razões –, a busca de adaptações mútuas e soluções de meio-termo acaba desempenhando um papel significativo e até construtivo nesse processo.

É possível e útil examinar a liberdade religiosa de acordo com essa abordagem. A liberdade de consciência é um direito liberal clássico dotado de muitas justificativas abstratas ou filosóficas e surgiu em grande medida como resultado de um processo de negociação entre grupos sociais particulares que visavam assegurar uma união política interdenominacional, a tolerância mútua e a cooperação social.

"O Congresso não fará lei que determine o estabelecimento de uma religião oficial ou proíba o livre exercício da religião." Surpreendentemente, tem sido muito difícil conciliar essas duas normas. Os conflitos entre o dispositivo do livre exercício e o dispositivo da proibição de que haja uma religião oficial continuam suscitando alguns dos problemas mais espinhosos do direito constitucional norte-americano. Quando protege o livre exercício disponibilizando propriedades do Estado para encontros religiosos, por acaso o Estado está estabelecendo uma religião como oficial? Quando impede organizações religiosas de receber verbas disponibilizadas a quaisquer outras organizações, está obstruindo o livre exercício? Pode-se defender a tese de que as tentativas de evitar com rigor qualquer tipo de apoio político à religião – como a proibição da oração nas escolas públicas e ou a recusa de permitir que grupos religiosos usem os estabelecimentos escolares fora do horário de aulas – impõem um ônus ilícito ao livre exercício. Do mesmo modo, as tentativas escrupulosas de assegurar o livre exercício – pagando o seguro-desemprego a uma pessoa que se recusa a aceitar um determinado emprego porque este a obrigaria a violar o descanso religioso semanal, por exemplo – podem dar a impressão de violar a proibição de que o poder público dê apoio às crenças religiosas de particulares.

Este dilema prático, embora tenha inúmeros outros aspectos, também reforça uma das teses básicas deste livro. Mesmo os que visam à neutralidade religiosa insistem em que o Estado forneça seus serviços comuns – sobretudo a polícia e o corpo de bombeiros – às organizações religiosas como os fornece a todas as demais pessoas e organizações. Isso custa muito dinheiro, especialmente quando estão em alta as tensões entre diferentes grupos religiosos ou entre estes e os grupos não religiosos. Por proporcionar benefícios regularmente a muitos grupos não religiosos da sociedade, o Estado não dará a impressão de ser neutro caso não subsidie também a religião em vários contextos. Uma política de abstenção (recusa a estabelecer uma religião oficial) não garante a liberdade individual (livre exercício). O *laissez-faire* se caracteriza por proporcionar uma proteção insuficiente ao direito de livre exercício da religião – que o digam os que defendem a possibilidade de oração nas escolas públicas. E também os que rejeitam a oração nas escolas públicas deveriam ser capazes de admitir que o direito constitucional ao livre exercício da religião não pode ser garantido por uma política estatal de não intervenção; ao contrário, esse direito requer uma ação do governo e o apoio dos contribuintes.

No entanto, os custos que a liberdade religiosa impõe aos contribuintes costumam ser mal interpretados. Uma das razões desse fato é que a liberdade religiosa é rotineiramente entendida como uma liberdade "negativa" exemplar, cujo objetivo é deter a ação do governo e restringir o poder do Congresso e das assembleias legislativas estaduais de intrometer-se na liberdade de culto, crença e consciência dos indivíduos. Segundo essa visão convencional, a liberdade de religião tem a finalidade de manter o governo fora de um espaço particular bem delimitado a fim de preservar a autonomia moral de indivíduos que lidam com suas esperanças e medos acerca da própria mortalidade e da mortalidade de seus entes queridos, entre outras coisas.

Nesse contexto, a doutrina da independência e a imagem de uma "muralha" que separa Igreja e Estado são tipicamente invocadas para demonstrar que a liberdade de religião, como todos os demais direitos constitucionais, exige que o Estado não se intrometa, mas se recolha; não aja, mas deixe de agir; não se envolva, mas se distancie. Diz-se que a liberdade de religião dá proteção a indivíduos vulneráveis – quer em seus momentos de devaneio solitário na oração, quer em suas dissidências heterodoxas, quer ainda em sua simples descrença – contra a pressão intrusiva e conformista de um Estado potencialmente dogmático.

No entanto, não se deve permitir que a contribuição da liberdade religiosa para a autonomia individual obscureça o fato de que ela também tem origem numa coexistência social pacífica e contribui para essa coexistência. Ao mesmo tempo em que nos dá autonomia no que se refere às nossas mais profundas convicções, a liberdade religiosa depende essencialmente do bom funcionamento de um certo tipo de autoridade política legítima. Além disso, na medida em que desempenha um papel de estabilização e estimula a harmonia social, ela permite que nossa sociedade religiosamente heterogênea funcione razoavelmente bem. Sua utilidade evidente numa sociedade religiosamente heterogênea ajuda a explicar o reconhecimento original desse direito, sua imensa importância nos Estados Unidos e em outros países e a evidente boa vontade dos contribuintes em pagar os custos que ele acarreta.

A liberdade religiosa, como qualquer outro direito jurídico, tem seu custo. Os cidadãos norte-americanos têm certo grau de liberdade para prestar culto ou não, segundo sua vontade, mas essa liberdade impõe um custo ao fisco, mesmo quando não é subsidiada pelo orçamento público (a proteção que a polícia e os bombeiros oferecem às igrejas e outras instituições religiosas é subsidiada por esse orçamento). A liberdade religiosa dá aos cidadãos o direito a buscar remédios judiciais (custeados pelos contribuintes) sempre que sua liberdade religiosa é infringida por autoridades públicas, por exemplo. Embora as normas jurídicas relativas a essa questão sejam complexas e estejam sempre mudando, há casos em que a liberdade religiosa pode exigir que certos cidadãos sejam isentos da lei que vale para todos os outros, e essas isenções podem custar caro[4].

[4] Em *Employment Division, Department of Human Resources vs. Smith*, 494 U.S. 872 (1990), a Suprema Corte confirmou a proibição penal geral do uso religioso do peiote. O aspecto mais controverso da decisão foi a conclusão de que um direito neutro, que se aplica igualmente a todos, não suscita problemas constitucionais mesmo que tenha um efeito adverso sobre a religião. A Corte, assim, fez uma leitura rasa de sua decisão anterior em *Sherbert vs. Verner*, 374 U.S. 398 (1963) (embora não a tenha reformado), segundo a qual o seguro-desemprego não pode ser negado a um crente religioso com base numa lei geral que exige que as pessoas trabalhem aos sábados. Por outro lado, a Corte não chegou ainda a uma conclusão definitiva sobre a questão de exceções à lei geral motivadas pela religião. O Congresso procurou contornar a decisão *Smith* por via legislativa; a Corte declarou que o Congresso não tinha poder para tal,

A liberdade religiosa é custosa num grau ainda maior porque implica a permanente disposição do governo para intervir imparcialmente quando surgem tensões graves entre grupos religiosos. Nos Estados Unidos, os conflitos religiosos constituem uma área em que a intervenção reguladora do Estado é legítima; impõem-se assim todos os custos públicos ordinários de monitoramento, prevenção, repressão e acesso a remédios jurídicos. Por terem o direito de organizar-se e exprimir seus pontos de vista publicamente, as testemunhas de Jeová podem tocar gravações anticatólicas em bairros católicos. Essa liberdade certamente imporá custos ao Tesouro quando, por exemplo, a polícia tiver de supervisionar expressões potencialmente provocativas de fervor religioso. Um aspecto que talvez seja mais pertinente hoje é que a liberdade religiosa exige que o governo intervenha quando uma seita ou igreja emprega ameaças ilícitas de coerção para impedir membros individuais de apostatar ou sair do grupo.

Ainda há controvérsias acaloradas acerca do grau em que normas seculares podem ser impostas a comunidades religiosas. Acaso devem-se aplicar os princípios antidiscriminatórios a igrejas que fazem, por exemplo, discriminação baseada no sexo? Em geral, a resposta do direito norte-americano é que não devem, embora haja quem conteste essa resposta. Por outro lado, a proibição dos ilícitos comuns – agressão, lesão corporal, invasão de domicílio e outros – se aplica plenamente às organizações religiosas. Como quer que se avalie a decisão que a Suprema Corte tomou em 1990 no sentido de reafirmar a criminalização do uso de peiote nas cerimônias religiosas dos índios norte-americanos (com base na tese de que a lei não faz discriminação contra a religião)[5], a liberdade de religião nos Estados Unidos logo se tornaria puramente ilusória caso os grupos religiosos pudessem fazer o que bem entendessem por trás de uma muralha que as autoridades do Estado não pudessem penetrar e onde nenhuma autoridade pública coercitiva pudesse se impor, por exemplo, sobre líderes inescrupulosos ou mentalmente instáveis. Pelo fato de os direitos serem poderes potencialmente perigosos, um governo comprometido com a garantia dos direitos também deve trabalhar para garantir que eles não sejam mal utilizados.

A liberdade religiosa só é tolerável quando é praticada de acordo com certas regras civilizadas de autocontrole, regras essas que precisam ser im-

---

mas, nesse processo, revelou que estava internamente dividida quanto à questão de saber se isenções (custosas) podem às vezes ser autorizadas pela cláusula de livre exercício da religião.
[5] *Employment Division, Department of Human Resources vs. Smith*. Ver a discussão na nota anterior.

postas de modo coercitivo. Nos Estados Unidos, os grupos religiosos são proibidos de usar a coerção ou a ameaça de coerção para alcançar seus objetivos religiosos, pois o direito de uso da coerção pertence exclusivamente ao Estado[6]. Só o Estado pode utilizá-lo porque ele é, ou pretende ser, o único agente que não representa os interesses de um único setor, região, classe ou grupo da sociedade, mas, antes, representa o interesse público, ou seja, os interesses comuns a todos os cidadãos sem exceção, quaisquer que sejam as suas crenças religiosas.

Deixando de lado as aparências superficiais, a liberdade de religião nada tem a ver com a inação ou a paralisia do Estado. Nem sequer implica que o governo deva abster-se de agir (abstendo-se, por exemplo, de impor as leis que proíbem o estupro, o homicídio ou a posse de substâncias alucinógenas) dentro das propriedades que pertencem às igrejas. A Primeira Emenda não proíbe a intervenção do Estado nos assuntos religiosos, mas regula o modo e o âmbito dessa intervenção. Num sentido mais profundo, a liberdade religiosa proporciona o roteiro para uma cooperação e uma mutualidade subsidiadas pelo erário público. Estipula, por exemplo, que os cidadãos dos Estados Unidos, com suas diversas confissões religiosas, ao agir por meio dos instrumentos do Estado, não podem proclamar publicamente que os adeptos de grupos religiosos minoritários e os não crentes sejam cidadãos de segunda classe ou, de alguma outra maneira, não sejam dignos de serem membros da comunidade ou não sejam bem-vindos nela.

É preciso comentar a expressão "ao agir por meio dos instrumentos do Estado". A principal ameaça à liberdade religiosa não é o Estado enquanto tal, mas os grupos religiosos particulares que poderiam, dada a oportunidade, empregar os instrumentos do Estado para impor suas crenças sectárias a seus concidadãos. Como consequência, proteger a liberdade religiosa da "intromissão do Estado" é, na verdade, um meio circunstancial de protegê-la contra particulares.

Na realidade, é menos necessário proteger a liberdade religiosa contra o governo do que contra a arrogância intolerante e prepotente de grupos particulares. Está muito claro que este efeito indireto da liberdade religiosa tem a ver com a tese de que os direitos constitucionais só protegem os indivíduos contra a ação do Estado, não contra particulares. Mesmo que seja verdadeira de um ponto de vista técnico, essa afirmação legalista precisa ser

---

[6] Admitimos que a definição de *coerção* não é simples e que muitas vezes a lei permite que os grupos religiosos usem de "coerção" num sentido particular desse conceito bastante amplo.

interpretada de modo realista e dentro do seu contexto: na verdade, a Primeira Emenda protege a liberdade individual contra a instrumentalização do Estado por um grupo particular, instrumentalização essa que necessariamente se realiza com a aparência de legalidade. Um sistema de liberdade religiosa deve sempre incluir regras de controle mútuo com o objetivo de impedir que cidadãos presunçosos tomem atitudes divisivas, humilhantes e que minem a boa vontade da comunidade: não em todos os contextos, mas ao desempenhar certos papéis – ao atuar, por exemplo, como autoridades nas escolas públicas. As leis às quais falta um objetivo secular, como aquelas que exigem que o criacionismo seja ensinado nas escolas, são inconstitucionais porque atribuem poder público a grupos particulares num contexto crucial para o futuro da coexistência pacífica entre os muitos grupos religiosos e não religiosos dos Estados Unidos.

A história nos ensina que um dos objetivos originais da proibição dos ensinamentos sectários nas escolas públicas, que é um princípio consolidado do direito constitucional norte-americano, era o de impedir que essas escolas fossem dilaceradas por conflitos entre denominações religiosas. A separação entre a Igreja e o Estado ajudou a criar uma instituição comum onde os protestantes, socialmente dominantes, teriam de aprender que não poderiam tirar proveito da sua condição de maioria nem zombar dos católicos e de outras minorias, como se estes fossem menos norte-americanos do que eles. Para tanto, foram necessários esforços afirmativos do governo em circunstâncias bastante desfavoráveis, e não uma política de abstenção. Aliás, esses esforços também constituíram uma tentativa franca de impor a moral por meio da legislação, ou pelo menos de inculcar uma forma de autocontrole moral, que é um aspecto importante da moralidade em geral.

A escola pública foi concebida conscientemente como um território neutro – não no sentido de ser um território sem valores, mas de incorporar múltiplas convicções, permanecendo neutro entre elas. Seu objetivo era ensinar a coexistência, a tolerância e a ação em comum – e não, como é óbvio, o ceticismo ou o relativismo moral. Caso os recursos públicos destinados à educação fossem canalizados de modo a beneficiar um único grupo religioso, isso não somente estimularia a rivalidade política entre os diferentes grupos como também prejudicaria o pacto social tácito que permite aos membros de diferentes confissões religiosas sentirem que, nos Estados Unidos, todos estão no mesmo barco e encontram-se sob a autoridade de um mesmo governo, cujo objetivo é definir e buscar objetivos comuns a todos.

É nesse sentido que a liberdade religiosa pode ser vista como um pacto social entre igrejas e grupos, pacto este no qual o Estado não é uma parte entre outras, mas um corregedor, agente ou supervisor. (Não se pretende aqui negar que as próprias autoridades do Estado se beneficiem das relações de cooperação entre grupos religiosos rivais.)

A liberdade religiosa é um dos meios fundamentais pelos quais os Estados Unidos, onde vigora a pluralidade religiosa, lidam com sua diversidade interna. Podemos dizer que nossa sociedade pluralista mantém sua coesão por meio de uma divisão. A "barreira" entre Igreja e Estado tem uma função positiva, e não somente negativa. Permite e estimula a cidadania comum apesar do pluralismo religioso, permitindo que os cidadãos, embora discordem acerca das coisas mais elevadas, concordem quanto às mais próximas de nós. Os norte-americanos podem discordar acerca do "bem" (ou seja, dos ideais pessoais e religiosos cuja busca valorizam) e, ao mesmo tempo, concordar acerca do "justo" (as normas de justiça que regem a coexistência pacífica e a cooperação num mundo onde os recursos são escassos).

Numa sociedade heterogênea, a cooperação social – que inclui a capacidade de manifestar um certo grau de tolerância e respeito mútuo – pressupõe que as pessoas consigam deixar de lado seus desacordos mais fundamentais para concordar em assuntos mais abstratos ou mais particulares. Os cidadãos de diferentes religiões ou denominações são capazes de se comprometer com a liberdade religiosa ou com a Constituição como um todo, mesmo que os fundamentos que justifiquem esse compromisso sejam muito diversos. E os cidadãos com diferentes convicções religiosas são capazes de concordar com um certo rol de práticas particulares, embora seus pontos de partida sejam diferentes. Os direitos fundamentais dos norte-americanos podem ser aceitos por um corpo de cidadãos heterogêneo, cuja adesão às regras comuns é respaldada por uma larga gama de atitudes e crenças.

Ao agir por meio do Estado, que exerce um monopólio geral sobre os meios legítimos de coerção, os norte-americanos atendem ao pedido de deixarem de lado por um momento suas convicções religiosas conflitantes. Porém, ao agir fora dos círculos estatais – por meio de grupos não governamentais e nos contextos sociais da vida cotidiana –, eles têm liberdade para atuar de acordo com suas crenças religiosas e dar-lhes expressão vívida. Em outras palavras, a liberdade de religião está longe de ser algo exclusivamente individualista. Necessariamente inclui as liberdades de prestar culto em grupo, pregar, fazer proselitismo e fundar novas igrejas e grupos, todas as quais são liberdades eminentemente sociais. Na medida em que envolve a organização social e a interação pública, a liberdade de religião, como qualquer outra permissão para agir, suscita a possibilidade de conflito entre indivíduos e grupos. E é desse fato que decorre a maior parte dos custos públicos da preservação da liberdade religiosa.

Como revela o caso do aborto, desacordos religiosos às vezes se introduzem irresistivelmente no debate público. Porém, nem mesmo um conflito aparentemente inconciliável como o debate sobre o aborto nos Estados Unidos, onde estão em jogo valores supremos, chegou a envenenar todas as comunicações sociais no país ou a impossibilitar que outros problemas fossem resolvidos de forma democrática. A controvérsia em torno do aborto se manteve, em geral, dentro de limites relativamente moderados, pois tanto os norte-americanos religiosos quanto os não religiosos compreendem o delicado pacto de tolerância mútua em que se baseiam as suas instituições políticas. Essa trégua, esse processo de autocontrole e adaptação mútua, não é aviltante; pelo contrário, é uma premissa da nossa vida comum. Os que o aceitam não o fazem somente por conveniência, mas também por uma questão de princípio.

Os acordos ou negociações não são somente relacionamentos estratégicos, mas também relacionamentos morais. Isso porque as diversas partes na negociação têm um estímulo implícito para verem a si mesmas como partes de um todo e verem as pretensões das outras partes como tão legítimas quanto as suas. De acordo com o contrato social norte-americano, quando afirmo minha liberdade de consciência, afirmo ao mesmo tempo que todos os outros cidadãos, quaisquer que sejam as suas crenças particulares, gozam desse mesmo direito. Essa referência à reciprocidade e à equidade entre os indivíduos – que naturalmente impõe restrições ao que um determinado indivíduo pode fazer ou exigir – está implícita em todas as afirmações de direito constitucional no sistema jurídico norte-americano. A imparcialidade e a equidade nesse campo não somente colaboram para a preservação das boas relações sociais como também mostram por que é tão enganosa a ideia de que os direitos surgidos no século XVIII são intrinsecamente egoístas e antissociais.

Capítulo **13**

OS DETENTORES DE DIREITOS
COMO DETENTORES DE INTERESSES

É impossível compreender o lugar que os direitos de propriedade ocupam no contrato social norte-americano sem perguntar como esses direitos afetam aqueles membros da sociedade que não possuem bens ou os possuem em pequena quantidade. Como impedir que as pessoas sem propriedades – e esta pergunta se refere à forma mais básica de cooperação social – saqueiem as que as possuem? A justiça penal ajuda a preservar a riqueza acumulada por particulares, não somente contra a cobiça dos inescrupulosos, mas também contra a indignação dos pobres. Porém, para proteger os direitos de propriedade por meios puramente coercitivos, o Estado teria de usar sua força de maneira mortífera com uma intensidade assustadora. Um poder de polícia tão vasto e tão discricionário custaria muito aos donos de propriedades, e, além disso, os deixaria sentindo-se permanentemente à mercê de autoridades inescrupulosas. Assim, para os que pretendem acumular bens na qualidade de cidadãos particulares, a pergunta que fica é: como impedir o roubo e o incêndio criminoso sem depender exclusivamente da coerção?

Como deixar o Estado forte o suficiente para proteger os direitos de propriedade, mas não tão forte a ponto de tentar suas autoridades, portadoras de armas letais, a violar os direitos de propriedade alheios com vistas a seu enriquecimento pessoal? Para resolver esse enigma, que tangencia a própria essência do liberalismo, o melhor é propor uma segunda pergunta: como legitimar a riqueza em face da pobreza? Alternativamente, como o Estado deve tratar os pobres, dado que um dos seus principais objetivos é proteger com eficácia (e fazendo o mínimo uso possível da coerção, que é sempre passível de ser mal utilizada) os direitos de propriedade dos ricos?

Para dar a essa pergunta uma resposta completa, teríamos de mencionar a educação pública, oportunidades para entrar no mercado de trabalho, a difusão mais ampla possível da propriedade privada e muitas outras distribuições de recursos privados operadas pelo Estado. Os menos favorecidos terão muito mais facilidade de contribuir para o bem comum se acreditarem que também os mais privilegiados estão fazendo a sua parte. E uma abordagem prudente da questão da pobreza incluirá, sem dúvida, o ato de dar aos destituídos uma quantidade suficiente de alimento para impedi-los de cair na raiva ou no desespero. Até os mais ardorosos defensores da propriedade privada podem tentar garantir que todos tenham acesso a níveis básicos de alimento e abrigo. O ato de aliviar o extremo desespero dos pobres também pode decorrer de princípios morais, da pura e simples compaixão ou do sentimento de solidariedade; mas, visto que o castelo não está a salvo quando se passa fome na choupana, o alívio à pobreza às vezes surge como uma estratégia de autodefesa dos ricos. Talvez essa seja a sua origem mais comum.

Uma vez que as transferências de bem-estar dos ricos para os pobres eram tradicionalmente motivadas pelo medo do radicalismo dos operários, tenderam a perder o apoio da classe média com o encolhimento da mão de obra industrial e o desaparecimento do comunismo como alternativa aparentemente viável ao capitalismo. Porém, para que os bens dos proprietários sejam protegidos de forma confiável e o Estado ao mesmo tempo recolha tributos num fluxo constante, tanto os políticos quanto os proprietários precisam que os indigentes se controlem e colaborem – especialmente os indigentes jovens do sexo masculino. Não é difícil perceber aqui qual é a motivação básica, pois, como comentou o juiz Richard Posner, "a pobreza no meio da abundância tende a fazer aumentar a incidência do crime"[1]. É verdade que os ricos podem reagir a esse perigo por meios puramente particulares. Os moderadamente abastados podem se retirar para condomínios fechados onde se isolam das consequências do desespero das classes baixas. Mas essa estratégia não agrada nem aos que têm dinheiro: o isolamento custa caro, e seu preço não é apenas monetário. Se essa tendência se alastrar, é claro que a coesão social estará em risco; e se pode afirmar com segurança que o apoio da classe média aos programas de seguridade e bem-estar social continuará diminuindo.

---

[1] Richard Posner, *Economic Analysis of Law*, 4ª ed. (Boston: Little, Brown, 1992), pp. 463-4.

OS DIREITOS DE BEM-ESTAR COMO EFEITOS DE UMA NEGOCIAÇÃO SOCIAL

Nos Estados Unidos, o "discurso dos direitos" é incrivelmente parcial. Com efeito, as preferências políticas dos norte-americanos nos permitem prever com bastante segurança quais os direitos que eles favorecem e quais eles desfavorecem. Os conservadores em matéria de economia querem fortalecer os direitos de propriedade ao passo que enfraquecem os de seguridade e bem-estar social. Os conservadores em matéria de religião louvam o direito à vida e condenam a separação total entre Igreja e Estado. Os progressistas da União Americana de Liberdades Civis (American Civil Liberties Union – ACLU) apoiam a liberdade de expressão e censuram o direito à oração nas escolas. Os progressistas adeptos da seguridade e bem-estar social favorecem o direito à assistência social e desfavorecem o direito das empresas de fecharem suas instalações onde e quando quiserem.

Podemos até afirmar que as posições políticas nos Estados Unidos são definidas em grande medida pela decisão de propor ou defender alguns direitos e censurar outros. Além disso, em muitas ocasiões, a defesa de um direito ou o ataque a outro são apoiados por argumentos cuidadosos. Porém, toda pessoa que defende um determinado direito tem interesse em dar a impressão de que tal direito existe numa esfera pura e extra-humana, a esfera do "Direito" ou da "Constituição", jamais violada por negociações e valores políticos concorrentes. Esse conceito não resiste a um exame atento. O debate sobre direitos nos Estados Unidos versa não somente sobre valores, mas também sobre negociações apropriadas: é alimentado por paixões partidárias e por juízos e compromissos morais conflitantes. Nesse caso, como é possível que a política norte-americana tenha alcançado esse caráter relativamente consensual que os observadores estrangeiros percebem com tanta frequência? Será possível que o consenso norte-americano, na medida em que existe, só poderá sobreviver se todos os grupos sociais importantes sentirem que têm algo a ganhar com a tolerância mútua, ou seja, na medida em que a cada um deles for concedido um conjunto de direitos valiosos?

Mesmo na ausência de qualquer espécie de auxílio público, a propriedade privada pode produzir efeitos colaterais benéficos para os pobres. A criação de empregos é um dos argumentos mais persuasivos em favor da garantia pública da propriedade privada. Muitas vezes se afirma, com razão, que o contrato de tributação em troca de proteção, o qual se consubstancia em direitos de propriedade exigíveis em juízo, confere muitos benefícios palpáveis a quem não é rico – não somente empregos, mas também o crescimento econômico em geral, a diminuição do custo dos bens de subsistência em relação aos salários e uma alternativa econômica à tirania (que inevitavelmente prejudicaria todos, inclusive os pobres). Além disso, o fornecimento de oportunidades e assistência aos pobres sempre tem relação com certas concepções de justiça partilhadas pelo público. Uma sociedade justa tenta garantir oportunidades razoáveis para todos e também assegurar que ninguém caia abaixo de um piso mínimo decente[2]. Isso faz parte da ideia liberal essencial de que a sociedade é um empreendimento cooperativo.

Se a sociedade não fosse organizada como um empreendimento cooperativo, a propriedade privada tal como a conhecemos não poderia ser criada e conservada. As grandes empresas norte-americanas não poderiam jamais ter acumulado a riqueza e o poder que possuem sem muitos tipos de apoio por parte do Estado. Do mesmo modo, os indivíduos ricos e bem-sucedidos devem sua riqueza e seu sucesso a instituições sociais que, embora exijam a cooperação de todos, distribuem seus benefícios de maneira seletiva e desigual. A economia capitalista proporciona as precondições legais para a acumulação desigual de riqueza. Essa acumulação desigual não cai do céu. Por mais que as pessoas se esforcem no trabalho, sempre será uma simplificação exagerada atribuir as diferenças de riqueza adquirida ao "esforço" do rico. Os pontos de partida das diversas pessoas são completamente diferentes; uma pessoa nascida na rua em Chicago, Nova York ou Los Angeles pode ter uma perspectiva de vida muito pior que outra pessoa nascida a um quilômetro de distância. De qualquer modo, o esforço particular assume sua forma atual e recebe suas recompensas atuais por causa de arranjos institucionais escolhidos politicamente, administrados pelo Estado e impostos pelo sistema jurídico. Todo arranjo que gera uma acumulação desigual de riqueza pode ser justificado pelos princípios liberais, pelo menos quando gera vantagens para a maioria. Também pode ser ajustado – sem ferir em nada esses princípios – para garantir que parte das fortunas acumuladas seja destinada a proporcionar oportunidades decentes e um bem-estar mínimo aos cidadãos comuns. Com efeito, o próprio objetivo que justifica esses arranjos – a promoção do bem-estar humano – também justifica adaptações que visam ajudar aqueles que, de outro modo, estariam em desvantagem.

---

[2] Norman Frohlich e Joe Oppenheimer, em *Choosing Justice* (Berkeley: University of California Press, 1993), documentam de forma empírica as surpreendentes opiniões de várias pessoas nesse sentido.

Essas adaptações fazem parte de um negociação ou um acordo social que, quando funciona bem, promove o benefício de todos.

Sem essa modesta assistência, os norte-americanos nascidos na pobreza podem começar a interpretar o contrato social dos Estados Unidos, cujas regras são forçados a obedecer de qualquer maneira, como um gigantesco embuste perpetrado pelos ricos. Esse tipo de coisa já aconteceu no passado e talvez esteja acontecendo hoje mais uma vez.

Até mesmo os teóricos mais rigorosamente liberais afirmam com insistência que os ricos – os quais devem sua riqueza, em parte, a um sistema político e jurídico mantido pela cooperação social – devem pagar pelo autocontrole e a cooperação voluntária dos pobres, em vez de tentar obrigá-los pela força a adotar uma mera aparência de comedimento. John Stuart Mill, por exemplo, escreveu: "Visto que o Estado necessariamente proporciona subsistência aos criminosos pobres enquanto os pune, se não fizesse o mesmo pelos pobres que não cometeram nenhum crime estaria dando vantagens aos criminosos."[3] É muito possível que o direito a um piso mínimo de subsistência proporcione um incentivo à autodisciplina e a um comportamento de cooperação. Da perspectiva dos donos de propriedades, o alívio concedido aos pobres não tem o caráter de uma esmola. É verdade que boa parte desse alívio tem origem em princípios abstratos de justiça e é motivado por um sentimento de solidariedade, mas os benefícios de seguridade social e bem-estar também podem ser compreendidos como um pagamento tático feito aos pobres e ligado ao acordo original de troca de tributação por proteção, firmado entre os donos de propriedades e o Estado.

OS DIREITOS DE PROPRIEDADE COMO UM ACORDO SOCIAL

A cientista política Theda Skocpol apresentou argumentos convincentes em favor da tese de que o Estado de bem-estar social norte-americano se originou do extenso sistema de benefícios concedidos aos veteranos depois da Guerra Civil[4]. O fato de o direito à previdência social ter sido introduzido como um benefício para veteranos de guerra ajuda, sem dúvida, a explicar a boa vontade dos contribuintes – pelo menos em tempo de guerra ou logo

---

[3] John Stuart Mill, "Principles of Political Economy", em *Collected Works*, org. J. M. Robson, vol. 3 (Toronto: University of Toronto Press, 1965), p. 962.
[4] Theda Skocpol, *Protecting Soldiers and Mothers: The Political Origins of Social Policy in the United States* (Cambridge, Mass.: Harvard University Press, 1992).

após a guerra – em arcar com seus custos. Também dá credibilidade à tese mais geral de que os direitos se estabilizam politicamente como elementos dentro de um acordo social. Nesse sentido, é surpreendente constatar que, na tradição do *common law* (direito consuetudinário anglo-americano), os próprios direitos de propriedade foram, na origem, benefícios concedidos a veteranos de guerra.

Para simplificar uma história complexa, Guilherme, o Conquistador, criou os direitos de propriedade sob o *common law* quando distribuiu áreas de terra aos nobres normandos que o haviam ajudado a conquistar a Inglaterra. Os direitos de propriedade do *common law*, exigíveis em juízo, não foram derivados de princípios elevados, mas forjados a ferro e fogo num processo de negociação social. Esse curioso dado histórico combina bem com o fato de que, na realidade jurídica contemporânea, os direitos de propriedade não são rigidamente fixados, mas permanecem sempre sujeitos a consideráveis renegociações.

A imposição dos direitos de propriedade nos Estados Unidos é sustentada em parte por uma troca mutuamente benéfica de tributação por proteção entre os proprietários e o Estado. Os proprietários estão dispostos a pagar tributos, até certo ponto, a fim de que suas propriedades sejam protegidas contra vândalos e bandoleiros – sem falar nos incêndios acidentais ou propositais. O Estado, por sua vez, está disposto a não impor tributos altos demais, não só para fornecer incentivos políticos, mas também porque as autoridades entendem que a receita se estabilizará e aumentará no longo prazo caso os cidadãos sejam estimulados a acumular riqueza, contabilizá-la com honestidade e guardar ou investir seus ganhos dentro do país, ou pelo menos em locais que estejam ao alcance da Receita Federal. Essa relação de cooperação aumenta a segurança das duas partes, ampliando seus horizontes temporais e permitindo que ambas façam planejamentos de longo prazo e investimentos de retorno diferido.

Nesse sentido, os direitos de propriedade representam uma aplicação seletiva dos recursos públicos, não somente para encorajar o autocontrole de todos – o Estado não deve praticar o confisco puro e simples de bens, e os proprietários devem renunciar a ocultar seus ativos e a adquirir bens pela força ou pela fraude –, mas também para suscitar novas formas de atividade criativa, tanto da parte do Estado quando da dos indivíduos particulares. Essa inventividade socialmente benéfica dificilmente surgiria se as transações e aquisições fossem marcadas por um alto grau de insegurança. Pelo fato de ambos os lados saírem ganhando, o acordo vai se impondo e se estabilizando no decorrer do tempo. Embora o Estado não possa, em regra, ser levado a juízo por não ter garantido os direitos de propriedade de determinadas pessoas contra ladrões ou incendiários, as autoridades públicas que não fazem o suficiente para combater o crime podem acabar perdendo o cargo.

O direito de propriedade também deve ser entendido como uma condição indispensável para a cidadania democrática. A possibilidade mais ou menos ampla de os particulares acumularem riqueza se justifica em parte, apesar das consideráveis desigualdades que necessariamente acarreta, porque uma economia descentralizada e não planejada ajuda a constituir uma base material para uma oposição política corajosa. Se os bens puderem ser confiscados ao bel-prazer das autoridades, as pessoas dificilmente terão independência e segurança para criticar o governo abertamente. O lugar de honra que o direito à propriedade privada ocupa no sistema de governo norte-americano reflete o entendimento geral de que os cidadãos serão mais capazes de deliberar em conjunto caso seus bens estejam protegidos das autoridades públicas. Este é mais um dos meios pelos quais o direito à propriedade privada colabora para o bem comum.

OS DIREITOS COMO ESTRATÉGIAS DE INCLUSÃO

Uma documentação abundante comprova que a assistência social pública se originou por motivo de prudência e não por razões morais ou humanitárias. Os programas modernos de saneamento e saúde pública foram criados em cidades grandes porque os ricos, embora pudessem pagar os médicos mais caros do mundo, não conseguiam se proteger das doenças contagiosas que devastavam a população pobre. Do mesmo modo, a assistência médica oferecida aos empregados atende às necessidades dos empregadores. A disponibilidade de emprego e de meios para a aquisição da casa própria reduz os níveis de instabilidade social e crimes violentos. A proteção ao consumidor pode fazer aumentar a demanda de produtos de consumo. Porém, a melhor razão pela qual o oferecimento de programas públicos de seguridade social pode ser visto como parte de um acordo social se encontra na origem desses programas em tempo de guerra. Na guerra, os cidadãos em geral se acostumam com uma carga tributária maior, cuja renda é empregada, em tempo de paz, para programas sociais de diversos tipos. Essa progressão só será compreendida se interpretarmos os direitos de bem-estar social como (em parte) acordos sociais, concessões feitas a grupos cuja cooperação é necessária ou desejável. Sobretudo em tempo de guerra, os donos de propriedades se confrontam com o fato de serem radicalmente dependentes da cooperação do conjunto dos cidadãos, especialmente dos pobres.

Quando aqueles que não possuem bens ou os possuem em pouca quantidade relutam em lutar contra saqueadores e conquistadores estrangeiros, os direitos de propriedade dos ricos perdem muito do seu valor. Por simples motivo de prudência, os proprietários já têm aí um incentivo para impedir que os pobres se sintam desprezados pelo corpo político. Além disso, não lhes basta sedar ou aplacar os pobres; é preciso mobilizá-los. Para garantir o apoio ativo dos indigentes e não sua mera aquiescência inerte, o Estado precisa fazer gestos palpáveis de inclusão. Longe de constituírem proteções negativas contra a intromissão do Estado, os direitos civis – como o direito ao voto, o direito a um julgamento justo e o direito à educação pública – são meios pelos quais os indivíduos excluídos são reintroduzidos na comunidade.

Um exemplo de fora dos Estados Unidos poderá ajudar a ilustrar o modo pelo qual os direitos jurídicos promovem a inclusão cívica. Para grande surpresa e frustração dos trabalhadores de direitos humanos vindos do Ocidente, os ciganos da Europa Oriental, cuja estratégia básica de sobrevivência envolve a cuidadosa recusa de todo contato direto com as autoridades políticas, muitas vezes se recusam a ir aos tribunais para proteger seus direitos. Afinal de contas, quem move ação judicial precisa fornecer às autoridades públicas seu nome, profissão, endereço e outras informações delicadas. Afirmar judicialmente os próprios direitos é integrar-se ao esquema de tomada de decisões do Estado, e é exatamente isso que muitos ciganos da Europa Oriental se recusam a fazer. Para evitar a cooptação pelas autoridades públicas, que poderia ser perigosa, eles renunciam de bom grado aos próprios direitos. Entendem perfeitamente que os direitos constitucionais, longe de delimitar uma zona de liberdade privada fora do alcance do Estado, são partes inalienáveis de um contrato social com base no qual os órgãos do governo estendem sua autoridade sobre praticamente todos os setores da vida social.

Tanto os direitos de propriedade quanto os direitos de bem-estar social representam esforços para integrar diferentes categorias de cidadãos numa vida social comum. Longe de recusar todo contato com o Estado, os detentores de direitos de propriedade são parceiros indispensáveis do moderno Estado liberal. Institucionalizados em memória da última guerra e em parte como preparação para a próxima, os direitos de bem-estar social – transferências de dinheiro, assistência médica, alimentação, habitação, emprego, formação profissional ou alguma combinação dessas coisas – são um entre muitos meios pelos quais os menos favorecidos podem ser levados a sentir que também eles fazem parte de um empreendimento nacional comum. Pelo fato de todas as partes se beneficiarem, essa conjunção entre os direitos de propriedade e os direitos de bem-estar social pode vir a se impor e a estabilizar no decorrer do tempo.

Como a riqueza, a pobreza também é, nos Estados Unidos, um importante produto de escolhas políticas e jurídicas. Nosso sistema de direitos reais – que inclui o direito de sucessões – é que determina aqueles a quem "faltam recursos". Sem o Estado e o sistema jurídico, algumas pessoas que hoje não tem propriedade alguma seriam rapidamente capazes de acumular recursos consideráveis por meio da violência ou da fraude. O fato de não o fazerem tanto quanto seria possível é determinado, em parte, pela coerção jurídica e pelas normais sociais, mas o é também pelas vantagens sociais mútuas que daí derivam. Em nenhum momento pretendemos negar que a iniciativa pessoal, o esforço, a economia e a autossuficiência sejam virtudes importantes. Certas pessoas são pobres porque não têm essas qualidades. Porém, se a atual distribuição de recursos existe em função do direito, um programa de bem-estar social concebido com sensatez é um elemento coerente do corpo político democrático, e não um desvio inexplicável que nada tem a ver com os pressupostos básicos da democracia.

NEGOCIAÇÃO E IGUALDADE

A concepção dos direitos como benefícios concedidos aos cidadãos em troca de apoio político pode dar a impressão de violar o princípio de que os direitos devem ser garantidos de forma imparcial. Não é verdade que todos os cidadãos norte-americanos, inclusive aqueles que pouco têm a oferecer numa troca política, têm os mesmos direitos? Afinal de contas, não reservamos o direito a um julgamento justo àqueles que fazem contribuições sociais tangíveis – às pessoas saudáveis, por exemplo, em contraposição às portadoras de doenças crônicas. E o direito ao voto não é restrito às pessoas que mais têm interesses materiais em jogo no país, como os donos de bens imóveis ou os que pagam impostos polpudos.

Admitimos que a metáfora da negociação ou acordo pode dar a impressão de conflitar com a promessa moral da igualdade humana. A ocorrência de um processo de negociação dá a entender que nossas autoridades se mostrarão mais dispostas a garantir direitos àqueles que são capazes de prestar ao Estado (ou aos representantes deste) um serviço de que este(s) necessite(m). A concepção dos direitos como acordos impostos pela Justiça implica que os ricos e poderosos – sem nenhuma razão moral que o justifique – tendem a obter mais benefícios com um determinado conjunto de direitos em vigor do que os pobres e impotentes. Conceber os direitos como acordos é ter por certo que os detentores de maiores interesses colherão, na verdade, dividendos maiores. Se os benefícios de bem-estar social são uma moeda de troca, por exemplo, os cortes nos benefícios atingirão com maior força aqueles que têm pouco poder político. Numa época de austeridade fiscal, se os direitos são frutos de negociações, os que não votam nem dão contribuições aos candidatos (os que recebem vales-alimentação do governo, por exemplo) sofrerão maior perda de direitos que os beneficiários dos sistemas Social Security e Medicare, por exemplo.

Embora essa imagem não tenha muito apelo moral, tem grande poder descritivo e certamente não está muito distante do que ocorre hoje. Em sociedades como a norte-americana, consideradas em geral (e com razão) sociedades livres, os ricos e poderosos gozam de muitas vantagens de que os pobres e impotentes não partilham, entre elas certas vantagens associadas ao modo como seus direitos são garantidos. Embora os ricos usem sua riqueza particular para comprar objetos de luxo (de bom ou de mau gosto), também a usam para obter, a partir de suas liberdades civis e direitos básicos, mais benefícios do que os pobres podem ter a esperança de conseguir. Podem contratar guardas particulares para proteger melhor a si mesmos e a seus bens. Podem exercer seu direito constitucional de fazer aborto sem ter de recorrer à assistência do governo. Podem matricular seus filhos em escolas religiosas, coisa que os pobres nem sempre conseguem, embora sua liberdade de consciência religiosa seja, em tese, igualmente garantida pela Constituição. Para exercer sua liberdade de expressão, os cidadãos mais ricos podem comprar acesso à grande mídia. Para exercer sua liberdade de escolher as autoridades que os governarão, podem fazer grandes contribuições a este ou aquele candidato. E sabe-se muito bem que os abastados podem contratar os advogados mais espertos e, assim, aproveitar ao máximo os direitos que a Constituição garante a todos, direitos que os cidadãos menos bem situados não conseguem usar com tanto proveito.

A imposição de custos privados – na forma de taxas pagas pelo usuário, por exemplo – é um dos meios convencionais de conservação de recursos escassos, como é o caso do acesso a uma instituição de resolução de conflitos. Mas essas técnicas de triagem só impedem os pobres de mover ações judiciais pouco importantes – os ricos podem continuar fazendo isso. É verdade que o sistema de "honorários de êxito" (pelo qual o advogado concorda em só receber seus honorários caso o pedido de indenização seja aceito) é admitido em alguns tipos de ação, e também ele permite que os pobres tenham acesso aos tribunais. Há também juízes que ajudam os litigantes pobres, arbitrando o pagamento de honorários de sucumbência. Não obstante, de maneira geral é verdade que os ricos tiram muito mais proveito dos direitos supostamente iguais para todos. Não seria plausível afirmar que a disponibilização de assistência jurídica aos pobres compensa o desequilíbrio de recursos entre os réus pobres e ricos.

O modo como direitos supostamente imparciais acabam favorecendo (pelas mais diversas razões) as pessoas mais dotadas de recursos particulares é inquietante. É certo que muitas medidas podem e devem ser tomadas para melhorar a situação, entre elas leis mais justas de financiamento de campanha eleitoral, um monitoramento aperfeiçoado dos maus-tratos cometidos por policiais e a melhoria dos serviços jurídicos oferecidos aos cidadãos de baixa renda. Mas uma sociedade em que a riqueza privada não pudesse ser usada para aumentar o valor de uso dos "direitos iguais" não seria uma sociedade livre no sentido que os norte-americanos dão a esse termo. Para que todos os réus penais tivessem acesso a uma defesa mais ou menos da mesma qualidade independentemente de sua riqueza pessoal, por exemplo, seria necessário um grau inaceitável de supervisão e controle coercitivo discricionário por parte do Estado. Um Estado capaz de neutralizar completamente a influência dos recursos privados sobre o valor dos direitos individuais teria de ser tão poderoso que até seus casos mais discretos de abuso de poder provavelmente seriam piores para a maioria dos cidadãos (os pobres inclusive) que as desigualdades que tal Estado teria a função de abolir.

O contrato social norte-americano é um embuste na medida em que não estabelece um piso decente para a pobreza. Porém, a ajuda aos pobres não acarreta a abolição de toda desigualdade. Afinal de contas, o que os pobres mais querem não é igualdade, mas ajuda, e isso eles às vezes podem receber e de fato recebem (continuamos a discutir sobre o quanto e de que forma) por meio de vários programas de bem-estar social, educação e emprego.

O esforço para combater condições de subsistência desesperadoras e garantir que todos tenham uma perspectiva de vida minimamente decente não deve ser confundido com o igualitarismo como crença política.

A desigualdade de resultados será inescapável enquanto os direitos continuarem impondo custos não somente ao erário público, mas também aos particulares. Todo cidadão norte-americano tem o direito de processar a polícia numa ação civil pedindo indenização por maus-tratos, mas somente quem dispõe de recursos privados substanciais terá a possibilidade de fazê-lo com êxito. As pessoas que mais tendem a sofrer maus-tratos por parte dos policiais normalmente não dispõem de tais recursos e por isso, na prática, não gozam desse direito. A liberdade de expressão e de imprensa, o direito a um advogado, o direito de escolher as autoridades públicas e até a liberdade de consciência – todos esses direitos se tornam mais expressivos quando aos recursos públicos vêm se somar os privados. E não é necessário fazer extensos comentários para demonstrar que também o igual direito de adquirir bens particulares é mais aproveitado por certos indivíduos do que por outros.

Porém, o poder aquisitivo pessoal não é a única fonte de desigualdade na distribuição dos direitos constitucionais e demais direitos nos Estados Unidos. Serviços públicos essenciais são distribuídos de maneira desigual porque os fracos e os pobres, relativamente desorganizados, não têm peso político suficiente para obter a parte que lhes cabe dos recursos públicos. De modo infeliz mas inevitável, o poder sempre terá alguma influência para determinar quem perde e quem ganha com uma certa distribuição de dinheiro. Os gastos que os políticos se recusam a cortar são, em geral, aqueles que proporcionam benefícios especiais a grupos sociais bem organizados. Os direitos, sendo também serviços administrados pelo governo, têm tão pouca probabilidade de serem igualmente distribuídos entre os cidadãos quanto as obras públicas têm pouca probabilidade de serem equitativamente distribuídas por todos os locais do país, inclusive aqueles cujo poder de pressão política é pequeno. Com essa observação, não temos a intenção de parecermos cínicos, complacentes ou resignados. Reconhecer a dependência dos direitos em relação ao poder não é cinismo, pois o próprio poder tem diversas fontes. Não advém somente do dinheiro, da autoridade política ou do *status* social; também deriva de ideias morais capazes de mobilizar um apoio social organizado. Os ativistas dos direitos civis trabalharam duro para conseguir apoio para suas ideias porque reconheciam, sem se queixar, que os direitos dependem da organização social e do poder político. Além disso, a contribuição inquestionável que o movimento pelos direitos civis deu à causa da proteção dos direitos dos afro-americanos corrobora a tese de que os direitos refletem não somente os ditames da consciência moral, mas também a prática política.

Sob um regime liberal, a "igual proteção" – ou pelo menos a obrigação moral de proteger os direitos dos fracos – pode ter um significado sério e concreto. Porém, esse significado não será nem descoberto nem esclarecido, caso nos recusemos a reconhecer as poderosas desigualdades de influência que existem em todas as sociedades, até nas liberais.

Capítulo **14**

DIREITOS DE BEM-ESTAR
E POLÍTICAS DE INCLUSÃO

Como quer que se defina a liberdade individual, ela não pode significar uma liberdade em relação a todas as formas de dependência. Nenhum agente humano é capaz de criar sozinho todas as precondições para sua ação. O cidadão livre é especialmente dependente. Pode se sentir "independente" quando entra numa loja de ferragens e compra ferramentas e materiais para construir algo para si, mas sua autonomia é uma ilusão. Portanto, a teoria liberal deve distinguir a liberdade, que é desejável, da não dependência, que é impossível. A liberdade, quando corretamente concebida, não exige uma total ausência de dependência em relação ao Estado; pelo contrário, um Estado afirmativo proporciona as precondições necessárias para a liberdade. A Declaração de Direitos é um jogo de ferramentas e um conjunto de materiais que os cidadãos só podem comprar em "lojas" custeadas pelos contribuintes.

Com base numa lei democraticamente promulgada, como a Lei das Ações de Responsabilidade Civil contra o Governo Federal, o cidadão individual pode recorrer ao poder judiciário e mover ação contra o governo por ter violado seus direitos. Ao fazê-lo, age como um cidadão livre, muito embora seu ato individual pressuponha um ato anterior do Estado. Assim, o país liberal não pode eliminar a dependência dos indivíduos e dos subgrupos em relação ao Estado. Mas por que deveria eliminá-la? Uma certa espécie de dependência não é debilitante; pelo contrário, é capaz de facilitar a vida, especialmente quando as leis podem ser objeto de revisão democrática e os políticos podem ser depostos do cargo também por via democrática. Meu direito de votar ou de fazer um testamento depende de que o Estado proporcione meios jurídicos pelos quais esses fins possam ser alcançados. Quando o Estado se nega a fornecer esses meios (como faz, por exemplo, quando nega a casais do mesmo sexo o direito de se casar legalmente), ele está, com ou sem razão, negando certos direitos individuais. O que promove a liberdade individual não é a não dependência em relação ao sistema jurídico e ao Estado, mas sim um certo estilo de dependência que estimule a iniciativa pessoal, a cooperação social e o autoaperfeiçoamento.

A educação pública proporcionada a todos, e não somente com base no poder aquisitivo do cidadão, é o exemplo mais evidente de uma assistência afirmativa do Estado, financiada pela coletividade e criada para capacitar os indivíduos e grupos. Os direitos de propriedade têm a mesma finalidade e o mesmo resultado. Essa ideia deve nos encorajar a repensar nossos programas de regulamentação e bem-estar social, não no sentido de eliminar a dependência (o que é impossível), mas de criar um tipo de dependência que capacite as pessoas e possibilite que a maioria delas leve uma vida decente.

A "independência" de que os norte-americanos tanto gostam é, na verdade, a dependência em relação a um certo conjunto de instituições liberais. Só posso escapar à opressão do chefete local – ou seja, só posso ser independente – se tiver o poder público do meu lado. Um Tesouro vazio e uma administração debilitada condenam os direitos a existirem somente no papel. Não temos de examinar outros países para ver que isso é verdade. O que vemos quando olhamos para nossos bairros mais pobres, aqui mesmo nos Estados Unidos? Será que os norte-americanos menos privilegiados têm realmente os mesmos direitos que todos os outros (por exemplo, a liberdade em relação a buscas e apreensões irrazoáveis, a proteção contra os abusos da polícia, o direito a um julgamento justo), além de uma larga gama de direitos de bem-estar social proporcionados sem que tenham de gastar nada? Na verdade, muitos norte-americanos pobres vivem sem direitos exigíveis judicialmente porque, tendo sido praticamente abandonados pelo Estado, é como se tornassem pessoas sem nacionalidade.

Os norte-americanos ricos não são abandonados dessa maneira. Os cidadãos que mais "se viram sozinhos" não são nem os que têm casa própria nem os que recebem ajuda da previdência social, mas sim os sem-teto que ficam longe dos albergues e reviram o lixo, dormem embaixo de viadutos e pedem trocados aos transeuntes. Dizer que tais indivíduos "se viram sozinhos" é dizer que têm pouco acesso aos mecanismos legais que poderiam protegê-los da institucionalização não merecida ou de serem atacados por adolescentes armados de tacos de beisebol e galões de gasolina.

Os governos liberais também têm de impedir que a disparidade entre o luxo e a miséria cresça e apareça ao ponto de o ódio entre as classes começar a pôr em risco a estabilidade social e o próprio regime de propriedade privada. Um dos esquemas que visam afastar essa ameaça é a própria educação pública, pensada de modo a proporcionar meios para o desenvolvimento individual e, quando necessário, para que o indivíduo consiga sair de uma situação familiar desesperadora. Mas, para reagir ao risco de que ocorram tensões entre os que têm algo e os que nada têm, o Estado também pode instituir vários programas de formação profissional e de combate à pobreza. O programa de Crédito Tributário por Renda Adquirida (Earned Income Tax Credit – EITC), que alcançou certo sucesso, é um bom exemplo[1]. Além disso, o governo pode dar apoio a um sistema de hipotecas por meio do código tributário ou dando respaldo jurídico ao poder dos bancos privados de desalojar os devedores inadimplentes. Um sistema hipotecário bem organizado, por sua vez, pode estimular a construção civil e permitir que um número maior de famílias de baixa renda adquira um imóvel e ingresse assim na classe média definida de modo amplo, que é politicamente confiável por definição.

Ou seja, não há conflito de fundo entre a prudência e a moral. Os direitos de bem-estar social podem ser não somente úteis, mas também equitativos. Em certa medida, só podem ser úteis porque são percebidos como basicamente equitativos. E como sabem todos aqueles que já foram chefes de um simples escritório, a justiça não é uma mera norma moral: é também uma poderosa ferramenta de gestão. Sem ela, a moral do grupo e a tendência a colaborar com o grupo diminuirão ou desaparecerão. O mesmo vale em escala nacional, e isso é evidenciado de maneira poderosa pelos ganhos de eficiência na arrecadação de tributos quando estes são percebidos como mais ou menos equitativos[2].

A parcialidade evidente dos direitos (supostamente imparciais) em favor dos que têm mais recursos suscita um problema de legitimidade política. Os autores marxistas, entre outros, chamam a nossa atenção para essa dificuldade recriminando os direitos básicos como se fossem coisa "meramente formal", embustes aplicados sobre a população em geral, válidos somente para poucos. Segundo eles, tudo o que os pobres ganham com a

---

[1] Ver os dados apresentados em Nada Eissa e Jeffrey B. Liebman, "Labor Supply Responses to the Earned Income Tax Credit", *Quarterly Journal of Economics* 111 (1996), p. 605, que documentam um aumento significativo da participação na força de trabalho depois da introdução do EITC.
[2] Margaret Levy, *Of Rule and Revenue* (Berkeley: University of California Press, 1988).

democracia capitalista é "o direito de dormir sob um viaduto à noite". Trata-se de um exagero absurdo, mas não deve ser desconsiderado por completo. Com efeito, se os direitos supostamente imparciais só existissem para beneficiar os ricos, a pretensão do governo norte-americano de representar a sociedade como um todo, e não ser somente um instrumento de interesses especiais, não seria somente manchada; ela cairia por terra.

O contrato social norte-americano só pode vigorar na medida em que todos os grupos econômicos, raciais e religiosos influentes acreditarem que estão sendo tratados com respeito e com certa equidade, ou, pelo menos, que estão recebendo um retorno palpável em troca de sua cooperação, colaboração e renúncia à violência. Assim sendo, se um único grupo poderoso usurpasse o governo e o usasse exclusivamente para defender seus próprios interesses, os outros cidadãos de um país multidenominacional concluiriam, com razão, que o contrato social foi rompido. E quando discrepâncias escandalosas entre o luxo e a miséria destroem a noção de que todos os cidadãos estão de algum modo no mesmo barco – como se corre o risco de ver acontecer nos Estados Unidos de hoje –, o governo perderá a capacidade de contar com a cooperação social necessária para sua ação política.

O interesse do Estado na estabilidade política às vezes o leva a infringir direitos que, no mais, são protegidos pela Constituição. É o que acontece quando o FBI grampeia telefones para reagir a uma ameaça terrorista, por exemplo. Mas a expressão principal do interesse supremo do Estado pela estabilidade política é o equilíbrio exato de direitos que ele protege positivamente. Na tentativa de estabilizar um sistema de propriedade privada, o sistema norte-americano fornece aos que não têm bens – ou pelo menos procura fornecer-lhes – uma forma de segurança "compensatória" que funcione como um equivalente psicológico dos direitos de propriedade regularmente garantidos. É impossível que um governo democrático equalize a capacidade de se aproveitarem todos os direitos que ele afirma garantir, mas ele pode ao menos abrandar a desagregadora impressão de que os direitos "de todos os norte-americanos" pertencem exclusivamente aos ricos. Para fazer isso, pode, por exemplo, proporcionar assistência jurídica gratuita aos pobres, proporcionar educação para todas as crianças e garantir que os mais pobres tenham um nível mínimo de alimento, abrigo, assistência médica e oportunidades de emprego.

Correndo o risco de simplificar em demasia a questão, afirmamos que a proteção pública dos direitos particulares dos proprietários de bens pode ser entendida como um acordo do seguinte tipo: primeiro, o Estado estipula, interpreta e impõe as leis que atribuem bens a determinados indivíduos; depois, proporciona aos proprietários a posse segura desses bens em troca de apoio político e de uma fonte contínua de arrecadação tributária. O fornecimento de direitos de bem-estar social (entendidos num sentido amplo, não somente no de transferência direita de dinheiro) faz parte de uma troca subsidiária mediante a qual o Estado e os cidadãos contribuintes recompensam os pobres, ou pelo menos lhes conferem um reconhecimento simbólico, em troca de sua cooperação tanto na guerra quanto na paz. O mais importante é que os direitos de bem-estar social compensam os pobres por não ter tanto acesso quanto os ricos aos direitos supostamente garantidos a todos os norte-americanos.

Os programas de previdência social custaram ao contribuinte norte-americano US$ 700 bilhões em 1996. Essa cifra astronômica, que corresponde a trinta por cento do orçamento, não é nem mera expressão de solidariedade nem uma consequência lógica de princípios de justiça. Antes, se esses programas podem até ser reduzidos, mas não podem ser completamente eliminados, isso se deve ao fato de conferirem legitimidade tanto aos direitos de propriedade dos ricos quanto ao aparato de Estado que garante esses direitos. Nesse sentido, constituem um acordo entre grupos sociais mediado por quem quer que esteja ocupando o governo num determinado momento.

Sob essa ótica, esses direitos não têm nada de sentimental. Representam uma política de inclusão que mitiga, mas não abole, as disparidades de riqueza que inevitavelmente acompanham toda economia liberal. Pode-se até afirmar que os programas de bem-estar social criam uma versão moderna do antigo "regime misto", um sistema político que leva em conta os interesses dos pobres e dos ricos. Esse regime misto contemporâneo, no entanto, não se consubstancia numa determinada organização de poderes, como acontecia na Roma antiga (o Senado representava os patrícios e os Tribunos, a plebe), mas antes numa lista expandida de direitos básicos. O moderno acordo de classes se reflete na combinação de direitos de propriedade e direitos de bem-estar social que hoje caracteriza não somente os Estados Unidos, mas todos os regimes liberal-democráticos. O fato de esses direitos terem respaldo constitucional, como na maioria dos países europeus, ou de ficar ao sabor dos cursos de ação política do governo, como nos Estados Unidos, não afeta o valor percebido e o efeito estabilizante da moderna troca de direitos de propriedade por direitos de bem-estar.

Se os direitos de bem-estar social nos Estados Unidos são de fato conferidos em troca de cooperação social, é de esperar que seus benefícios atinjam principalmente os grupos mais bem organizados entre a população menos privilegiada. É de esperar, ainda, que os programas de previdência social mais bem-sucedidos sejam os que beneficiam a "classe média". E é exatamente isso que ocorre. Os programas de previdência social mais bem-sucedidos nos Estados Unidos não são os que se organizam como um acordo entre classes sociais, mas aqueles que constituem elementos de um contrato entre duas ou mais gerações dos membros da classe média, definida de modo bem amplo.

A maioria dos norte-americanos passa dois terços de sua vida trabalhando. Por meio de um governo que tem o dever de lhe prestar contas, a população economicamente ativa dedica uma porcentagem substancial de sua renda a apoiar tanto os jovens, por meio da educação pública (que custa muitos milhões de dólares; é difícil determinar o valor exato), quanto os idosos, por meio do Medicare (US$ 130 bilhões em 1996) e do Social Security (US$ 375 bilhões em 1996) – programas que consomem uma parcela grande, e cada vez maior, da receita federal. Essa redistribuição entre gerações, ou este sistema de direitos, é às vezes apresentada como uma troca simples, mas a verdade é que jamais foi concebida de modo que os contribuintes individuais recebessem integralmente na velhice o que deram durante a vida ativa. Ao contrário, trata-se de um plano de transferência de dinheiro que pressupõe que o grupo dos contribuintes se identifica, em sua imaginação, com a geração anterior e a geração subsequente. Para manter o país funcionando, os contribuintes economicamente ativos engolem grandes perdas para garantir ganhos aos jovens e aos velhos. É claro que a discussão sobre o conteúdo adequado do sistema de previdência social continua, e atualmente ele vem sofrendo modificações de vulto. Em seus contornos mais amplos, contudo, o sistema é estável e amplamente aceito; o apoio que ele recebe do público constitui um comentário importante sobre a economia moral do país.

Não surpreende que, nos Estados Unidos, o acordo social entre os ricos e os pobres seja menos robusto. As quantias são bem mais baixas quando quem as recebe são os pobres: em 1996, por exemplo, US$ 82 bilhões foram destinados ao Medicaid e US$ 27 bilhões a vales-alimentação. Alguns conservadores dizem que os programas de ajuda aos pobres são questionáveis em princípio – simplesmente por serem financiados por meio de "confisco". Outros afirmam que os benefícios da previdência social são contraproducentes na prática. Ao passo que a primeira objeção não tem sentido algum, a segunda deve ser verificada empiricamente. O módico apoio do público a programas que beneficiam somente os pobres tem também outro significado. Embora pareça justo ou prudente restringir os benefícios da previdência exclusivamente aos mais pobres entre os pobres, os programas que não beneficiam nem a classe média nem outros grupos dotados de peso político sempre correm o risco de serem alvos preferenciais na próxima rodada de cortes orçamentários.

COMO ENTENDER OS DIREITOS DE BEM-ESTAR SOCIAL

O fato de o governo livre proporcionar serviços públicos com regularidade, fazer investimentos seletivos, criar incentivos à autodisciplina e mediar acordos com vistas à cooperação social não deve ser objeto de controvérsia. O que deve ser frisado é que o governo faz tudo isso quando garante direitos. Todos os governos desenvolvem técnicas para lidar com os conflitos sociais e estimular a cooperação social. Os governos liberais, em regra, fazem isso por meio da criação, atribuição e garantia ou imposição de direitos. Do ponto de vista histórico, muitos direitos de que os norte-americanos gozam hoje nasceram de acordos sociais celebrados com o intuito de assegurar-se, em escala nacional, uma colaboração frutífera entre grupos altamente diversificados. Isso vale para a liberdade de religião, a propriedade privada e as garantias de bem-estar social.

Algumas constituições europeias garantem a todos os cidadãos o direito à educação pública até certa idade. Na prática, os norte-americanos dispõem do mesmo sistema de garantias, muito embora o livre acesso à educação nos Estados Unidos não seja proporcionado pela Constituição nacional e pelo governo federal, mas, sim, pelos estados. Quer o direito à educação seja garantido por uma determinada constituição estadual, quer não, a educação pública está longe de ser uma presença estranha ou anômala na cultura política dos Estados Unidos. Não é vista com suspeita ou terror, muito embora exija que o governo cobre tributos e gaste dinheiro. Não é vista como um insulto à autonomia individual ou como parte de uma cultura de "vitimismo". A educação pública é simplesmente um método entre outros pelo qual o país faz investimentos de longo prazo nas habilidades humanas necessárias para manter-se em funcionamento. Nesse sentido, o investimento em educação se assemelha muitíssimo ao investimento na garantia dos direitos de propriedade e na proteção dos proprietários contra incêndios criminosos e demais crimes patrimoniais.

Se quisermos saber se os Estados Unidos podem ou não podem se dar o luxo de fazer esse tipo de investimento, não basta consultar o saldo da nossa conta bancária coletiva. Também temos de calcular os retornos que a sociedade espera obter a longo prazo gastando seu dinheiro dessa maneira. Os contribuintes investem com certa boa vontade em educação como investem na proteção policial, pois julgam que ambas são compensadoras a longo prazo. Ambos os investimentos parecem valer a pena porque, entre outras razões, estimulam a autodisciplina e a cooperação dos cidadãos e, não por acaso, expandem a base tributária. A educação pode até ser um bem intrínseco, mas também é boa por razões instrumentais.

Numa sociedade liberal, esse tipo de bem não é distribuído exclusivamente de acordo com critérios de mercado. Os esforços educacionais do país não se concentram unicamente naqueles que estão "dispostos a pagar". Formamos pessoas talentosas de todas as classes sociais para se tornarem cirurgiões e engenheiros aeronáuticos, por exemplo, em vez de simplesmente vender essa formação em leilão para os filhos daqueles pais que estiverem dispostos a dar o maior lance. A nação arregimenta seus talentos para fins coletivos, onde quer que esses talentos se encontrem.

De que modo a comunidade pode ajudar os pobres sem torná-los indevidamente dependentes dessa ajuda e sem desestimular sua capacidade de autoaperfeiçoamento? A crítica mais comum e mais convincente contra o Estado de bem-estar social com função reguladora é a que invoca o incentivo a um comportamento antissocial e outros efeitos colaterais indesejáveis. Mas a "dependência", em si e por si, não deve ser considerada um desses efeitos. Há diferentes tipos de dependência, e nem todos são ruins. Embora a polícia e os bombeiros tornem os cidadãos dependentes da "assistência pública", esse apoio paternalista aumenta a disposição dos cidadãos particulares de multiplicar e melhorar seus bens imóveis. A educação pública, quando funciona bem, tem o mesmo efeito. Também ela é uma forma de ajuda do Estado que visa capacitar as pessoas a ajudarem a si mesmas. A questão não é como eliminar a intervenção do Estado, mas como criar programas de previdência social que aumentem a autonomia e a iniciativa.

Um dos primeiros exemplos de um programa bem-sucedido de combate à pobreza nos Estados Unidos foi a Lei das Propriedades Rurais de 1862, que distribuía de graça lotes de terra no Oeste norte-americano a todos os colonos dispostos a cultivá-los. A lei atribuía a propriedade legal de 65 hectares de terra a colonos que neles vivessem e os cultivassem por um período de cinco anos. Essa distribuição gratuita não pode ser qualificada senão como um exemplo de ação afirmativa por parte do Estado. Mas obteve relativo sucesso (mais de 32 milhões de hectares já haviam sido distribuídos em 1900) porque foi um investimento seletivo de recursos públicos com o objetivo de promover a autodisciplina, o planejamento de longo prazo e o crescimento econômico. Mais ainda, a Lei das Propriedades Rurais via os pobres não como consumidores, mas como produtores. Proporcionava a indivíduos e famílias os meios e a oportunidade de que precisavam para ganhar a vida. Nesse sentido, foi um programa de transferência calcado no modelo da educação pública.

A "compaixão com gume afiado" (*compassion with a hard edge*, expressão do primeiro-ministro britânico Tony Blair) deve ser o princípio amplo que rege a atual reforma do sistema norte-americano de previdência social. Em vez de eliminar a assistência do governo, devemos canalizar os recursos públicos para estimular e endossar o esforço particular – proporcionando crédito para pequenas empresas, incentivos financeiros para aquelas que contratam e treinam funcionários de baixa renda e cursos de formação profissional, por exemplo. Sempre que possível, os que recebem os benefícios devem ser tratados como produtores em potencial, não como pessoas que simplesmente vivem de caridade. O direito à educação constitui, no caso, um bom modelo: os contribuintes custeiam as escolas, os livros didáticos e os professores, mas os alunos são obrigados a estudar. Essa é a essência da ideia de igualdade de oportunidades (que, no entendimento mais razoável, significa o fornecimento de oportunidades minimamente decentes a todos), pois o fornecimento de oportunidades só tem valor para quem as aproveita. Do mesmo modo, o Estado pode criar um direito à liberdade de expressão, mas esse direito de nada valerá se o povo não se der o trabalho de fazer ouvir a sua voz. O direito à educação e o direito à liberdade de expressão (ambos os quais pressupõem o caráter ativo de seus detentores) constituem modelos muito melhores para a reforma do sistema norte-americano de previdência social do que os direitos dos doentes, deficientes e idosos, cujos detentores tendem a ser vistos como receptores passivos de dinheiro ou serviços[3]. Ou seja, os direitos de bem-estar social devem se assemelhar ao

---

[3] É evidente que a concessão de direitos às pessoas incapazes de atuar em benefício próprio sempre será necessária, especialmente em momentos de emergência.

direito de propriedade ou ao direito de mover ação de indenização por danos – direitos que proporcionam a indivíduos ativos, às custas do público, alguns recursos de que necessitam para alcançar seus objetivos.

Em comparação com a simples distribuição de dinheiro, o EITC se afigura uma iniciativa extraordinariamente promissora, e exatamente por essa razão. É um direito que visa recompensar a autodisciplina. É menos rígido e menos ineficiente que o salário mínimo[4]. O mesmo se pode afirmar dos subsídios concedidos a mães trabalhadoras para que possam deixar seus filhos numa creche e dos programas de empréstimo que buscam aumentar a proporção de proprietários de imóveis entre as pessoas que vivem na linha de pobreza. Os programas de formação profissional, embora caros, visam integrar mão de obra à força de trabalho e também são promissores. A questão, no entanto, não é fazer a apologia de uma reforma em particular, mas assumir o ponto de vista implicado numa compreensão do custo dos direitos: os direitos de bem-estar social devem seguir o modelo dos direitos clássicos; devem ser serviços públicos, investimentos seletivos e acordos sociais destinados a estimular a cooperação e estabilizar a interação produtiva entre todas as facções étnicas.

A RAÇA E A COOPERAÇÃO SOCIAL

Nos Estados Unidos, as questões propostas neste livro – "qual deve ser o tamanho do Estado?", "que tipos de direitos devemos ter?", "direitos positivos *vs.* direitos negativos", "vitimismo *vs.* comportamento ativo" e "direitos *vs.* responsabilidades" – estão todas intimamente ligadas a questões de raça. Antes da década de 1860, os Estados Unidos privavam uma grande proporção de sua população de todos os direitos garantidos pelo *common law* e pela Constituição. Hoje, os programas sociais que beneficiam os brancos, ou os beneficiam de modo desproporcional, raramente são alvo das críticas sociais dirigidas aos programas que beneficiam os negros ou os beneficiam de modo desproporcional. Muitos grupos entendem que os direitos têm um custo muito alto – fiscal e de outros tipos – sempre que parecem ser direcionados para os afro-americanos, ou sempre que estes parecem ser seus principais beneficiários.

---

[4] Uma boa discussão, que evidencia não somente as virtudes, mas também os vícios do EITC, encontra-se em Daniel Shaviro, "The Minimum Wage, The Earned Income Tax Credit, and Optimal Subsidy Policy", *University of Chicago Law Review* 64 (1997), p. 405.

Ao fazer essa observação, não queremos dizer que os programas que beneficiam desproporcionalmente os brancos estão funcionando mal ou que os que beneficiam desproporcionalmente os afro-americanos estão funcionando bem. Tampouco queremos dar a entender que os programas cuja função nominal é beneficiar os afro-americanos efetivamente os beneficiem. A tentativa da Suprema Corte de obrigar os distritos escolares locais a impor a integração racial em todas as suas escolas, por exemplo, não obteve um sucesso retumbante. Muitos críticos do Estado de bem-estar social expressam suas críticas com a mais absoluta boa-fé. Porém, sua alegação de que os "direitos positivos" são de algum modo antinorte-americanos e devem ser substituídos por uma política de não intervenção é tão implausível, mesmo à primeira vista, que bem podemos nos perguntar por que ela ainda é levada a sério. O que explica a sobrevivência de um modo de pensar tão deficiente? As respostas possíveis são muitas, mas os preconceitos herdados – entre os quais um preconceito racial consciente ou inconsciente – provavelmente desempenham aí o seu papel. Com efeito, a tese de que as únicas liberdades reais são o direito de propriedade e os direitos contratuais resvala, às vezes, numa espécie de separatismo branco: é mais importante construir presídios do que investir no programa Head Start*. As políticas de inclusão devem ser substituídas por uma fuga para dentro de condomínios fechados.

Um exame atento nos mostra que o atual debate norte-americano não versa tanto sobre a escolha entre um Estado maior ou menor, mas, sim, sobre o antigo ideal (gravado em todas as moedas do país) do *e pluribus unum*. O que está em jogo é nossa capacidade e até nossa disposição de viver juntos como uma só nação. Dizer que a sociedade é um empreendimento cooperativo e que os direitos podem ser entendidos como acordos que o Estado cria entre indivíduos e grupos heterogêneos equivale, ao mesmo tempo e pela mesma razão, a lançar dúvidas tanto sobre os contos de fadas do libertarismo (populares junto à Direita e surpreendentemente disseminados em toda a cultura norte-americana) quanto sobre a "política de identidade" (que, popular junto à Esquerda, está ressurgindo agora com força total). Enfocar o custo dos direitos equivale a afirmar que a coletividade define os direitos e os custeia de uma maneira que pode ser amplamente aceita por um público diversificado, mas dedicado a uma tarefa comum.

* Programa do Ministério da Saúde e dos Serviços Humanos dos Estados Unidos que proporciona educação infantil, assistência médica e nutrição a crianças de baixa renda e a suas famílias. (N. do T.)

Embora a cooperação e a coexistência de pessoas de origens culturais distintas sejam fundamentais para a experiência política norte-americana, o multiculturalismo se torna um problema quando recai no separatismo étnico. Os direitos, se forem garantidos de maneira seletiva, podem até piorar o problema. Dispendendo recursos em alguns direitos, ou nos direitos de alguns, ao passo que outros são deixados de lado, podemos ou promover, ou desestimular as divisões políticas baseadas na etnia. Se os direitos de todos os norte-americanos forem percebidos como benéficos para os brancos, por exemplo, mas inócuos para os afro-americanos, a legitimidade do nosso regime de direitos será posta em xeque. Se o direito a não ser submetido a buscas e apreensões irrazoáveis for garantido em algumas comunidades, mas não sair do papel em outras, a coesão social e a estabilidade do contrato social se tornarão extremamente precárias. Se os direitos forem vistos como acordos sociais que geram benefícios mútuos e proporcionam os termos da cooperação social, esses acordos têm de ser tais que, em princípio, possam ser aceitos por todos os cidadãos.

OS DIREITOS PESSOAIS COMO BENS COMUNITÁRIOS

Os direitos dos acionistas são estipulados pelo contrato social ou pelas normas internas da empresa. Os direitos dos que se dedicam à pesca oceânica são estipulados por tratados internacionais. Esses direitos não são naturais, mas convencionais. São criados deliberada e conscientemente, à luz da experiência, para coordenar as expectativas das partes umas em relação às outras, maximizar os investimentos, promover a equidade e estimular uma gestão competente. Esse modelo pode nos ajudar a compreender outros direitos, inclusive os direitos constitucionais.

Os direitos dos norte-americanos são objetos artificiais criados e conservados pela comunidade com o objetivo de melhorar a qualidade da vida coletiva e individual. Quando um país convive com divisões religiosas, econômicas ou raciais, uma distribuição estratégica dos direitos pode aliviar as tensões sociais e promover a cooperação social. Numa sociedade multidenominacional como a norte-americana, a liberdade religiosa permite que membros de grupos rivais participem juntos dos processos democráticos de tomada de decisões. Uma liberdade religiosa adequadamente concebida e implementada fortalece a sociedade, garantindo que os valores últimos das pessoas não sejam arrastados pela lama da contestação pública. (Pense em como a atmosfera política norte-americana seria diferente se todos os debates políticos fossem semelhantes ao debate sobre o aborto.) Um acordo fundamental acerca dos princípios gerais do ordenamento social – muitos dos quais estão incorporados à Constituição – e acerca de certa gama de práticas particulares torna possível uma vida comum apesar do "multiculturalismo" dos Estados Unidos, ou seja, apesar de um desacordo profundo no que tange aos ideais religiosos e pessoais[5]. A privatização da religião nos Estados Unidos permite que uma sociedade multidenominacional resolva seus outros conflitos – ou seja, aqueles que não envolvem valores últimos e convicções religiosas – por meio de acordos democráticos, da persuasão e da simples fuga ao problema. A coexistência e a cooperação social, que incluem o respeito mútuo, são intensificadas pela proteção de uma esfera particular reservada ao exercício da liberdade religiosa. Os contribuintes estão dispostos a arcar com os custos da proteção da liberdade de religião não somente porque ela ajuda a assegurar a dignidade humana, mas também porque ajuda a manter em funcionamento uma sociedade heterogênea.

Outros direitos também são financiados pela coletividade (ao menos em parte) porque resolvem problemas difíceis e proporcionam benefícios a um largo espectro de membros da comunidade. São financiados pela coletividade porque são percebidos como bens coletivos. Essa é a principal razão pela qual os direitos não devem ser opostos aos deveres, e é por isso que a liberdade individual não deve ser irrefletidamente associada à corrosão da comunidade. A contribuição dos direitos à reconciliação entre diversos grupos sociais, fazendo com que todos se sintam partes da nação e estimulando, portanto, a cooperação pública e privada, não se limita à liberdade de consciência. Sob este aspecto, são igualmente importantes todos os direitos criados para melhorar a situação dos norte-americanos mais desprivilegiados e vulneráveis.

Quando subsidia a assistência jurídica gratuita para os pobres, o público contribuinte não somente realiza algo de concreto em favor dessas pessoas, como também faz um gesto claríssimo em favor da inclusão. Os direitos de bem-estar social, entendidos de modo amplo, têm a mesma finalidade. Não se pretende aqui negar que os programas de previdência social norte-americanos precisam ser repensados e revistos. Mas o ataque partidarista à própria ideia do Estado de bem-estar social não pode, sem

---

[5] Temas correlatos são desenvolvidos por Stephen Holmes, *Passions and Constraint* (Chicago: University of Chicago Press, 1995); e Cass R. Sunstein, *Legal Reasoning and Political Conflict* (Nova York: Oxford University Press, 1996).

fugir à sensatez, ser apresentado como uma defesa dos direitos em seu sentido autêntico e original. Um exame do custo dos direitos deixa claro que também aqueles direitos que não parecem ter relação com o bem-estar social têm, sim, essa relação: são benefícios públicos criados para promover a participação voluntária de todos os seus detentores nos empreendimentos comuns da sociedade.

Conclusão

O CARÁTER PÚBLICO DAS LIBERDADES PRIVADAS

Os direitos dos norte-americanos não são nem dons de Deus nem frutos da natureza; não se garantem por si mesmos e não podem ser protegidos de modo confiável por um Estado insolvente ou incapaz; não constituem necessariamente um estímulo ao egoísmo irresponsável; não implicam que os indivíduos sejam capazes de assegurar sua liberdade pessoal sem a cooperação da sociedade; e não são pretensões inegociáveis.

Uma abordagem mais adequada dos direitos parte de uma premissa surpreendentemente simples: toda liberdade privada tem um custo público. Isso não vale somente para os direitos à aposentadoria, à assistência médica e a vales-alimentação, mas também para os direitos à propriedade privada, à liberdade de expressão, à imunidade em relação a abusos da polícia, à liberdade contratual, ao livre exercício da religião e, com efeito, a toda a gama de direitos que caracteriza a tradição norte-americana. Do ponto de vista das finanças públicas, todos os direitos são licenças para que os indivíduos busquem seus objetivos pessoais e conjuntos fazendo uso de bens coletivos, entre os quais se inclui uma fração daqueles bens particulares acumulados sob os auspícios da proteção da comunidade.

Quando se leva a sério o custo orçamentário de todos os direitos, perdem-se algumas convicções estabelecidas acerca da natureza do liberalismo norte-americano. O fato de que tributos precisam ser arrecadados para que os direitos possam ser garantidos de modo confiável significa acima de tudo que a liberdade individual, nos Estados Unidos, é muito mais dependente dos esforços comuns da comunidade do que habitualmente se admite. O fato de que todos os direitos exigem que as autoridades políticas cobrem tributos e os gastem indica o quanto é enganosa a desgastada distinção entre direitos positivos e negativos. O fato de os direitos jurídicos dos norte-americanos fazerem uso de um conjunto limitado de recursos públicos deixa claro o porquê de eles não poderem ser jamais tratados como "trunfos" ou pretensões inegociáveis: Por fim, o fato de a imposição dos direitos pressupor um gasto público suscita questões urgentes, mas pouco debatidas, acerca da prestação de contas e da justiça distributiva numa sociedade democrática: quais princípios devem nortear a distribuição do dinheiro arrecadado pelo governo na imposição e garantia dos direitos jurídicos? E quem decide quantos recursos devem ser empenhados para subsidiar quais direitos específicos para quais grupos específicos de indivíduos?

Concebidos como um aspecto das finanças públicas, os direitos jurídicos se apresentam como instrumentos de promoção do bem-estar humano, criados por meios políticos e financiados pela coletividade. Uma vez que o retorno do investimento na proteção de direitos – como os benefícios de se viver numa sociedade relativamente justa, em que, de modo geral, grupos étnicos diferentes podem coexistir e cooperar em paz – é difuso e difícil de perceber e determinar, o investimento inicial nessa proteção tem de ser feito pelo poder público.

Um dos nossos modelos sob este aspecto são os direitos decorrentes de contratos, que transformam promessas em obrigações vinculantes. O direito básico de todos os norte-americanos a celebrar contratos legalmente vinculantes promove o hábito de cumprir as promessas feitas, hábito esse do qual depende a prosperidade econômica, que por sua vez é benéfica para toda a sociedade. Do mesmo modo, os direitos à notificação judicial, à apresentação de provas, a interrogar as testemunhas da parte adversária etc. têm a finalidade de assegurar a precisão dos procedimentos judiciais cíveis e penais e diminuir o risco de que se cometam erros factuais e se tomem decisões erradas. A eficiência na economia e a verdade na administração da Justiça não são bens privados, mas públicos. São assegurados, em substancial medida, pela cuidadosa concepção dos direitos individuais e por sua distribuição prudente, imposição confiável e financiamento público.

Como o direito em geral, os direitos são invenções institucionais mediante as quais as sociedades liberais procuram criar e manter as precondições necessárias para o desenvolvimento individual e também para resolver problemas comuns, solucionando conflitos e facilitando respostas inteligentes e coordenadas a desafios, calamidades e crises que atingem todos. Se os direitos são meios de auto-organização coletiva e precondições para o desenvolvimento pessoal, sua garantia e proteção é naturalmente custosa. Na qualidade de serviços fornecidos pelo Estado com o objetivo de melhorar o bem-estar individual e coletivo, todos os direitos jurídicos, os constitucionais inclusive, pressupõem decisões políticas (que poderiam ter sido diferentes) acerca de como canalizar recursos escassos do modo mais eficaz em face dos problemas e oportunidades mutáveis que se tem em mãos.

Todos os nossos direitos jurídicos – no direito constitucional como no direito privado – surgiram originalmente como respostas práticas a problemas concretos. Essa é uma das razões pelas quais variam de época para época e de jurisdição para jurisdição. Na qualidade de instrumentos forjados para servir a interesses humanos e concepções morais mutáveis, são reiteradamente remoldados ou reespecificados por novas leis e decisões judiciais. Os diretos também se transformam porque os obstáculos ao bem-estar humano – os problemas que os direitos visam mitigar ou superar – mudam a *pari passu* com a tecnologia, a economia, a demografia, os papéis profissionais, os estilos de vida e muitos outros fatores.

Sabe-se que, em situações de necessidade, legisladores estaduais e federais (incluindo-se aí não somente os membros do poder legislativo, mas também os juízes) reconfiguram ou mesmo abolem direitos tradicionais. Os legisladores norte-americanos fizeram isso, por exemplo, quando concluíram que a melhor maneira de assegurar o bem-estar dos empregados e seus dependentes era proporcionar-lhes indenizações fixas caso sofressem lesões no ambiente de trabalho. As leis de indenização proíbem o uso dos remédios jurídicos do *common law*, ou seja, extinguem legalmente o direito – de que os trabalhadores antes gozavam – de levar a juízo o empregador por causa de uma lesão causada pelo trabalho. Ou seja, como questão de rotina, os direitos não são somente criados, mas também extintos. A mudança dos obstáculos ao bem-estar humano e das estratégias legislativas efetuam uma reconfiguração da liberdade, pois todos os direitos jurídicos são, ou aspiram a ser, direitos de bem-estar – tentativas políticas e judiciais de alcançar o bem-estar humano em contextos sociais mutáveis. Quando essas tentativas não dão certo, como às vezes ocorre, os direitos são, e têm de ser, criados, suspensos, reconfigurados e atribuídos a outras pessoas.

Em específico, os dispositivos constitucionais que tratam de direitos contêm generalidades amplas e ambíguas que devem ser interpretadas e especificadas por um grupo de operadores do direito que está sempre se renovando e cujos compromissos e sensibilidades morais variam no decorrer do tempo. O sentido concreto da liberdade de expressão não está fixado de forma inequívoca no texto original da Primeira Emenda, por exemplo.

Pelo contrário, ele foi evoluindo de forma significativa juntamente com a Suprema Corte e o país no decurso de um longo processo histórico. Mas há também um motivo bem mais terra a terra pelo qual os direitos não podem ser garantidos de maneira sempre uniforme e imutável: essa garantia está sujeita a restrições orçamentárias que variam de ano para ano. Com efeito, a imposição dos direitos depende em grande medida de dispêndios públicos em infraestrutura e habilidades jurídicas. Envolve, por exemplo, investimentos públicos no salário dos funcionários do poder judiciário e nas instalações judiciárias, bem como na formação e monitoramento da polícia e do pessoal de carceragem. Levar em consideração o custo dos direitos, portanto, é pensar mais ou menos como uma autoridade do governo que se pergunta como distribuir recursos limitados de modo inteligente, sempre em vista de uma larga gama de bens públicos. Os direitos jurídicos têm um "custo de oportunidade": quando são impostos, outros bens valiosos (inclusive outros direitos) têm de ser deixados de lado, pois os recursos consumidos na imposição dos direitos são escassos – não são superabundantes. A questão é sempre a seguinte: será que não seria mais sensato dispender os recursos públicos de outra maneira?

A primeira impressão é que essa questão parece mesquinha, economicista. A investigação sobre os custos não macularia a excelsa majestade do direito? Devemos confiar aos contadores nossas mais preciosas liberdades? Devemos introduzir mesquinhas considerações de eficiência financeira num contexto que envolve nossas maiores vulnerabilidades? Os tribunais ou outros órgãos do Estado devem sacrificar alguns direitos pelo simples fato de estes serem caros? Essas apreensões fazem sentido no que se refere a algumas análises de custo e benefício, mas não se aplicam à abordagem e aos argumentos apresentados aqui.

Um estudo da situação fiscal dos direitos está longe de ser mero economicismo; pelo contrário, é um empreendimento fundamentalmente político. A atenção ao custo dos direitos nos obriga a ver o bem público de maneira ampla, e não estreita; nos impede de resolver os problemas sequencialmente, na medida em que vão chamando a nossa atenção, e nos força a propor "pacotes" de soluções a uma larga gama de problemas sociais. Acima de tudo, evidencia o quanto os investimentos públicos – avaliados e realizados coletivamente – são indispensáveis. Ou seja, o estudo dos direitos não reflete de maneira alguma uma adoração cega dos resultados de mercado; pelo contrário, tem o objetivo de estimular uma formulação prudente de políticas públicas. Também é um tema comunitarista ou coletivista, embora lance suas raízes nas profundezas da tradição política liberal.

As dificuldades que essa análise suscita, no entanto, são inúmeras. Para começar, a consciência do custo da imposição de direitos propõe um grave desafio ao poder judiciário, pois nos obriga a dar atenção a um amplo leque de temas que impõem exigências ao orçamento público, ao passo que os juízes tratam sempre de uma controvérsia particular, definida de modo estrito. Sem dar atenção aos possíveis usos alternativos do dinheiro dos contribuintes – que por definição é escasso, ou seja, não é suficiente para atender a todas as necessidades públicas sem exceção –, os juízes norte-americanos costumam obrigar as administrações de grandes cidades a pagar milhões de dólares por ano em indenizações de responsabilidade civil. Será esse um modo democrático e moralmente responsável de gastar recursos públicos escassos? Por que esse dinheiro não deve ser gasto em educação pública ou saúde pública?

Note-se que essas questões não podem sequer ser colocadas caso não se admita francamente que os direitos têm um custo. O fato de os tribunais norte-americanos – os guardiães principais de nossas mais preciosas liberdades – não estarem bem posicionados para tomar decisões inteligentes sobre a distribuição de recursos públicos é um motivo de preocupação acerca das consequências que as decisões judiciais podem impor a um sistema responsável de finanças públicas. Nesse sentido, como a lei confia aos juízes a tarefa de proteger direitos custosos, os estudiosos da atividade judicial não podem ignorar essa questão do custo dos direitos.

Isso porque, numa democracia, os gastos coletivos devem ser objeto de uma supervisão coletiva. Uma vez que a imposição de direito básicos pressupõe o dispêndio de dinheiro público, que é escasso por definição, o público tem o direito de saber se esse dispêndio está valendo a pena, ou seja, se os benefícios recebidos são mais ou menos equivalentes aos gastos incorridos. Na medida em que é custeada pela comunidade, uma determinada constelação de direitos deve ser justificada perante essa mesma comunidade, com salvaguardas apropriadas para os membros de grupos minoritários. Não basta que a relação custo-benefício seja positiva; também é preciso que ela seja percebida como tal. Nesse caso, as autoridades que garantem os direitos – ou aqueles que as contratam, pagam e supervisionam – não deveriam ser vistas como depositárias de um bem financeiro comum? Não deveriam prestar contas publicamente de suas decisões (necessariamente controversas) acerca do uso a ser dado a uma verba pública escassa? Não deveriam declarar explicitamente os princípios de que partem ao distribuir ônus e benefícios? E não deveriam, por fim, explicar por que uma determinada distribuição é preferível a suas alternativas factíveis?

O custo dos direitos não se limita a suscitar questões de transparência democrática e prestação de contas no processo de destinação de recursos; também nos introduz inesperadamente no próprio âmago da teoria moral, propondo-nos questões de equidade e justiça distributiva. Quando os direitos são qualificados como investimentos públicos, isso encoraja os teóricos dos direitos a prestar atenção à questão de saber se a imposição desses mesmos direitos está sendo não somente valiosa e prudente, mas também distribuída com justiça. Trata-se aí de saber se o dinheiro gasto na proteção dos direitos (tal como concebida e implementada num determinado momento) beneficia a sociedade como um todo ou pelo menos a maioria de seus membros, e não somente os grupos dotados de influência política especial. Será que nossas prioridades nacionais, na área da imposição de direitos, refletem meramente a influência de grupos poderosos? Ou será que promovem o bem geral? O estudo dos custos não avilta a política e a moral, mas, antes, nos obriga a considerar essas questões. É por isso que é um tema tão importante: chama a atenção para a relação entre os direitos, de um lado, e a democracia, a igualdade e a justiça distributiva, de outro.

Os direitos têm o apoio do público porque – e na medida em que – permitem que uma grande coletividade formada por indivíduos em diferentes situações colha os substanciais benefícios pessoais e sociais da coexistência não predatória e da cooperação mútua. Interpretar os direitos como investimentos que estimulam o bem-estar, feitos pela sociedade em benefício dela própria, deve melhorar nosso entendimento não somente do porquê da existência desses direitos, mas também de seu caráter inevitavelmente redistributivo. É concebível que essa conceitualização estimule um debate público mais rico acerca de várias questões comumente deixadas de lado, como a de saber se os recursos particulares (que se presume, numa democracia, serem arrecadados somente para fins públicos publicamente justificados) estão sendo investidos de maneira a produzir ganhos públicos suficientes; e a de saber se esses ônus e benefícios estão sendo partilhados de modo equitativo.

A DISPOSIÇÃO DE PAGAR DO PÚBLICO

Quando conceituamos os direitos como bens públicos que custam dinheiro, não queremos dizer que analistas sem coração – aliados a seus contadores – devam decidir unilateralmente a questão de quais direitos os cidadãos devem ou não devem gozar. Pelo contrário, o caráter inevitável das concessões nesse domínio nos lembra da necessidade do controle democrático e até das "virtudes cívicas", ou seja, de que os contribuintes examinem detalhadamente as decisões orçamentárias ligadas à proteção e à imposição dos direitos. Desnecessário dizer que é muito mais fácil reivindicar a prestação de contas democrática nesse domínio do que obtê-la de fato.

Aqui como em outras esferas, os especialistas competentes e bem formados têm um papel a desempenhar. São indispensáveis para descobrir, interpretar e traduzir em palavras facilmente inteligíveis as informações complexas necessárias para que se façam consultas públicas e se tomem decisões significativas acerca dos direitos. Os especialistas, porém, não devem comandar, mas servir. Em tudo quanto envolve juízos de valor controversos, as decisões devem ser tomadas de modo aberto e democrático. Uma vez que os direitos resultam de mudanças estratégicas acerca de como melhor empregar os recursos públicos, há boas razões democráticas pelas quais as decisões acerca de quais direitos proteger, e em que grau protegê-los, devem ser tomadas de modo tão aberto quanto possível por um corpo de cidadãos tão informados quanto possível, ao qual as autoridades políticas – os juízes inclusive – devem dirigir seus raciocínios e justificativas.

Os juízos acerca de a quais direitos se deve garantir proteção, de que forma esta deve ser garantida e de quanta riqueza social deve ser investida na proteção desses direitos devem ser sujeitos a uma crítica pública contínua e a um debate permanente no processo de deliberação democrática. Essas decisões devem ser orientadas pelos princípios básicos do sistema jurídico norte-americano, incluindo-se (como é óbvio) aqueles inscritos na Constituição. Os juízes, embora devam ter o dever de prestar contas de como suas decisões afetam a esfera fiscal, precisam também manter sua independência; esse paradoxo propõe desafios graves e importantes aos programas de reforma institucional. Mas não se pode negar que, nos Estados Unidos de hoje, importantes decisões distributivas a respeito dos direitos básicos são tomadas de modo sigiloso, com pouca participação e controle do público. No mínimo, essas decisões precisam ser examinadas publicamente, pois poderiam ter sido tomadas de modo diferente; devem ser justificadas em processos de deliberação pública sujeitos a restrições constitucionais que devem elas próprias ser justificadas.

Não é necessário que haja contradição entre a Justiça e a análise de custo-benefício. Ninguém pode objetar a métodos inovadores que nos permitam proporcionar os mesmos benefícios de previdência social ou os mesmos vales-alimentação por metade do preço. Ninguém afirma que essa eficiência solapa os propósitos morais dos programas do Estado de bem-estar. O mesmo se deve afirmar acerca de todos os outros direitos, pois a relação entre custo e benefício pode ser melhorada em todos os domínios – até mesmo na proteção dos direitos dos suspeitos durante um interrogatório ou dos detentos enquanto não vão a julgamento, por exemplo. Mas só podemos pensar numa proteção de direitos mais eficiente em termos de custo depois de reconhecermos que todo direito tem seu custo.

A deliberação pública deve, portanto, concentrar-se nas questões seguintes. (1) Quanto queremos gastar com cada direito? (2) Qual é o melhor pacote de direitos, dado que os recursos usados para proteger um direito não estarão mais disponíveis para proteger os demais? (3) Quais são os melhores formatos para fornecer a máxima proteção de direitos com o mínimo de custo? (4) Será que os direitos, tal como são atualmente definidos e impostos, redistribuem a riqueza de maneira justificável do ponto de vista público? Essas questões têm uma relevante dimensão empírica e é importante que essa dimensão seja posta em evidência. Mas sua resolução também depende de juízos de valor. As dimensões empíricas devem ser identificadas como tais; os juízos de valor devem ser feitos abertamente e estar sujeitos a críticas, revisões e debates públicos.

REDISTRIBUIÇÃO

Mal tocamos na questão do uso do poder do Estado para ajudar os desprivilegiados; por isso, este livro não pode apresentar, à guisa de conclusão, um projeto para a reforma do Estado de bem-estar norte-americano. Juízos particulares dependem de fatos particulares. Como outras iniciativas políticas, os esforços para ajudar os desprivilegiados às vezes têm um efeito oposto ao pretendido; mas a condenação geral da própria ideia de redistribuição não tem sentido. A redistribuição está por toda parte; não ocorre somente quando o Estado recolhe o dinheiro dos contribuintes e o entrega aos necessitados. Também ocorre, por exemplo, quando a força pública é disponibilizada – às custas dos contribuintes em geral – para proteger indivíduos ricos contra a violência privada e as ameaças de violência. Até o chamado "Estado mínimo" exige que a renda dos particulares seja arrecadada para finalidades públicas. O exemplo mais drástico dessa tributação regressiva ocorre quando os pobres são convocados para o serviço militar em tempo de guerra para defender, entre outras coisas, os bens dos ricos contra predadores externos. Até o Estado mais mínimo redistribui os recursos dos que têm "capacidade contributiva" a fim de proteger os vulneráveis. Em alguns casos, os protegidos (como os proprietários de casas em Westhampton, ameaçadas por um incêndio) são mais ricos que aqueles que arcam com a maior parte do ônus de proteção.

A força e a fraqueza não são nem situações físicas nem fatos brutos. A força relativa dos agentes sociais depende menos dos músculos e do cérebro do que de instituições e direitos jurídicos e da capacidade de organização e coordenação social. No final do século XX, os donos de bens imóveis só são relativamente fortes em razão do apoio do governo, ou seja, de leis cuidadosamente redigidas e impostas às custas do público, que lhes permitem adquirir e manter aquilo que é "seu". Portanto, é impossível definir quem é forte e quem é fraco na sociedade sem saber ao lado de quem estará a autoridade política – ou seja, sem levar em conta decisões anteriores sobre a distribuição política de recursos públicos sociais escassos. Os ricos são fortes porque são protegidos por sistemas de direitos de propriedade e de justiça penal criados por lei e exigíveis judicialmente.

Assim, resta-nos voltar àquelas questões perturbadoras: os atuais investimentos públicos na proteção e garantia dos direitos são sensatos ou insensatos? São equitativos ou parciais? Presume-se que, numa democracia, os investimentos públicos sejam feitos pelos cidadãos contribuintes na esperança de que deem um bom retorno social, entendido este de maneira muito ampla. Nesse caso, os retornos de nossos investimentos estão sendo bons, ou pelo menos aceitáveis? Os direitos de propriedade, por exemplo, valem tudo o que nós, enquanto nação, gastamos para protegê-los?

Essas perguntas não podem ser respondidas abstratamente, sem sabermos, por exemplo, de que outro modo os recursos públicos escassos poderiam ser empregados. Mas uma coisa é certa: a dependência dos direitos de propriedade (claramente definidos e vigorosamente protegidos) em relação ao sistema jurídico, ao Estado e aos recursos públicos não diminui em nada o seu valor. O direito à propriedade privada alimenta o crescimento econômico. Também amplia os horizontes de tempo e aumenta a segurança psicológica dos cidadãos individuais, assegurando-lhes, por exemplo, que suas expressões de descontentamento político não colocarão seus bens em risco. Embora a proteção do direito de propriedade seja incialmente custosa, é também um investimento inteligente, que acaba por financiar a si próprio. (É claro que há diferentes sistemas de propriedade privada e que mesmo pessoas razoáveis podem discordar acerca das vantagens e desvantagens de cada um. Mas alguma forma de propriedade privada é uma parte indispensável de qualquer sociedade moderna que funcione como deve.)

O direito à educação pública pode ser justificado da mesma maneira; a boa educação é uma precondição para muitas outras coisas e tem tanto um valor intrínseco quanto um valor instrumental. Especialmente para as crianças, o direito à assistência médica faz muito sentido; a saúde é valiosa em si e torna possíveis muitas outras coisas. Assim, dispêndios públicos substanciais em ambas as áreas se justificam exatamente da mesma maneira que os dispêndios associados à proteção da propriedade privada. Todos esses direitos criam e estabilizam condições propícias ao autodesenvolvimento individual e à coexistência e cooperação coletivas.

Dizer que a imposição dos direitos pressupõe a distribuição estratégica de recursos públicos equivale, acima de tudo, a lembrar de como as partes se encaixam no todo, como o individualismo liberal – na medida em que se opõe à anarquia irrefreável do estado de natureza – pressupõe uma comunidade politicamente bem organizada. A liberdade individual é constituída e promovida por contribuições coletivas. Dentre essas contribuições, o custo dos direitos é apenas a mais fácil de documentar. A atenção à questão do custo, portanto, nos obriga a repensar e abrandar a oposição entre indivíduo e sociedade, muito conhecida mas também muito exagerada.

Os cidadãos norte-americanos conseguem se proteger contra a intromissão indesejada da sociedade em seus assuntos particulares, mas só o fazem com o apoio regular e constante da própria sociedade. Isso vale até para os mais autoconfiantes e individualistas entre os detentores de direitos. A liberdade dos indivíduos não pode ser protegida a menos que a comunidade reúna seus recursos e os aplique de maneira inteligente para prevenir e remediar violações de direitos individuais. Os direitos pressupõem um Estado eficaz, porque é somente por meio do Estado que uma complexa sociedade moderna é capaz de alcançar o grau de cooperação social necessário para transformar o papel e a tinta das declarações em liberdades efetivamente exigíveis. Com efeito, os direitos só podem ser pintados como muralhas construídas para defender o indivíduo contra o Estado se a indispensável contribuição da autoridade pública para a construção e manutenção dessas muralhas for injustificadamente ignorada. O Estado ainda é o mais eficaz instrumento disponível pelo qual uma sociedade politicamente organizada é capaz de buscar seus objetivos comuns, entre os quais o de assegurar a proteção dos direitos jurídicos de todos.

Apêndice

ALGUNS DADOS SOBRE OS DIREITOS E SEU CUSTO

Embora tenhamos nos referido aqui e ali a algumas cifras, não é nosso objetivo neste livro fazer uma avaliação quantitativa do custo dos direitos. A tarefa de produzir uma avaliação quantitativa pressupõe a aceitação das nossas teses conceituais e, depois disso, mais alguns juízos complexos, tanto empíricos quanto conceituais, acerca de como desagregar vários gastos de modo a definir a quantidade de dólares gasta com cada direito. Pelas razões discutidas no texto, é possível avançar um pouco nessa tarefa, mas talvez não seja possível chegar a números exatos.

Neste apêndice, apresentamos uma tabela simples do *Orçamento dos Estados Unidos* de 1996, a fim de fornecer algumas informações sobre a quantia gasta com várias atividades e instituições. Essas informações devem ser encaradas com certa reserva, pois não permitem que se especifique o custo dos direitos particulares. No entanto, elas nos dão uma noção de quanto os contribuintes gastam (em dólares federais) para realizar várias atividades e programas e proteger vários direitos. É evidente que não se inclui aqui a imensa quantia gasta pelos estados em vários aspectos da proteção de direitos.

ATIVIDADE OU INSTITUIÇÃO	DÓLARES (EM MILHÕES)
1. Funcionamento do sistema judiciário	
Tribunal Recursal dos Estados Unidos	303
Tribunal Tributário dos Estados Unidos	33
Tribunais Distritais	1.183
Comissão de Sentenciamento dos Estados Unidos	9
Suprema Corte dos Estados Unidos	26
Atividades jurídicas do Ministério da Justiça	537
Corporação de Serviços Jurídicos	278
Programa de redução de crimes violentos	30
Despesas com presidiários federais	351
Tribunal Recursal dos Veteranos	9
Sistema prisional federal	2.465
2. Monitoramento do governo	
Secretaria de Ética do Governo	8
Contadoria Geral	362
Comissão Eleitoral Federal	26
3. Facilitação dos arranjos de mercado	
Comissão de Valores Mobiliários	103
Comissão Federal de Comércio	35
Inspeção de plantas e animais	516
Segurança e inspeção alimentar	545
Comissão de Segurança dos Bens de Consumo	41

ALGUNS DADOS SOBRE OS DIREITOS E SEU CUSTO

ATIVIDADE OU INSTITUIÇÃO	DÓLARES (EM MILHÕES)
4. Proteção dos direitos de propriedade	
Proteção de patentes e marcas registradas	82
Socorro e seguro contra calamidades	1.160
Gestão federal de emergências	3.614
Empréstimos após calamidades comunitárias	112
Gestão e proteção de florestas	1.283
Atividades imobiliárias	68
Fundo para a América rural (apoio à agricultura)	100
Gestão de registros ligados à propriedade	203
5. Defesa nacional	
Salários e ajudas de custo dos oficiais do Exército	5.808
Salário e ajudas de custo do pessoal alistado	12.457
Salário e ajudas de custo dos cadetes	35
Benefícios e serviços dos veteranos	3.830
Subsistência do pessoal alistado	769
Total de obrigações militares do Ministério da Defesa	20.497
6. Educação	
Gastos educacionais, p. ex. educação estadual e municipal	530
Educação básica, secundária e vocacional	1.369
Comissão de Iguais Oportunidades de Emprego	233

ATIVIDADE OU INSTITUIÇÃO	DÓLARES (EM MILHÕES)
7. Distribuição de renda	
Administração do programa de vales-alimentação	108
Assistência alimentar e nutricional	4.200
Administração da Seguridade Social	6.148
8. Proteção ambiental	
Agência de Proteção Ambiental	41
Lei do Ar Limpo	217
Resíduos tóxicos	159
Pesticidas	64
Conservação de recursos naturais	644
Qualidade da água	244
9. Outros	
Impressão de publicações do governo	84
Serviço postal	85
Administração dos Arquivos e Registros Nacionais	224
Conselho Nacional de Relações de Trabalho	170
Comissão de Revisão de Segurança e Saúde Ocupacional	8
Secretaria do Censo	144

Índice remissivo

aborto, direito ao, 136
    como resposta social a um lapso de responsabilidade social, 139-40
    e a liberdade religiosa, 158
    financiamento público, questão do, 23-4
ação afirmativa, programas de, 138
ação do Estado:
    direito dos cidadãos ao voto garantido pela, 40
    e os direitos constitucionais, 39-41, 44
    e os direitos privados, 37-9
    proteção "contra" o Estado garantida "pelo" Estado, 41-4
ação judicial, direito de mover, 6, 13-6, 38, 82-3
acordos, 145-6 (2n), 146 (3n)
    os direitos de bem-estar social como, 165-6, 176-8
    os direitos de propriedade como, 164-5, 176-7
    os direitos em geral como, 149-51, 158, 161-2, 167-8
acusados, direitos dos, 11-2, 63-6, 64 (7n)
    ver também presidiários, direitos dos
Administração de Segurança e Saúde no Trabalho (Occupational Safety and Health Administration – OSHA), 33

Administração Federal de Aviação (Federal Aviation Administration – FAA), 75-6
África do Sul, 11
afro-americanos, 114, 138, 141, 171
    dimensão racial dos direitos, 182-4
    e a ação do Estado para garantir os direitos, 43
    índice de tabagismo, 116
agricultura, subsídios à, 50
Alemanha, 98, 100
alívio à pobreza, *ver* direitos de bem-estar social
Aristóteles, 121
Artigos da Confederação, 44
aspirações, direitos como, 96-7
assédio sexual, 88-9, 116
assistência jurídica aos pobres, 169
atenção seletiva, problema da, 101
autodefesa, direito à, 82
Auxílio a Famílias com Filhos Dependentes (Aid to Families with Dependent Children – AFDC), 130, 142

bandeira nacional, queima da, 87
Bentham, Jeremy, 6, 38 (1n), 45, 47
Berlin, Isaiah, 24 (3n)
Blackstone, William, 46, 133
Blair, Tony, 181
Boaz, David, 3
Bounds vs. Smith, 62 (4n)

Brasil, 100
Breyer, Stephen, 101, 103
Burton vs. Wilmington Parking Authority, 73 (8n)
buscas e apreensões, 64, 93, 103-4

Califórnia, 92
capacete para motociclistas, leis relativas à obrigatoriedade do uso de, 12
caráter "absoluto" dos direitos:
    e as concessões na proteção dos direitos, 103-6
    e os argumentos inadmissíveis, 84-5
    falácia do caráter absoluto, 75, 77-8, 81-2
    obrigação de prestar contas das decisões tomadas com relação a direitos, 193-4
casa própria, 175
censura moral, 135-6
cidadania democrática, 165
ciganos, 166
cigarro, propaganda de, 115
Class, Citizenship and Social Development (Marshall), 29 (5n)
Clinton, Bill, 110
códigos de expressão, 141
Comissão de Oportunidades Iguais de Emprego (Equal Employment Opportunity Commission – EEOC), 33
Comissão de Segurança dos Produtos de Consumo (Consumer Product Safety Commission), 33
Comissão de Valores Mobiliários (Securities and Exchange Commission – SEC), 57
Comissão Federal de Comércio (Federal Trade Commission – FTC), 56-7
competição violenta, 55-6
comportamento responsável:
    aumento do, 115-7
    criação de direitos pela imposição de responsabilidades, 131
    definição de, 112-3
    e a censura moral, 135-7
    e as normas sociais, 115-7, 128-30, 140-2
    efeito "corrosivo" dos direitos sobre, 109-12, 118, 122-3
    e o custo dos direitos, 118
    e o mau uso dos direitos, 113-4, 126-7
    e o sistema jurídico, 114-5, 120
    e o "vitimismo", 137-8
    e os direitos de bem-estar social, 129-30
    e os direitos jurídicos, 125-6, 126 (2n)
    exigência de direitos como resposta à irresponsabilidade da sociedade, 139-42
    interdependência entre direitos e responsabilidades, 113-4, 117-8, 122-3, 127-8, 142-3
    papel dos direitos de estimular o, 121-2, 126-8, 131-3, 142
    perigos da imposição de responsabilidades morais, 142-3
    por parte dos representantes do Estado, 117
    ver também moral
concessões:
    na imposição de direitos, 103-6
    na proteção ambiental, 100-2
Conselho Nacional de Relações de Trabalho (National Labor Relations Board – NLRB), 33
conservadores:
    direitos favorecidos e desfavorecidos pelos, 161
    e a dicotomia entre direitos negativos e positivos, 27-9
    e o efeito "corrosivo" dos direitos, 111-2, 118-9

ÍNDICE REMISSIVO

relutância em reconhecer o custo dos direitos, 13-4, 16-7
contrato social, 148-50, 148 (2n), 158, 166, 169, 176
controle de enchentes, 50
Convenção Europeia de Direitos Humanos, 9 (5n)
convocação militar, 48
costumes sexuais, 128-9
crédito, 54, 57
Crédito Tributário por Renda Adquirida (Earned Income Tax Credit – EITC), 175, 182
criacionismo, ensino do, 156
custo dos direitos, 5, 187-8, 196
   abordagem redistributiva à cobertura dos custos, 91-4, 194-5
   análise dos direitos por custo-benefício, preocupações a respeito da, 190
   a questão dos "recursos escassos", 70, 75-8, 81-2, 86, 105-6
   atitude dos tribunais para com o, 17-8
   benefícios de uma avaliação realista dos custos, 77-8
   cálculo do, 12-3
   como questão política, 190-3
   custos de imposição, 127, 190-1
   custos de oportunidade, 190
   custos indiretos, 11-2
   custos privados, 10
   custos sociais, 10-1
   definição, 5-6
   dimensão moral, 7-8, 192
   direitos ambientais, 100
   direitos de bem-estar social, 177-8
   direitos de propriedade, 46-51, 57
   direitos eleitorais, 91-3
   direitos que financiam a si mesmos, 10 (7n), 11
   e a separação de poderes, 99
   e o comportamento responsável, 118-9
   e o valor de um direito, 10, 16
   falácia dos "custos ocultos", 13
   implicações filosóficas, 106
   lei antifraude, 56-8
   liberdade de expressão, 89-90
   liberdade religiosa, 151-4, 157-8
   natureza descritiva, 7
   natureza pública, 9-10
   proteção dos detentores de direitos contra retaliações, 73-4, 142
   quantias gastas com várias atividades e instituições (1996), 199-202
   redução do custo, 13-7
   sistema de justiça penal, 61-4, 66
   tema tabu, 13, 16-9
   teoria dos direitos que leve em conta os custos, 15-6, 190-1
   tribunais, financiamento dos, 31-3
custos de oportunidade, 190

danos infligidos por particulares:
   e a garantia normal dos direitos, 73-4
   e a questão dos "recursos escassos", 70, 75-7
   e os direitos constitucionais, 69-74, 71 (2n), 77
decência comunitária promovida pelos direitos, 132-3, 150, 184-6
Décima Primeira Emenda, 16
Décima Quarta Emenda, 42, 71 (2n), 73, 131
Décima Quinta Emenda, 141
Décima Terceira Emenda, 39, 72
Declaração de Direitos, 43
Declaração de Independência, 5
Declaração dos Direitos Humanos da ONU, 8
Dee Farmer vs. Brennan, 73 (9n)
defesa, gastos com, 47-8
definição de zonas eleitorais segundo critérios de raça, 92

deontológica, tese, 19 (14n)
dependência de indivíduos e subgrupos em relação ao Estado, 173-4
desclassificação de jurados, 73
DeShaney, caso, 69-70, 74-7, 106
dessegregação, 43, 183
deveres, *ver* comportamento responsável
devido processo legal, direito ao, 13-6, 40, 42, 132-3
dicotomia entre direitos negativos e positivos:
    ampla aceitação da, 27-8
    apelo da, 30
    futilidade da categorização dos direitos, 24-6, 30
    implicações políticas, 29
    perspectiva conservadora, 28-9
    perspectiva progressista, 28-9
    utilidade na análise dos direitos, 38
dimensão antimajoritária dos direitos 93-4
dimensão racial dos direitos, 182-4
direito à assistência médica, 165, 196
direito à privacidade, 136
direito ao matrimônio, 34, 109-10
direitos:
    abundância de direitos inscritos no direito norte-americano, 25-7
    argumentos inadmissíveis a respeito dos, 84-5
    caráter aberto (de aspiração) dos, 96-7
    como acordos, 149-51, 158, 161-2, 167-8
    como interesses de um tipo especial, 83-5
    como reações compensatórias a um lapso original da responsabilidade social, 138-42
    como trunfos, 79, 81
    comparação com interesses, 6, 79-80
    decência comunitária, promoção da, 132-3, 150-1, 184-6
    definição, 5-6, 99
    dependência dos, em relação ao Estado, 4-5, 8-9, 18-9, 196-7
    dimensão antimajoritária, 93-4
    dimensão racial, 182-4
    e a política de inclusão, 166-7
    e o poder, 41-4, 170-1, 174-5
    e o "vitimismo", 137-8
    equilíbrio entre direitos concorrentes, 80, 85, 176-7
    estabilidade política por meio de um equilíbrio exato entre direitos, 175-7
    interesses coletivos e benefícios individuais, 93-4
    mudanças na interpretação e aplicação dos, 63-6, 99, 189-90
    natureza regulatória, 84
    obrigação de prestar contas de decisões relacionadas a, 193-4
    potencial mau uso dos, 6-7, 82-3, 113, 126-7, 133
    questão da igualdade, 167-71
    restrições aos, 80-3, 84-6, 86-9
    valor intrínseco de alguns direitos, 83
    ver também caráter "absoluto" dos direitos; custo dos direitos; imposição/garantia dos direitos; comportamento responsável; *direitos específicos*
direitos ambientais, 100-3
direitos autorais, 34, 51
direitos civis, movimento pelos, 171
direitos constitucionais, 189
    como direitos negativos, 39-41, 71
    mudanças na interpretação dos, 99
    os direitos ambientais como, 102-3
    os direitos de bem-estar social como, 97-8

proteção contra danos infligidos por particulares, 70-4, 71 (2n), 76-7
ver também emendas constitucionais específicas
direitos contratuais, 5, 37-8, 187-8
  e o comportamento responsável, 113-4
  e o crédito, 54
  e o "vitimismo", 137
  e os danos infligidos por particulares, 72
direitos de bem-estar social, 5, 95-6, 189
  autonomia e iniciativa como metas dos programas de bem-estar social, 174, 179-82
  caráter aberto (de aspiração), 96
  como acordos, 165-6, 176-7
  custo dos, 177-8
  e a dicotomia entre direitos negativos e positivos, 27-9
  e a equidade, 175-6
  e a política de inclusão, 167, 177, 185
  e o comportamento responsável, 129-30
  originados dos benefícios concedidos a veteranos de guerra, 163, 165-6
  proteção da propriedade pelo alívio à pobreza, 159-60, 162-3, 165-6
  questão da constitucionalização, 97-8
  redistribuição entre gerações por meio dos programas de bem-estar social, 178
direito de peticionar o Estado para a reparação de agravos, 40
direitos de propriedade, 5, 11
  alívio à pobreza como meio de salvaguardar a propriedade, 159-60, 162-3, 165-6
  ameaça estrangeira, 47-8
  atuação preventiva contra os crimes patrimoniais, 46-7, 49-50
  como acordos, 164-5, 176-7
  como direitos positivos, 52-3
  como serviço proporcionado pelo Estado, 17, 34-5, 45-7
  criação e imposição das regras de propriedade, 51-3
  custos dos, 47-51, 57
  e a cidadania democrática, 165
  e a natureza cooperativa da sociedade, 161
  e a regulação da economia, 49-50, 53-9
  e a soberania, 48
  e o comportamento responsável, 113, 117, 121-3
  e o "vitimismo", 137-8
  e os danos infligidos por particulares, 72
  finalidades sociais, 47, 94, 161-2, 166-7, 195-6
  imposição seletiva dos, 104-5
  legar a propriedade privada, 34
  natureza redistributiva dos, 195
  originados dos benefícios concedidos aos veteranos, 163-4
  proibição do confisco sem indenização, 40, 44
direitos de terceira geração, 103
direitos eleitorais, 40, 43
  custo dos, 91-3
direitos humanos, 8
direitos iguais, 167-71
direitos individuais, 127
direitos jurídicos, 6-9, 125
  e o comportamento responsável, 125-6, 126 (2n)
direitos morais, 5-9
direitos negativos:
  a liberdade de religião como um direito negativo, 152

como imunidades à intromissão do Estado, 23-4
os direitos constitucionais como, 39-41, 71
ver também dicotomia entre direitos negativos e positivos
direitos no direito privado, 37-9
direitos positivos:
    como direitos a uma ação positiva do Estado, 23-4
    todos os direitos exigíveis judicialmente são, 30-5
    ver também dicotomia entre direitos negativos e positivos
direitos pré-jurídicos, 125
direitos que financiam a si próprios, 10 (7n), 11
direitos simbólicos, 102
"discurso dos direitos", 83-4, 111
distribuição de recursos, 91-4, 194-5
dogmatismo, 117
Dole, Robert, 110
Douglas vs. People of State of California, 64 (7n)
doutrina da incorporação, 42
Dworkin, Ronald, 79-80

economia de mercado, o Estado e a, 49-50, 53-9
Edmonson vs. Leesville Concrete Co., 73 (5n)
educação:
    dessegregação, 43, 183
    direito à, 11, 179-81, 196
    e a liberdade de religião, 152, 156
    pública, 174-5, 178-81
educação pública, 174-5, 178-81
Ellickson, Robert, 53 (10n)
Emenda dos Direitos das Vítimas, proposta de, 140
Employment Division, Department of Human Resources vs. Smith, 153 (4n), 154 (5n)
Epstein, Richard, 49

equitatividade, 175-6
escravidão, proibição da, 72
estabilidade de longo prazo, 54-5
Estado:
    dependência da liberdade em relação ao, 173-4
    dependência dos direitos em relação ao, 4-5, 8-9, 18-9, 196-7
    e a economia de mercado, 49-50, 53-9
    função de garantir direitos, 31-5
    inevitabilidade do, 19
    oposição ao, 3
Estado afirmativo, *ver* ação do Estado
estado de natureza, 125, 133
Estado mínimo, 49, 195
estupro, 116
Etzioni, Amitai, 110-1
exclusão de provas, 64-5

feminismo, 137
fiança, sistemas de, 64
Fordyce County, Georgia vs. The Nationalist Movement, 89 (7n)
fraude, 56-8
Fundamental Legal Conceptions (Hohfeld), 26-7 (4n)

Galston, William, 111
Gauthier, David, 148 (2n)
Glendon, Mary Ann, 110-1, 131
Goldberg vs. Kelly, 15 (13n)
Goss vs. Lopez, 15 (13n)
Great Society, 28-9
Guilherme, o Conquistador, 164

habeas corpus, 61
Hart, H. L. A., 6
Hayek, Friedrich, 54
Himmelfarb, Gertrude, 111
Hobbes, Thomas, 125
Hohfeld, Wesley, 26 (4n)
Holmes, Oliver Wendell, Jr., 6
"honorários de êxito", sistema de, 169

Hume, David, 46
Hungria, 100

igualdade de oportunidades, 181
igualdade entre os sexos, 137, 139-40
imigrantes, direitos dos, 33
imposição/garantia dos direitos, 8
    e a natureza "positiva" de todos os direitos, 30-5
    e a obediência à lei, 147-9
    e os danos infligidos por particulares, 73-4
    como gestão de conflitos, 150
    concessões na, 102-6
    custo da, 127, 190-1
    situações em que um lado perde e outro ganha decorrentes da, 42
    ver também ação do Estado
imunidades, *ver* direitos negativos
inclusão, *ver* política de inclusão
indenização aos trabalhadores, 189
índice de filhos ilegítimos, 130
interesses:
    comparação com os direitos, 6, 79-80
    os direitos como um tipo especial de interesses 83-5
invasão de propriedade, lei contra a, 40, 72

Johnson, Lyndon, 28
judiciário, *ver* tribunais
júri, direito ao julgamento pelo, *ver* devido processo legal, direito ao
justiça penal:
    custo da, 61-4, 66
    ver também tribunais

Kelsen, Hans, 6, 91
King, Martin Luther, Jr., 138
Korematsu vs. United States, 80 (3n)

laissez-faire, teoria do, 55

Lebron vs. National Railroad Passenger Corp., 73 (7n)
legar a propriedade privada, 34
lei antifraude, 56-7
Lei da Segurança e Saúde Ocupacional, 116
Lei das Ações de Responsabilidade Civil contra o Governo Federal (Federal Tort Claims Act), 173
Lei das Propriedades Rurais de 1862, 180-1
Lei de Proteção ao Crédito do Consumidor (Consumer Credit Protection Act), 57
Lei do Direito ao Voto de 1964, 43
Lei Seca, 142
liberdade, 9
    dependente do Estado, 173-4
    e os danos infligidos por particulares, 71-2
liberdade de expressão, 7, 39, 94, 132, 181
    caráter comunitário da, 132
    custos da, 89-90
    evolução do sentido da, 88, 99, 189-90
    importância da, 86
    intenções dos redatores da Constituição a respeito da, 88
    regulação da, 86-9
liberdade negativa, 24 (3n)
liberdade positiva, 24 (3n)
liberdade religiosa, 84, 151-2
    ameaça de grupos privados, 155-6
    como direito negativo, 152-3
    como pacto social entre as igrejas e grupos religiosos, 156-7
    conflito entre o livre exercício e a proibição do favorecimento oficial a uma religião, 151-2
    custos da, 152-4, 158
    e a coexistência social pacífica, 153, 156-8, 184-5
    regulação da, 153 (4n), 154-7

libertários, 3, 49, 55

Maher vs. Roe, 23
Marshall, T. H., 29 (5n)
Marshall, Thurgood, 138
marxista, teoria, 175
Massachusetts, 92
Matthews vs. Eldridge, 15 (13n)
maus-tratos a crianças, 66, 69-70, 75
Medicaid, 23, 178
Medicare, 178
mentalidade do "eu tenho direito", 112, 129-30
México, 100
Mill, John Stuart, 163
Ministério da Justiça dos Estados Unidos, 33, 74
Montesquieu, 42
moral:
  e o custo dos direitos, 7-8, 192
  e o direito, 119-20
  ver também comportamento responsável
Morals by Agreement (Gauthier), 148 (2n)
Murray, Charles, 3, 49

negros, *ver* afro-americanos
New Deal, 28-9
nipo-americanos, internação em campos de concentração, 80
normas, *ver* normas sociais
normas sociais, 4 (3n), 53 (10n), 64
  e o comportamento responsável, 115-7, 128-30, 140-2
Nova York (município), 14
Nozick, Robert, 49

O'Brien vs. Skinner, 92 (3n)
obediência à lei, 120, 127-8, 147-9
Oitava Emenda, 16, 62
oração nas escolas, 152
"ordem correta", 127
Order without Law (Ellickson), 53 (10n)

Organização das Nações Unidas, 96

Pacto Internacional dos Direitos Econômicos, Sociais e Culturais, 96, 96 (2n)
pactos entre compradores e vendedores, 73
países pobres, 96-7
palestinos, 48
partidos políticos, 74
patentes, direitos ligados a, 10 (7n)
pensão para filhos, 34, 142
Peters, B. Guy, 98
Platão, 121
poder dos estados, intromissões do governo federal no, 43-4
poder, os direitos e o, 41-4, 170-1, 174-5
polícia, abusos por parte da, 103-4
polícia, treinamento da, 12-3, 62-3
política de identidade, 183
política de inclusão, 165-7, 177, 185
Political Liberalism (Rawls), 97 (3n)
Posner, Richard, 160
Powell, Colin, 110-1
presidiários, direitos dos, 11, 31, 61-3, 63(5n), 65-6, 73, 241 (5n)
  ver também acusados, direitos dos
Primeira Emenda, 39-40, 71 (2n), 73, 155-6, 190
prioridades, estabelecimento de, 101
programas ambientais, 115
progressistas:
  direitos favorecidos e desfavorecidos pelos, 165
  e a dicotomia entre direitos negativos e positivos, 28-9
  e o efeito "corrosivo" dos direitos, 111-2, 118-9
  relutância em reconhecer o custo dos direitos, 13, 16-8
propriedade coletiva, 121
propriedade privada, *ver* direitos de propriedade

proteção ao consumidor, agências de, 33
proteção à testemunha, programas de, 74

Quarta Emenda, 63, 93, 103-4
quase direitos, 102-3
Quinta Emenda, 63

Rawls, John, 97 (3n)
Raz, Joseph, 94
Reagan, Ronald, 3
"recursos escassos", questão dos, 70, 75-8, 81-2, 86, 105-6
Redhail, John, 109
regime misto, 177
regulação da economia, 49-50, 53-9
Rehnquist, Corte presidida pelo juiz, 65-6
remédios, *ver* imposição/garantia dos direitos
"república procedimental", 132-3
resgate, dever de, 131
responsabilidade civil, 37-8
restrições a direitos, 80-1, 84-9
retaliação, proteção contra a, 73-4, 142-3
Roe vs. Wade, 23
Roosevelt, Franklin D., 28, 95
Rússia, 100, 120

Segunda Declaração de Direitos, proposta, 95
segurança marítima, 51
segurança no trabalho, 33, 116
seguro automobilístico de tipo *no-fault*, 16
sem-teto, 174
separação de poderes, 99
serviços sociais, 69-70, 75
servidão involuntária, proibição da, 72
Sexta Emenda, 63, 66
Shelley vs. Kraemer, 73 (4n)
Sherbert vs. Verner, 153 (4n)
Skocpol, Theda, 163
Smith, Adam, 129

Smith vs. Allwright, 73 (6n)
soberania, 48
Social Security, 178
substâncias que provocam dependência, 115
Superfund, 100
Suprema Corte dos Estados Unidos, 41, 43, 80, 183
  consciência do custo dos direitos, 15, 15 (13n)
  sobre a liberdade de expressão, 89-90
  sobre a liberdade religiosa, 153 (4n), 154
  sobre a proteção do Estado devida aos indivíduos, 69-71, 74, 77
  sobre o direito ao aborto, 23-4
  sobre o direito ao devido processo legal, 15-6
  sobre o direito ao matrimônio, 109
  sobre os direitos dos acusados, 64-6, 64 (7n)
  sobre os direitos dos presidiários, 63 (5n)
  sobre os direitos negativos e positivos, 23-4
  suposta superabundância de direitos, 110-1
  presidida pelo juiz Rehnquist, 65-6
  presidida pelo juiz Warren, 13, 28, 65, 110

tabagismo, 115-6
taxas pagas pelo usuário, 9-10, 169
Terceira Emenda, 11
Thomas, Clarence, 110
Tilly, Charles, 149 (3n)
Tinker vs. Des Moines School Dist., 42 (2n)
tribunais, 8, 98
  atitude em relação à questão do "custo dos direitos", 17-8
  como ramo do Estado, 31-2
  consciência dos custos ao tratar de direitos, 14-6, 191

e a imposição de direitos, 30-3
e os direitos ambientais, 102-3
e os direitos de propriedade, 52
influência sobre o âmbito dos direitos, 63-6
obrigação de prestar contas das decisões relativas aos direitos, 193
problema dos "recursos escassos", 70, 75-8
regulação da restrição de direitos, 84-5
seu financiamento como um dos custos dos direitos, 31-3
ver também Suprema Corte dos Estados Unidos
tributos, 9-10, 59
obediência às leis tributárias, 120, 128
troca de um problema por outro, 100-1
"trunfos", os direitos como, 79, 81

União Norte-Americana para as Liberdades Civis (American Civil Liberties Union – ACLU), 21

vales-alimentação, 130, 178
valor da liberdade, 9
vergonha, 111
veteranos de guerra, benefícios concedidos aos, 163-5
vida, direito à, 131
violência doméstica, 11
"vitimismo", 137-8

Warren, Corte presidida pelo juiz, 13, 28, 65, 110
Westhampton, incêndio de 1995, 3-4
"Where Do Rights Come From?" (Tilly), 149 (3n)
Will, George, 110-1
Wilson vs. Seiter et al., 62 (2n)
Wilson vs. Seiter supr., 63 (5n)
Winnebago County, Departamento de Serviços Sociais (Department of Social Services – DSS) de, 69-70

Zablocki, Mary, 109

GRÁFICA PAYM
Tel. [11] 4392-3344
paym@graficapaym.com.br